開国期徳川幕府の政治と外交

後藤敦史
Goto Atsushi

有志舎

開国期徳川幕府の政治と外交

《目次》

序章　開国への軟着陸

第Ⅰ部　ペリー来航前後の幕府外交と海防掛

第一章　海防掛の制度に関する基礎的考察

第Ⅱ部　転換期としての安政二年

第Ⅲ部　開国政策の展開とその挫折

終章 幕末・維新史の中の開国期 295

凡例

一、史料の引用に際し、句読点を適宜補った。原則として、旧字・異体字は新字体に直し、変体仮名については、頻出の「江（え）」、「而（て）」、「者（は）」を除き、常用の平仮名に直した。引用中の（　）による注記や傍線、点線などは、特にことわりがない限り筆者による。判読できない文字は、□で表記した。闕字・平出・擡頭はすべて一字空きに直した。

一、年月日の表記は原則として和暦を用い、西暦を適宜（　）内に補記した。ただし、海外の歴史に言及する場合や、英語史料からの引用に際しては、西暦を優先した。なお、改元があった年については、改元後の年号を用いた。たとえば、嘉永の年号は同七年一一月二七日に安政と改元されたが、同年の三月を示す場合も、安政元年三月と表記した。

一、人名は原則として諱を用いたが、一部、通称や号で表記した人物もいる。

一、東京大学史料編纂所所蔵の史料の中で、『大日本維新史料稿本』、『逿蛮彙議』については「東京大学史料編纂所公開用データベース」を利用した。前者については、引用に際し、該当史料の所収の年月日条、リール番号、画像データ（ＴＩＦＦ形式）の番号の順に、「安政二年四月一三日条、ＡＮ〇三一―〇五一一」のように表記した。

序章

開国への軟着陸

1　幕末外交のジレンマ

嘉永六年（一八五三）六月三日、浦賀沖合にアメリカ東インド艦隊司令長官マシュー・C・ペリー率いる四艘の軍艦が来航した。この「黒船来航」により、「泰平のねむり」を覚まされた江戸時代の日本は、[*1]鎖国から開国へと転換し、その後、動乱の幕末を経て明治維新を迎え、急速に近代化を果たしていく——

これが、ペリー来航と、その後の日本の歴史を語る際の、ごく一般的な「語り方」であろう。その際、ペリー来航からすでに一世紀半以上経過した現代を生きる我々は、開国の選択は、欧米諸国が軍事力を伴いながら東アジアに進出していた一九世紀当時の国際情勢に合致した「正解」であった、と考えやすい。そのため、開国の「必然性」を悟り、それを推進しようとした者たちは「開明」的と高く評価され、逆に開国に否定的な見解を有する者たちは「固陋」という否定的な評価を下されることとなる。

しかし、荻生茂博が指摘するように、こうした評価は近代以降の歴史を知る側からの「いわば結果論」に過ぎない。[*2]一九世紀当時を生きていた者たち、特に実際に徳川幕府の外交に携わっていた幕臣たちにとって、鎖国という「祖法」を捨て、開国へ転換するということは、果たして自明の「正解」だったのであろうか。

ここで、ペリー来航当時、浦賀奉行を勤めていた井戸弘道による嘉永六年七月付の上申書を見ておきたい。ペリーがもたらしたアメリカ大統領ミラード・フィルモアの親書には、「友好、通商、石炭と食糧との供給及び吾が難破民の保護」という四つの要求が記されていた。[*3] これらの諸要求について、井戸は次のように述べる。[*4]

> 此度申立候通り、前後之御見合も無之、不残御聞届被《と》相成候ハヽ、至極穏和之儀ニ者候得共、先年魯西亜江被仰諭候御趣意とも齟齬いたし、彼方へ対し信義を失ふに相当り、第一御国地人心も益以解体いたし、御武備も怠弛之基可相成哉、扨又御厳正之御取扱ニ而むさと御断ニ相成候ハヽ、極而怒を発し、空敷者御帰国《帆》仕間敷、定而内海へ驅込、直訴可及歟

大統領親書の要求通りに全てを「聞届」すれば対外問題は「穏和」に済む。しかし、それは一八世紀末から一九世紀初頭にかけて来航したロシア使節の通商要求を拒否した対応と「齟齬」し、何より「御国地人心」の「解体」を招いてしまう。だからといって要求を拒否してしまえば、ペリーは「怒を発し」て江戸湾内に乗り込み、「直訴」にまで及んでくるかもしれない。そうなっては、もはや幕府の威厳というものは失墜するであろう。井戸は、アメリカ側の要求を受け入れても拒んでも、何らかの危機に陥ってしまうというジレンマを指摘しているのである。

にもかかわらず、というよりも、だからこそ井戸は、先の上申書に添付した別紙において「外国御取扱振之儀者御改正無之候而者相成間敷」と主張する。「御国法御改正之上者、亜墨利加者勿論、其余之国々へ日本船を以航海互市交易可致」として、アメリカをはじめ、欧米諸国との「互市交易」を実施するべきだと唱えたのである。[*5]

井戸は「国法」（＝鎖国）の「改正」を求めている。したがって、彼の論を鎖国論とは対義の開国論と評価することも可能ではあろう。しかし、井戸自身はその選択を絶対的に正しいと考えていたわけではない。同じ上申書別紙において、彼は「互市交易之儀者素より好ましからぬ事ニ候得共、実ニ不得止」と述べている。井戸にとって「互市交易」とは、直面する対外危機を克服するための「不得止《やむをえざる》」選択だったのであり、単純に「正解」といえるようなも

のでは決してなかった。そのような井戸を、開明的な開国論者と称揚するだけでは、幕府外交のジレンマに対して彼が抱いた苦悩を無視することになる。

本書の課題とは、一九世紀中頃の一八四〇〜五〇年代を対象に、井戸が抱いたような苦悩、幕府外交が直面したジレンマがどのような論理や方法によって乗り越えられ、開国政策が展開されていったのか、という開国の〈経緯〉をたどることにある。

この一八四〇〜五〇年代という時期は、〈結果〉的にいえば、江戸時代の日本社会が鎖国から開国へと転換した時期にあたる。したがって本書では、当該期を以て「開国期」と称したい。しかし、それはあくまでも便宜的な呼称であって、開国という結果を前提に、遡及的に当該期の歴史を描きたいわけではない。もちろん、後代を生きる我々は、開国期以後の歴史を知っている分、その結果から完全に自由になることはできないであろう。しかし、それでもできる限り先入観を排しながら、開国期の外交の経緯を丹念にたどりたいのである。

それでは、なぜ開国の経緯をたどらなければならないのであろうか。また、それは明治維新にいたる歴史過程を考察する上で、どのような意義があるのであろうか。序章によって、開国期の歴史的な位置づけを明確にし、本書の方向性を示していきたい。

2　開国期の国際環境と国内状況

(1)　国際環境とその変動

幕府の外交政策が転換する直接的な契機となったのは、「西洋の衝撃《ウエスタン・インパクト》」である。その最も大きな衝撃が、ペリー艦隊の来航という一大事件であったことは言うまでもない。しかし、ペリー来航に先行する東アジアの国際環境の変動を踏まえなければ、当時の日本列島に生きた人びとが直面した事態を理解することはできない。

幕末にまで連なる「西洋の衝撃」の起源を探るならば、一八世紀後半に欧米諸国の船が日本列島に接近・来航するようになった事態に行き当たる。一八世紀は西洋諸国によって太平洋探検が進められた時代である。北太平洋海域では毛皮獣の捕獲をめぐって欧米諸国間で競争が行われ、環太平洋に位置する日本列島は、毛皮交易の新たな市場としても注目されることとなった。[*6] 寛政四年（一七九二）九月には根室にロシア使節アダム・ラクスマンが、また文化元年（一八〇四）九月には長崎に同国使節ニコライ・レザノフが来航するが、この両使節の来航も、毛皮交易の展開と密接に関わっていた。

しかし、生産が限られ、一部の商人しか利益を得られない毛皮交易では、新規の市場として日本列島が注目されたとしても、「欧米諸国の国家が全面的に、日本へ圧力をかけてくるという事態には結びつきにくい側面があった」[*7]。一九世紀に入ると、乱獲の影響で毛皮交易は衰退に向かい、毛皮交易船の日本への来航もなくなっていく。

次に日本列島に頻繁に姿を現すようになったのは、「ジャパン・グラウンド」と呼ばれた漁場でマッコウクジラを追い求めるイギリスやアメリカ合衆国などの捕鯨船であった。これらの捕鯨船は、時に日本列島に漂着し、日本の為政者層の危機意識を高めることにもなった。しかし、灯火用の燃料油や機械の潤滑油として用いられる鯨油は、主に国内で消費される商品であり、捕鯨業自体が日本との通商関係を求めるという国家的な動きにつながるということは基本的にはなかった。[*8]

日本の開国に直接的に連なる国際環境の変化の時期を求めるのであれば、それは一八四〇年代であろう。この一八四〇年代に、東アジア海域と北太平洋という二つの海域で大きな変化が生じた。この両海域の変化とは互いに密接に連動したものであったが、東アジアからみれば東端、北太平洋という観点でいえば、朝鮮半島とともに西端に位置する日本列島は、その両海域の大きな変動の波に飲み込まれていくのである。

一八四〇年代の東アジアの国際環境を大きく変容させたのは、いうまでもなくアヘン戦争（一八四〇～四二）である。この戦争に勝利したイギリスが講和条約として清朝と締結した南京条約により、広州、福州、厦門、寧波、上海という五港が開かれ、また、香港が割譲されることとなった。[*9] イギリスはこれらの諸港を拠点に、東アジア海域での活動を活発化させたのである。その結果、測量などを目的として、イギリスの軍艦が日本列島や朝鮮半島の近海に頻繁に姿を現すようになった。[*10]

東アジア海域での活動を活発化させたのは、イギリスだけではない。一八四四年には、アメリカ合衆国が清朝と条約を結び（望厦条約）、次いでフランスも同等の条約を締結している（黄埔条約）。日本に漂着する捕鯨船や商船など、民間の船に加えて、軍艦という国家次元の利害を大きく背負った外国船が列島近海に頻繁に姿を現すようになった。このような国際環境の変容をうけて、一八四四年八月（弘化元年七月）、オランダ国王ウィレム二世からのいわゆる「開国勧告」の親書が長崎に届けられた。[*11]

一方、日本列島からみて東方の太平洋海域においても、日本の開国につながる国際環境の変化が生じていた。それは、主にアメリカ史に関わる変化である。一八四五年二月（西暦）、アメリカ合衆国の下院特別統計委員プラットより、「アメリカ人民に多大な利益をもたらすであろう日本と朝鮮」に使節を派遣し、両国と国交を結ぶべきという案が提出された。[*12] これは、前年の望厦条約の締結と密接に関わっている。同条約によって中国近海における活動拠点を獲得したことが、日本・朝鮮への使節派遣というプラットの提案につながったのである。[*13]

さらに一八四八年五月、下院海軍委員キングにより、北太平洋の蒸気船航路の開設を勧告する報告書が議会に提出された。[*14] この北太平洋蒸気船航路計画を浮上させたのは、同年のカリフォルニア獲得である。ポーク大統領のもと、「明白な天命」といわれる領土拡張が一挙に進められ、一八四六年のオレゴン割譲、また米墨戦争（一八四六～四八）の勝利によるカリフォルニアの獲得によって、アメリカ合衆国は大西洋岸から太平洋岸までを領する「大陸帝国」となった。[*15]この太平洋岸への到達により、北太平洋蒸気船航路の開設が現実的に実行可能な課題として認識されるにいたった。そして、環太平洋に位置する日本列島は、その航路上に明確に位置づけられていたのである。

アメリカ政府が日本開国に本腰を入れた背景には、捕鯨船の保護という課題もあった。「ジャパン・グラウンド」で活動する捕鯨船が増加する分、日本近海で遭難するアメリカ船員も増加した。アメリカ政府にとって、彼らの保護という名目は、蒸気船航路計画の実行にいわば大義名分を与える役割をも果たすこととなった。[*16]

以上のように、一八四〇年代における東アジアの海と北太平洋という海の、日本列島を挟み込むかたちでの大きな変容によって、日本列島に接近・来航する外国船の数が急増し、さらにアメリカ合衆国という、日本の鎖国を「開く」という目的を明白に有して使節を派遣する国までもが登場することとなった。徳川幕府の外交は、このような国際環境の中で展開されるのである。

(2) 日本列島の政治・社会状況

一八四〇年代初頭、日本の年号でいえば天保の末年にあたる時期とは、徳川幕府にとって国内に多大な困難を抱えた時期でもあった。それに先行する一八三〇年代には、大凶作によって「天保の大飢饉」が列島社会を襲っていた。[*17]にもかかわらず、幕府は全国的な飢饉に十分対応することができなかった。天保の飢饉は、百姓一揆の件数を激増させ、社会不安を高めることにつながった。[*18]

こうした危機に応じて、天保一二年(一八四一)から大規模な幕政改革に着手したのが、老中首座水野忠邦である。しかし、結論からいえばこの「天保改革」は失敗に終わる。幕藩体制の立て直しを目標とした改革が、幕府をさらなる危機に陥れる結果となった。[*19]

たとえば川越藩松平家を出羽庄内へ、庄内藩酒井家を越後長岡へ、長岡藩牧野家を川越へ移封させるという三方領知替が、改革開始前の天保一一年に発令された。これは、一一代将軍家斉の子である斉省を養子に迎えた川越藩の嘆願によるもので、所領の分散していた同藩にとってはメリットの大きい政策であった。しかし庄内藩や長岡藩にとってみれば、将軍の縁戚を優先した、幕府による恣意的な政策でしかない。庄内藩の領民たちが強い反対の動きを見せ、水野忠邦が強行を試みようとしたものの、一二代将軍徳川家慶の判断により、天保一二年七月に中止となった。

改革の先行きに暗雲をただよわせることとなった三方領知替であるが、藤田覚はその失敗の背景に、外様大名たちによる幕府の強引な移封措置に対する不満・反発があったことを指摘している。[*20] 特に国持の外様大名たちは、将軍権力といえども、先祖代々の土地を理由もなく移封させることはできないとして、幕府の恣意的な政策に対し、断固反対の姿勢を示したのである。

さらに水野は天保一四年（一八四三）六月に江戸・大坂近郊の旗本・大名の知行地を上知し、幕府の支配力を強化する方策を採ろうとした。しかしこれも強い反発を受け、閏九月に撤回されることとなる。この上知令をめぐり、幕閣内部にも分裂が生じ、[*21] 水野忠邦の失脚へとつながった。

三方領知替と上知令の失敗は、幕府と藩との関係を視覚的に明らかにすることとなった。それは、幕府といえども、恣意的な政策はなし得ないのであり、幕府の政策は、大名層との協調が前提にならなければならない、という関係である。近世を通じて培われた幕藩関係の「集大成」ともいうべき原則であった。

そもそも近世の日本とは、幕府の下に、領域内における自立権を保持する二六〇近くの藩が存立する「複合国家」であった。[*22] 幕府の政策は、それが藩領に関係するものである限り、藩の理解や協力が不可欠であった。実際、近世を通じて、諸藩は「横」の連携によって幕府の諸政策に時には対抗をしていた。[*23] 幕府の権力強化、ひいては中央集権化の志向をもった天保改革ではあるが、この幕藩関係の原則が明示されたことにより、以後の幕府は、かえって藩の意向に配慮した政治運営を求められることとなったのである。[*24]

一方、「複合国家」ではあっても、「日本」という「国家」としての一体性に関する認識は、近世を通じて高度に発達していた。時代を経るにつれて、海運の発達による全国市場の形成や、参勤交代による都市を中心にした文化交流、伊勢神宮などへの寺社参詣とそれに伴う旅行記の出版などを通じて、幕領・藩領を超えて「日本」という国家を想像することの容易な社会を近世日本は形成していたのである。[*25]

したがって、佐藤誠三郎が指摘するように、「高度な統合を達成している社会に強大な外敵が出現した場合、当然対外的一体感は高揚する」という条件が近世日本には整っていた。[*26]その結果、一八四〇年代における対外的な危機意識の高まりは、対外問題を日本という国家次元の問題として捉える認識を広めることになったのである。

このような「対外的一体感」の高揚を最も鋭敏に示したのが、「有志大名」といわれる一部の大名層である。水戸藩の徳川斉昭と、宇和島藩の伊達宗紀・宗城（宗紀の養嗣子）は、弘化年間（一八四四～四七）頃から頻繁に書簡のやり取りを行い、蘭書の貸借などを通じて緊密に情報を交換していた。当時、斉昭と宗城は「有志」と考えられる大名の名前をあげ、彼らとの連携を模索しようとしていた。[*27]これ以降、斉昭を中心に、伊達宗紀・宗城や薩摩藩の島津斉彬、福井藩の松平慶永など、有志大名たちによる情報ネットワークが形成され、彼らの間で幕府の外交に関する情報が共有されるとともに、その外交方針についての意見が交わされるようになった。[*28]

彼らは、石高が大きいにもかかわらず、家門や外様といった理由で幕府の政策決定過程から排除されていた存在である。しかし、その担うべき負担の大きさからも、幕府の政策決定に自身の意見が反映されることを強く要求するようになっていく。徳川斉昭は弘化三年（一八四六）二月、幕府の老中首座阿部正弘に対し、「兎角衆評御尋、三家共ハ勿論の義、たとひ外様大名たり共有志の者へハ御内々了簡振御かけニて、有志の者皆々相考、共ニ力を尽して日本の御為ニ相成、又恥辱無之様ニ致度事」と述べている。[*29]旧来の幕政秩序にこだわることなく、外様大名も含めた「有志」の結集が求められるようになったのである。

一八四〇年代の日本列島の内部においては、国際環境の変動に応じて対外的一体感、つまり日本という国家意識が強まる一方、天保改革の失敗によって「複合国家」としての原則が明示されるという、一見相反する方向性が同時に進行していた。その中で徳川幕府は、一方で日本国家を代表した外交を諸大名から期待されつつ、他方で彼らの意向に規定されながら外交を進めなければならないという状況にあった。日本という「国家」の外交方針を策定するにはどうすればいいのか、という問題は、開国期の幕府にとって重要な政治課題となっていく。

一方、開国期の幕府外交を規定したものとして、「鎖国祖法観」の問題にも触れておきたい。欧米諸国の接近・来航に対し、幕府の外交課題は、鎖国の維持にあった。なぜなら、鎖国自体が祖宗以来の国法であり、欧米諸国と新たな関係を築くことは、その祖法への違背を意味すると認識されていたからである。

寛政四年(一七九二)に来航したロシア使節ラクスマンに対し、当時の老中首座松平定信は、ロシアとの通商開始を視野に入れつつも、「通信、通商の事、定置たる外、猥に許しかたき事なれとも、猶も望むことあらは、長崎にいたりて、其所の沙汰にまかすへし」という「宣諭書」を渡し、当面通商要求を拒否し、長崎に来航した場合に本格的に交渉を行うという方針を採った。[*30]

しかし実際には、幕府の外交史をひもといても、「通信」「通商」を「許しがたき事」と定めた法令などは見当たらない。にもかかわらず、これ以降、この「通信」と「通商」関係を限定しなければならないという論理が、幕府の外交方針を規定していくこととなる。「鎖国祖法観」が形成され始めたのである。[*31]

「鎖国」という用語自体は、一七二七年に刊行されたドイツ人エンゲルベルト・ケンペル著『日本誌』の付録論文が、享和元年(一八〇一)に長崎の元オランダ通詞志筑忠雄によって『鎖国論』と翻訳されたことに始まっている。『鎖国論』の刊行によってすぐに「鎖国」という用語が普及したわけではないが[*32]、当時の日本は、鎖国をしている、という認識を抱きやすい社会的状況にあった。近世中・後期にかけて、幕府は強力に国産化奨励策を施し、海外貿易に対する依存度は大いに減少していた。一方、対外貿易の縮小とは反比例するかたちで、日本国内では強固な全国的市場が形成され、新規に外国との貿易を開かなければならない必然性は、ほぼ皆無となっていた。木村直也が指摘するように、近世後期にかけて、日本は「『鎖国』的な実態」を有するようになっていたのである。[*33]

一八四〇年代とは、このような鎖国祖法観が「完成」する時期でもあった。弘化元年（一八四四）のオランダ国王の開国勧告に対する返答として翌年にオランダ商館長に手渡された諭書には、「朝鮮・琉球の外ハ信を通する事なし、貴国と支那ハ年久く通商するといへとも、信を通するにハあらす」と記されていた。[*34] ここではじめて、公式に「通信」は朝鮮・琉球、「通商」はオランダ・中国に限るという規定が明示されたのである。また、弘化三年（一八四六）に浦賀に来航したアメリカの東インド艦隊司令長官ビッドルに対しては、「我国ハ新に外国の通信・通商をゆるす事堅き国禁にしてゆるさゝる事也」と記された諭書が渡され、[*35] 新規に「通信」「通商」関係を結ぶことは「国禁」であると示された。

「国禁」と明示された以上、それを幕府自らが否定することは困難となる。本来存在しないはずの「祖法」が、一八世紀末頃から形成され、開国期の幕府外交の選択肢を「自縄自縛」的に制約していくこととなったのである。

なお、本書でいう「鎖国」とは、基本的にはこの鎖国祖法観の中での鎖国を指している。その逆に、開国とは、鎖国祖法観を否定し、上記の四か国以外と新規に通信関係、ないし通商関係を結ぶことと定義したい。鎖国論も開国論も、この用法にしたがって用いており、「開国（論）＝開明的」といった価値判断を含むものではないことをあらかじめことわっておきたい。[*36]

(3) 開国への軟着陸

一八四〇年代における国際環境と日本列島社会内部との大きな変動の中で、幕府は対外的な危機に対処しなければならなかった。一方の国際環境の変動とは、欧米諸国を中心にした世界秩序が日本列島をも覆う「近代世界」からの変動であり、一方の日本列島社会の変動とは、それまでに培われた幕府と藩の関係をめぐる「近世日本」からの変動であったといえる。近世日本社会と近代世界秩序との邂逅という、まさにその瞬間が開国期なのである。

浦賀奉行井戸弘道が指摘したジレンマの背景には、こうした近代世界秩序と近世日本社会との邂逅によって生じる矛盾・衝突・軋轢が存在していた。欧米諸国側、特にアメリカは明確に日本の「鎖国」に終止符を打たせるという目的を有しており、最終的には「通商」関係の締結を目論んでいた。[*37] その一方、日本列島内部では、アヘン戦争以降の国際環境に対し強い危機意識を抱いた幕府が、「祖法」である「鎖国」を維持するために何をなすべきか、ということを外交課題に据え、大名たちも、幕府外交の行方を注視していた。諸外国の要求と国内の外交課題とが、真っ向から対立していたのである。

このような状況の中、開国期の幕府外交を長期にわたって主導することとなったのが、老中首座阿部正弘である。水野忠邦の失脚後、老中首座土井利位の辞任、さらに再任した水野の再辞任という短期間における幕閣内部の人事的混乱を経て、阿部が老中首座となったのは弘化二年（一八四五）二月のことである。阿部政権の特質については本書の中で検討していくが、天保改革の失敗をうけ、かつ水野失脚に伴う幕閣内部の分裂を経験した阿部は、国内に多くの困難を抱えながら、祖法である鎖国維持の達成を最大の課題として外交を進めていくのである。

しかし、結果からいえば、幕府外交は結局、鎖国維持という課題を達成することができず、開国政策へと舵を切っていくこととなる。これは、嘉永六年（一八五三）のペリー来航から、安政五年（一八五八）の日米修好通商条約の締結にいたる歴史を知っていれば、自明の歴史的経緯のようにも見えるであろう。鎖国祖法を維持したままでは、もはや欧米諸国の度重なる諸要求に対応することができない。このように判断された時点で、幕府は従来の外交方針を一新させ、開国という方向に向かっていくのである。

しかし、このような鎖国から開国への転換は、決して円滑に進んだわけではない。「祖法」と仰ぐ外交政策の転換を伴う分、幕臣たちは大きな苦悩を経験したであろうし、また、国内からどのような反対意見が生じるかも分からない。開国への転換は、井戸が懸念するように「人心」の「解体」という事態を招き、幕府権威の失墜につながる危険性もあった。そのため、開国に転換するにしても、幕府は国内の不安や不満を惹起させないように事を進めなければならなかった。まさに、「開国への軟着陸」に向けた慎重な外交が必要だったと考えられるのである。[*38]

しかしながら、ひるがえってこれまでの日本の開国をめぐる研究を顧みるならば、あたかも国際情勢に合致した開国こそが「正解」であった、という前提に基づき、開国政策に転換したという〈結果〉ばかりが注目されてきたといえる。換言すれば、開国という結果があって、その結果に見合った〈経緯〉ばかりが検討対象になってきたということである。この理解においては、開国への転換に伴う幕臣たちの苦悩や、あるいは国内不安を回避するための外交努力は影に隠れ、あたかも幕府外交が開国という「着陸」地点に向けて順調に進行していったかのような、「予定調和」な開国史が描かれることとなる。

3 「予定調和」な開国史

なぜそのような「予定調和」な開国史の叙述が生まれることとなったのか。まずは現在までの先行研究を俯瞰することが必要であろう。

戦後歴史学の中で、石井孝『日本開国史』は、開国期の研究に今もなお非常に大きな影響を与えている。[*39] 石井はアメリカとイギリスの史料を用いて日本列島の置かれた国際環境を明らかにし、国内政局の展開とあわせて開国期の政治・外交の特質を描き出した。ただし、石井の研究の前提には、戦前における田保橋潔の研究がある。[*40] 海外史料と国内史料の双方から一八世紀後半以降の政治史・外交史を検討した田保橋の研究は、その実証性の高さから、現在にいたるまで幕末外交史の必読文献となっている。

戦前から石井の研究が発表される一九七〇年代までの開国史研究に共通するひとつの点は、ペリー来航当時における徳川幕府の外交を「無定見」[*41]と評価するところにある。当時の幕府は「無定見」、ないしは「無為無策」であり、何の有効な政策もなし得ないまま日米和親条約の締結を余儀なくされた、という理解であり、幕府の開国過程は、主体性のない「受動的」な歴史として描かれることとなる。[*42]

一方、個々の幕臣に関していえば、その高い能力が着目されていたことも重要である。特に石井は、海防掛目付岩瀬忠震を中心に、同掛の目付方が安政期に入り開国政策を推進し、また国内改革をも主導したとして、その政治体制を「海防掛体制」と評した。[*43]海防掛については後で詳しく言及するが、石井は、岩瀬の存在に注目すれば「幕府が新しい情勢に対応できなかったというのは、完全に誤りである」とも述べている。[*44]

ただし、有能と評される幕臣は海防掛などの一部に過ぎない。そのような有能な幕臣の能力を十分に活かすことができなかったからこそ、幕府総体としての「無策」と、一部の幕臣たちの「悲運」が強調されてきたのである。

しかし、薩摩藩や長州藩などの「西南雄藩」を中心に描かれてきた幕末・維新史研究に対する批判が出される中、一九八〇年代以降、従来「敗者」として取り上げられることも少なかった幕府が注目され、幕臣に関する研究も進められるようになった。[*45]その中で、開国期の幕府外交についても評価が大きく変わっていくこととなる。

ペリー来航時における幕府外交が、平和外交に基づく、高い交渉能力を有するものであったことを指摘し、従来の「幕府＝無為無策」という見方を改める必要を唱えたのが加藤祐三である。[*46]また、加藤と同様、井上勝生も幕府の平和外交の方針を高く評価している。井上は、幕府は欧米諸国に比べて日本が「弱国」であるという自覚を有し、それにより「冷静で慎重な外交」に徹することができたと述べている。[*47]

欧米諸国側の圧力に屈し、余儀なく開国をした、という理解についても再検討がなされ、むしろ幕府の「主体」的な開国過程が指摘されるようになった。たとえば、従来ペリー艦隊に押しつけられたという見方が主流であった日米和親条約に関していえば、羽賀祥二により、幕府が鎖国祖法において本来定められていた「通信」・「通商」関係とは別に、それらの下位にあたる国際関係として「和親」関係を捉えていたことが明らかにされた。[*48] この「和親」の評価はその後の研究に大きな影響を与え、[*49] 少なくとも日米和親条約は、幕府側にとってみれば「鎖国」の終焉を意味したわけではない、ということが現在の通説的な理解となっている。[*50]

それでは、一体いつの時点で幕府は開国政策に踏み切ったのか。この点については、三谷博によって明らかにされている。三谷は安政四年（一八五七）八月二九日に締結された日蘭追加条約および九月七日の日露追加条約こそが、幕府がはじめて欧米諸国との間に結んだ通商規定を伴う条約であり、これらの条約は「主体的な意欲と漸進的な計画に基づいて結ばれたものであった」と評価する。こうした開国政策への転換について、三谷はアメリカ総領事ハリスによる軍事的圧力に屈した、という旧来の通説を批判し、幕府は「外国からの直接的圧力なし」に開国政策に転じたと述べている。つまり、幕府の中で公式に通商条約の可能性が議論されるようになるのは、安政三年八月のことであり、これは、同年七月にオランダを通じてイギリス艦隊が日本との通商を求めて来航する、という情報がもたらされたことを契機としたもので、ハリスが具体的に通商条約締結の要求を掲げるよりも前のことであった。[*51]

これらの一九八〇年代以降の研究によって、①幕府は欧米諸国に決して劣らない外交交渉の能力を有しており、その外交を有能な幕臣たちが支えていた、そして②開国は幕府側の主体的な選択であった、という点が明らかにされたといえる。こうした開国史理解は、現在、幕末・維新史を専門とする研究者の多くに受け入れられている。[*52]

しかし、以上の①、②の特徴を有する近年の開国期の理解においては、開国の経緯が、実際以上に「予定調和」的に描かれてしまう、という大きな問題点がある。つまり、有能な幕臣たちが外交を担い、幕府自体が高い外交能力を有していたという前提から、開国の必要性を認識した開明的な幕臣により、自主的・主体的に開国が選択されたという、いわば「予想通り」の結果が導き出される構図となっているのである。

こうした「予定調和」な叙述においては、その調和にそぐわない経緯はより一層影にかくれてしまうこととなる。つまり、先述の井戸弘道が抱えたような「苦悩」や、あるいは鎖国祖法を維持しようと考えた幕臣たちの意見やその試みが、軽視されてしまうのである。

しかし、当然のことながら、鎖国維持を唱えていた幕臣たちも、その選択こそが当時の国際状況や国内環境から考えてふさわしいと考えていたのであり、開国の方針に躊躇していたのも、それが国際状況に合致した「正解」だとは見なしていなかったからである。開国を主張していた幕臣たちも、それがいかなる影響を日本社会に与えるのか、確固とした予測ができていたわけではないであろう。

だからこそ、当時の幕臣たちが、どのようにして鎖国祖法の問題点や限界を自覚するようになったのか、いかにして開国の方針を構想するようになったのか、という経緯をあらためて検討する必要があるのである。[*53] 開国こそが正しい選択であったという結果論からは、幕府外交の前途に多様に存在していた選択肢の中の、ごく一部しか語ることができないであろう。[*54]

このような多様な選択肢の中から、開国という結果につらなる経緯だけを紡ぎ出す予定調和的な叙述は、鵜飼政志が批判するように、開国期とそれ以降の歴史との「整合性」が説明づけられない、という新たな問題も生じさせている。[*55] それは、井伊直弼が大老に就任し、日米修好通商条約の勅許獲得に失敗して以降、幕府外交は混乱をきわめた、という開国期とそれ以後の外交の断絶を指摘する従来の解釈がそのまま継承されていることを示しているが、[*56] 開国期の幕府外交自体が高い評価をくだされている分だけ、井伊政権以後の外交の混乱と、開国期との断絶性がより一層強調されることとなる。そのために、幕末・維新史の枠組みの中に、開国期の歴史が整合的に位置づけられないでいるのである。

もちろん、こうした問題点は鵜飼に限らず多くの研究者によって指摘され、その克服の試みが進められている。幕臣の系譜、特に昌平坂学問所出身の幕臣たちの思想的な連関性から、一八五〇年代と一八六〇年代の連続性を見出す奈良勝司の研究[*57]や、多様な海外史料と国内史料の併用というマルチアーカイブズの手法により、安政五年(一八五八)の日米修好通商条約後の幕府外交の特質を検討し、同条約以前の外交との連続性を明らかにした福岡万里子の研究[*58]は特に重要である。しかしながら、奈良の研究は一八六〇年代に重点が置かれ、また福岡の研究も安政期の後半以降を主な検討対象としていることもあって、両者の研究を以てしても、開国期とそれ以後との断絶性が克服されたとは言い難い。ペリー来航をはさむ一八四〇年代から一八五〇年代における開国期そのものの叙述が書き改められない限り、明治維新史の中に開国期を整合的に位置づけることはできないのである。

本書は、まさに予定調和な叙述に傾いてきた開国期の外交史を書き改め、分断状況にあるその後の外交史との連続性を構造的に探り出していくことを最大の課題とする。開国をしたという結果ではなく、その経緯を重視したいという理由も、この課題に関わっている。結果的には「開国への軟着陸」に向かう幕府外交の中にも、開国以外の多様な選択肢が存在し、それぞれの選択肢が幕府内部で議論を重ねられることで、開国というひとつの選択が浮かび上がっていった。さらに、その開国の選択を実際に進めていく中にも、それをいかにして実現(=軟着陸)させるのか、という方法に関して、様々な選択肢があったと考えられる。従来の開国史研究からは見落とされがちであった幕臣たちの苦悩に寄り添いながら、当時論じられた多様な外交の選択肢を総合的に検討することが、開国期以後の外交との連続性を探る最良の手がかりにもなるであろう。

4　本書の主人公＝海防掛

「開国への軟着陸」に向かう幕府外交の展開を描く上で、ある一定の視点から「定点観測」的に考察を進める方法が有効であろう。そこで本書においては、海防掛という存在に着目をしたい。つまり、海防掛を「主人公」に据えた開国史を描く、ということである。

海防掛とは、対外的な危機意識の高まりを背景に、弘化二年（一八四五）に設けられた掛である。勘定方（勘定奉行・勘定吟味役）と目付方（大目付・目付）から構成され、幕府の海防、および外交に関する諮問機関としての役割を担っていた。安政五年（一八五八）七月に外国奉行の設置に伴って廃止されるまでの約一三年間、幕府外交において中心的な役割を果たしていた。

海防掛の意見は、幕府の外交方針に大きな影響力を与えていた。たとえば旧幕臣の福地源一郎（桜痴）は、安政期の幕府外交を論じる中で、「幕府にては海防掛と名けたる一局を開き、幕府の要路有吏中にて、威権あり才識ある輩を集めて、この掛りとなしたれば、海防掛は当時幕府人才の淵叢と認められて、天下の大事はおおむねこの局の決議によりて左右せられたりき」と述べている。[*59]

実際、海防掛には、直接幕府外交に携わった経験を有する幕臣や、昌平坂学問所の学問吟味でその能力を評価されて登用された者など、俊秀の人材が集まっていた。実はペリー来航時に浦賀奉行を勤めていた井戸弘道も、それ以前は目付として、また浦賀奉行を経た後は大目付として、海防掛の任にあたっていた。

「軟着陸」という比喩に準じてたとえるならば、幕府の外交は、老中阿部正弘を「機長」とし、海防掛を「副操縦士」として展開されていたといえる。阿部は、幕府外交を進める上で、常に海防掛の意見を諮り、彼らの意見書をもとに最終的な判断を下していた。ペリー来航以前においては、阿部の望む政策と海防掛の意見が真っ向から対立するという状況がたびたびあったが、それでも阿部は彼らの意見を無視することはできなかった。「機長」阿部は途中で老中堀田正睦に交替し、また「副操縦士」も、ペリー来航頃には勘定方と目付方とで意見の相違が顕著になっていた。ペリー来航後には、機長＝阿部（→堀田）、副操縦士＝海防掛勘定方／海防掛目付方という体制に変わっていく。

機長ではなく、敢えて副操縦士としての海防掛に注目するのは、彼らこそが、開国期の幕府外交の経緯をたどる上で、最も適した存在だからである。

まず、機長である阿部や堀田は、自分自身の政治意思を書き残した史料を多く残してはいない。それに対し、諮問機関としての役割を有していた海防掛については、老中に出した上申書が数多く残されており、通時的に彼らの対外論の特質やその変遷をたどることが可能である。海防掛を構成する幕臣たちが、対外的な危機に対して一体どのような問題意識を抱き、その解決のためにどのような外交方針を構想していたのか。日本列島を取り巻く国際環境が変動する一八四〇年代から通時的にたどることができるという点で、幕府の重要な外交問題に常に関与していた海防掛ほどふさわしい存在はいない。

また、石井孝の「海防掛体制」という表現が示すように、海防掛の存在についてはすでに多くの先行研究で注目されてきた。にもかかわらず、海防掛そのものに関する研究は少なく、彼らが幕府外交に対し具体的にどのような影響を与えていたのか、という点については、実は十分に検証されているわけではない。海防掛を主人公に据えて開国史を描くという試みも、本書がはじめてのことである。

さらに、石井の研究以来、海防掛の目付方は安政期に入って幕府の開国政策を主導した存在として知られてきた。したがって、幕臣たちが開国政策を構想していく経緯を明らかにするためには、海防掛目付方に着目することが有効であろう。

その際、本書は海防掛の勘定方についてもその対外論の特質を検討する。海防掛目付方に対し、勘定方は開国に批判的な存在と見なされ、開国という結果を重視してきた先行研究においては、ほとんど無視されてきた。[*60] しかし、本書中で明らかにするように、ペリー来航以前からその直後にかけての史料を一覧すると、当時の幕府外交において、海防掛勘定方が目付方よりも大きな影響力を有していたことが分かる。幕府外交に大きな影響を与えながらも、最終的には目付方の意見に抑えられていく勘定方の外交構想を検討することは、開国の経緯の中にあって、従来顧みられることのなかった多様な選択肢の一端を復元することにもつながるであろう。

以上のように、本書では海防掛の目付方と勘定方の双方に着目し、彼らの外交構想の特質とその変遷をたどるという方法をとる。実はこの方法は、昌平坂学問所儒者古賀侗庵（一七八八〜一八四七）とその門弟たちの開国論の系譜に関する、近年の研究成果に対する批判も含意している。

古賀侗庵は、その代表的著作である『海防臆測』（天保一一年〈一八四〇〉完成）の中で積極的な海外進出論を唱え、[*61] その対外論は、すでに戦前において「爾来鎖国の時代を終るまで、開国の議を唱へたものは多いけれども、いまだ嘗て侗庵の規を越えない」と高く評価されていた。[*62] 戦後の日本史学において、侗庵はしばらく「忘れられた存在」となるが、一九八〇年代以降、再び注目されるようになった。梅澤秀夫をはじめ、『海防臆測』を中心に侗庵の政治思想を分析する研究が進められ、[*63] 近年では、眞壁仁[*64]と奈良勝司[*65]の研究が相次いで発表された。眞壁と奈良は、侗庵の政治思想が、学問所で学び、後に幕府外交の最前線で活躍するようになった幕臣たちの対外認識に大きな影響を与えていたことを、実際の政治・外交史の展開の中で明らかにした。両者の研究は、思想史と幕末政治・外交史の接合という点で、研究水準を一挙に高めたと評価できる。

しかし、梅澤以後、侗庵に関する研究が進展するにつれて、侗庵の思想の画期性が強調されるあまり、侗庵が『海防臆測』などの著書を通じて表明した開国論と、彼以降の開国論の差異が看過される、という問題が生じている。侗庵以後の開国論が、あたかも侗庵の思想をほぼそのまま継承したかのような評価が下されているのである。

もちろん、侗庵に関する研究の多くが明らかにしているように、彼の開国論が、その後の開国論の思想的な基盤となったことは確かであり、本書も、侗庵の思想的画期性を否定するものではない。しかし、幕府外交の具体的な展開過程の中に、幕臣たちが唱えた開国論の歴史的意義を探る場合には、どのような内容の開国論を唱えたのか、ということよりも、どのような政治的・外交的文脈の中でそれを唱えたのか、ということの方がより重要であろう。

こうした問題点は、海防掛目付方の開国論の意義を論じる上で、特に自覚する必要がある。彼らの中には、岩瀬忠震のように昌平坂学問所の学問吟味及第を経て登用された者が少なくないことから、同所の儒者であった古賀侗庵の、海防掛目付方に対する思想的影響が眞壁や奈良によって指摘されている。しかし、それは海防掛目付方の意見書そのものを通時的に検討した上での評価ではなく、彼らの一部の上申書に見られる侗庵流の思想との類似性から導き出された結論である。海防掛目付方の開国論を歴史的に位置づけるためには、彼らの上申書類をまずは逐一検討し、実際の政治や外交の展開の中に位置づけていく作業こそが必要であろう。

このように、ある主体に注目してその意見内容を徹底的に読み込みながら政治史ないし外交史を分析する、という方法自体は決して目新しいものではない。むしろ、清朝末期〜中華民国初期の中国外交を分析した川島真が述べるように、それは「きわめて淡々と事件主義的に叙述していこうとする」ような「『つまらない事件史』の代表」的な方法でもある。

しかし、外交史研究には、とかく「様々な先入観や政治化されたストーリー」がまとわりつきやすく、「『外交文書』なる当事者の史料に依拠し、きわめて事件史的に淡々と語ることによってしか、そうした先入観や印象を破っていくことはできない」という川島の言は、開国期の外交を分析する上でもそのまま有効であろう。[*66]「淡々」とした地味な作業ではあっても、海防掛の意見書を徹底的に読み込みながら、幕府外交の経緯を明らかにしていくことが、順調に開国へ進んでいったかのような「予定調和」な「ストーリー」に陥ることなく、かつそれを克服していくために、最も適した方法なのである。

5　本書の構成

それでは、本書の構成をあらかじめ簡単に説明しておきたい。

本書は、海防掛が設けられた弘化二年（一八四五）から、日米修好通商条約が締結され、かつ海防掛が廃止される安政五年（一八五八）までの時期を、安政二年（一八五五）という時期によって大きく二つに分けたい。その詳細な理由については本書の中で明らかにしていくが、要は、安政二年こそが、開国期の幕府外交にとって最も大きな転換期であったと考えるからである。

この点を踏まえ、本書は三部構成をとる。まず第Ⅰ部「ペリー来航前後の幕府外交と海防掛」では、弘化二年からペリー来航をはさみ、日米和親条約が締結される安政元年（一八五四）までの幕府外交の特質を検討する。

最初に、海防掛が幕府外交において大きな影響力を発揮するようになった要因を、制度的な側面から考察する（第一章）。その上で、加藤祐三が強調するようなペリー来航期における幕府の平和外交が、どのような過程で形成されたのか、という点を、弘化・嘉永期の幕府外交と海防掛の外交構想との関係から分析していきたい（第二章）。

また、ペリー来航以前の老中阿部正弘の政権の特質について、嘉永三年（一八五〇）に発令された風説禁止令を手がかりに考察する。それを通じて、阿部が有志大名たちの「衆議」に対して、どのような政治姿勢をとっていたのか、という点を検討したい（第三章）。

最後に、幕府にとってペリー来航の時点でとられた平和外交路線には、どのような問題点があったのか、という点について考察する。その問題点を幕臣たちが自覚する経緯の中で、鎖国政策の限界も認識されていったと想定することができる（第四章）。

第Ⅱ部「転換期としての安政二年」では、安政二年という時期に注目し、当時の幕府の政治と外交の特質について検討を行う。安政二年は、安政元年の日米和親条約締結と、安政三年のアメリカ初代総領事タウンゼント・ハリスの来日との「あいだ」に相当する。これらの事件に比して、一見大きな事件も生じていないように見えることから、これまで安政二年に特に注目するという研究はほとんどなかった。

しかし、安政二年三月に下田に来航したアメリカ北太平洋測量艦隊は、幕府外交に大きな衝撃と影響を与えることとなった。外交に携わる幕臣たちが明白に従来の幕府外交の問題点を自覚するようになるのも、この測量艦隊の来航事件を契機としている。さらに、この測量艦隊に関する評議の中から、海防掛目付方の開国論も登場することとなる。したがって、測量艦隊来航事件の幕末外交史上における歴史的意義と、海防掛目付方が開国論を唱えるにいたった具体的な経緯を解明することは、幕末外交史における非常に重要な課題である（第五章・第六章）。

また、安政二年八月には、二人の老中が罷免され、水戸前藩主徳川斉昭が幕政参与に就任するという「幕閣改造」が行われている。この幕閣改造も、実は幕府外交の展開を考える上で不可欠の検討素材である（第七章）。

以上の考察を踏まえ、第Ⅲ部「開国政策の展開とその挫折」においては、安政三年以降の開国に向けた幕府外交の展開の経緯をたどるとともに、安政五年の条約勅許の拒否という事態に直面することとなった政治史的・外交史的な背景を明らかにしていきたい。

まず、安政期の後半において海防掛目付方の開国論とは対立するような対外論を唱え、論争を繰り広げた海防掛勘定方の対外論の特質とその変遷を明らかにする。この考察を通じて、海防掛目付方と勘定方とが、互いに「開国への軟着陸」に向けてどのような構想を有していたのか、という点を分析したい（第八章）。

また、安政期の朝幕関係について、海防掛がどのような政治姿勢を有していたのか、という点について、大坂湾の防備を軸に検討する。海防掛たちの対朝廷認識という問題を考察することは、日米修好通商条約の「無勅許調印」という事態にいたった経緯を明らかにする上でも重要であろう。それは、「開国への軟着陸」が条約勅許の拒否という事態によって「失敗」を迎える経緯をたどる作業でもある（第九章）。

以上の三部九章構成で、海防掛を主人公に据えた開国期の外交史を描いていく。その上で、この開国期の外交が、それ以後の幕末外交史にどのような影響を与えたのか、そしてそれが明治維新を考える上でどのような意義を有しているのか、という点について、本書を通じて明らかにしていきたい。

註

＊1　「泰平のねむりをさます上喜撰　たった四はいで夜もねむれず」という狂歌については、ここ数年、その作成時期をめぐって論争となっていた。しかし二〇一〇年、斎藤純によりペリー来航直後に詠まれた狂歌が発見され、論争に決着がついた（斎藤純「『泰平の』狂歌の信憑性をめぐって」（荒野泰典・石井正敏・村井章介編『〈日本の対外関係七〉近代化する日本』吉川弘文館、二〇一二年）。

＊2　荻生茂博『近代・アジア・陽明学』（ぺりかん社、二〇〇八年）、二七九頁。

＊3　土屋喬雄・玉城肇訳『ペルリ提督日本遠征記』二巻（岩波書店、一九四八年）、二四二頁。

＊4　『逷蛮彙議』七巻ノ一（東京大学史料編纂所所蔵）、二五〜二六丁。

＊5　同右、二八丁〜二九丁。

＊6　北太平洋の毛皮交易をめぐる近年の研究成果や、毛皮交易と日本列島の関係については、拙稿「一八〜一九世紀の北太平洋と日本の開国」（秋田茂・桃木至朗編『グローバルヒストリーと帝国』大阪大学出版会、二〇一三年）で簡単にまとめている。また、より詳細な研究として、平川新『〈日本の歴史一二〉開国への道』小学館、二〇〇八年）、横山伊徳『〈日本近世の歴史五〉開国前

夜の世界』吉川弘文館、二〇一三年）。

＊7　木村直樹「露米会社とイギリス東インド会社」（荒野泰典・石井正敏・村井章介編『〈日本の対外関係六〉近世的世界の成熟』吉川弘文館、二〇一〇年）、一五七頁。

＊8　太平洋での捕鯨業については、Walter S. Tower, *A History of the American Whale Fishery* (Philadelphia: John C. Winston, 1907)、森田勝昭『鯨と捕鯨の文化史』（名古屋大学出版会、二〇〇四年）。

＊9　アヘン戦争については、陳舜臣『実録アヘン戦争』（中央公論社、一九七一年）、横井勝彦『アジアの海の大英帝国』（講談社、二〇〇四年〈初出一九八八年〉）。

＊10　朝鮮半島近海の事例については、韓国教員大学歴史教育科〈吉田光男訳〉『韓国歴史地図』（平凡社、二〇〇六年）、一四三頁。

＊11　オランダの「開国勧告」については、永積洋子「通商の国から通信の国へ」（『日本歴史』四五八号、一九八六年）、松方冬子「一八四四年オランダ国王ウィレム二世の『開国勧告』の真意」（『オランダ風説書と近世日本』東京大学出版会、二〇〇七年）。

＊12　U. S. Serial Set, 28th Congress, 2nd Session, House Document, No. 138, p. 1.

＊13　日本開国へ向けたアメリカ議会の動向については、廣瀬靖子「アメリカ議会と日本開国」（上）（中）（下）（結）（『いわき明星大学人文学研究紀要』七、八、開学一〇周年記念号、一三号、一九九四～二〇〇〇年）。アメリカ海軍の動向については、Robert E. Johnson, *Far China Station* (Annapolis: Naval Institute Press, 1979)。

＊14　30th Congress, 1st Session, House Report, No. 596.

＊15　山岸義夫『アメリカ膨張主義の展開』（勁草書房、一九九五年）、五頁。

＊16　アメリカ捕鯨船員の漂着の中で、日本開国に大きな影響を与えたのは、嘉永元年（一八四八）に松前半島に漂着したラゴダ号であろう。嘉永二年（一八四九）に長崎に来航したアメリカ艦プレブル号によって引き取られたラゴダ号の船員たちは、同艦長のジェームズ・グリンに対し、日本において残酷な処遇をうけたと報告し、それが「タイムズ」紙によって「ほぼ一七か月にわたって恥ずべき、残酷な獄中生活を強いられてきた」と報道された（「タイムズ」一八五一年一月二三日、『〈国際ニュース事典〉外国新聞に見る日本』①本編、毎日コミュニケーションズ、一九八九年、一〇頁）。これが、日本開国を支持するアメリカ世論の醸成に一定の影響を与えたと考えられる。

＊17　以下、天保期の社会状況については、大口勇次郎「天保飢饉と大塩の乱」（井上光貞ほか編『〈日本歴史大系一一〉幕藩体制の展開と動揺［下］』山川出版社、一九九六年）。

＊18　一九世紀における百姓一揆の増加とその形態の変容については、須田努『「悪党」の一九世紀』（青木書店、二〇〇二年）。

＊19　以下、天保改革の概要については、大口勇次郎「幕政改革の開始」「改革の進展」（井上光貞ほか前掲『幕藩体制の展開と動揺［下］』）および藤田覚『天保の改革』（吉川弘文館、一九八九年）。

＊20　藤田前掲『天保の改革』、一六一～一七四頁。

＊21　上知令を強行しようと図る水野忠邦に対し、老中土井利位・堀田正篤（正睦）が反対し、老中間で意見が分裂することとなった（大口前掲「改革の進展」、二五一頁）。

＊22　三谷博・並木頼寿・月脚達彦編『大人のための近現代史』一九世紀編（東京大学出版会、二〇〇九年）、二〇頁。

＊23　幕府と藩の関係については、笠谷和比古「大名留守居組合論」（『近世武家社会の政治構造』吉川弘文館、一九九三年〈初出一九八二年〉）により、留守居組合を通じて諸藩が情報を共有し、幕府の法令に協力的な姿勢を示す場合や、時に施行の遅延などによって対抗しようとした事例が紹介されている。なお、一八世紀から一九世紀前半における幕府と藩の関係とその変遷については、藤田覚『近世の三大改革』（山川出版社、二〇〇二年）および山本英貴「一九世紀初頭の幕藩関係」（『史学雑誌』一二一巻九号、二〇一二年）。

＊24　なお、平戸藩を事例に、対外的危機を契機として一八世紀後半頃から「幕府を守るという枠組みを乗り越え」て「日本を守る『藩』という認識」が藩側に生じたことを明らかにした吉村雅美の研究は、対外関係史における幕府と藩との位置づけを考える上でも重要である（『近世日本の対外関係と地域意識』清文堂、二〇一二年、二九八頁）。

＊25　前近代日本社会における「ナショナリズム」の形成やその背景については、三谷博「ナショナリズムの生成」（『〈改訂版〉明治維新を考える』岩波書店、二〇一二年）。

＊26　佐藤誠三郎「幕末における政治的対立の特質」（『〈新版〉「死の跳躍」を越えて』千倉書房、二〇〇九年）、六六頁。

＊27　弘化三年七月一日付、徳川斉昭宛、伊達宗城書簡（河内八郎編『徳川斉昭・伊達宗城往復書翰集』校倉書房、一九九三年、一三～二〇頁）。

＊28　有志大名同士の連携や彼らの情報ネットワークについては、守屋嘉美「阿部政権論」（青木美智男・河内八郎編『〈講座日本近世史七〉開国』有斐閣、一九八五年）、吉田昌彦『幕末における「王」と「覇者」』（ぺりかん社、一九九七年）、岩下哲典『〈改訂増補〉幕末日本の情報活動』（雄山閣、二〇〇八年）、星山京子『徳川後期の攘夷思想と「西洋」』（風間書房、二〇〇三年）。なお、「有志」自体は史料用語であるが、有志大名の定義については、藩領を超えて日本という国家全体に政治的関心を向けていた大名という井

上勲の定義に従いたい（『王政復古』中央公論社、一九九一年、六四頁）。

＊29 弘化三年二月二九日付、阿部正弘宛、徳川斉昭書簡（「新伊勢物語」、茨城県史編纂幕末維新史部会編『茨城県史料』幕末編Ⅰ、一九七一年、五五頁）。

＊30 『通航一覧』七巻（国書刊行会、一九一三年）、九五頁。

＊31 「鎖国祖法観」の成立については、藤田覚「鎖国祖法観の成立過程」（『近世後期政治史と対外関係』東京大学出版会、二〇〇五年〈初出一九九二年〉）。なお、藤田の議論の前提には、一八世紀末に「鎖国」の意味が変化したという井野邊茂雄の指摘がある（『〈新訂〉維新前史の研究』中文館書店、一九四二年）。また、鎖国祖法観の形成に関する近年の研究として、岩﨑奈緒子「松平定信と『鎖国』」（『史林』九五巻三号、二〇一二年）もあわせて参照。

＊32 大島明秀『「鎖国」という言説』（ミネルヴァ書房、二〇〇九年）、一三四頁。

＊33 以上、近世後期の貿易構造の変容を概観した木村直也「総論Ⅱ　近世中・後期の国家と対外関係」（曽根勇二・木村直也編『〈新しい近世史二〉国家と対外関係』新人物往来社、一九九六年）を参照（引用は七六頁）。なお、近世中～後期の貿易については、田代和生「徳川時代の貿易」（速水融・宮本又郎『〈日本経済史一〉経済社会の成立』岩波書店、一九八八年）もあわせて参照。

＊34 『通航一覧続輯』二巻、五二六頁。

＊35 『通航一覧続輯』四巻、一四八頁。

＊36 この鎖国・開国の定義については、藤田前掲『近世後期政治史と対外関係』、五四頁を参照。なお、「鎖国」とならび、「開国」という語句がいつ頃から使用され始めたのか、という点を明らかにすることは、今後の重要な検討課題といえる。この点に関して、西澤美穂子は、「開国」の初出は特定できていないものの、安政三年（一八五六）頃から「鎖国」に対置するかたちで、国を「新ニ開」といった肯定的な表現がみられるようになったと指摘し、それ以降に「文明国」という意味も加わりながら「開国」という語句が一般化していったという展望を示している（『和親条約と日蘭関係』吉川弘文館、二〇一三年、一八五～一九五頁）。幕府内外における開国論の形成過程を考える上でも、重要な指摘である。

＊37 ペリー艦隊が派遣された一八五二年一一月の時点において、アメリカの対日使節派遣の目的は、まずは石炭補給地と捕鯨船の避難港の確保にあった。国務長官代理コンラッドは、海軍長官に対し、ペリー艦隊派遣の目的を、アメリカ捕鯨船員たちが遭難時に避難する許可、薪水や食料を得るために一、二港へ入港する許可、船の積載品の売却もしくは物々交換するために入港する許可を得ることにあると説明し、これらの目的を達成した上で、はじめて「通商関係の樹立のための協定」を取り結ぶことができると述

べている（33rd Congress, 2nd Session, Senate Executive Document, No. 34, p. 7）。
＊38　「開国への軟着陸」という表現自体は新しいものではない。田中弘之は、阿部政権が「軟着陸的に開国に持ち込むことをあらかじめ企図していた」と述べている（「鎖国体制下の開国志向」、『海事史研究』五八号、二〇〇一年、一五頁）。
＊39　石井孝『日本開国史』（吉川弘文館、一九七二年〈復刊、二〇一〇年〉）。
＊40　田保橋潔『増訂近代日本外国関係史』（刀江書院、一九四三年〈復刊、原書房、一九七六年〉）。
＊41　石井前掲『日本開国史』、七六頁。
＊42　たとえば戦後刊行された通史シリーズを取り上げても、小西四郎『〈日本の歴史一九〉開国と攘夷』（中央公論社、一九六六年〈中公文庫版、一九七四年〉）は、日米和親条約を「押しつけられた和親条約」（三五頁）と位置づけ、「対策の立たぬ幕府」像を前提としている（四六頁）。
＊43　石井前掲『日本開国史』、三九四頁。
＊44　石井孝『幕末悲運の人びと』（有隣堂、一九七九年）、はしがき一頁。
＊45　先駆的な研究として、菊地久「維新の変革と幕臣の系譜」（一）～（七）（『北大法学論集』二九巻三・四合併号～三三巻五号、一九七九年～一九八三年）。
＊46　加藤祐三『黒船前後の世界』（岩波書店、一九八五年）、『黒船異変』（岩波書店、一九八八）、『幕末外交と開国』（筑摩書房、二〇〇四年）など加藤の一連の著書を参照。
＊47　井上勝生『〈日本の歴史一八〉開国と幕末変革』（講談社、二〇〇二年）、二一二頁。なお、そのほかの井上の研究として、「『万国公法』と幕末の国際関係」（田中彰編『〈日本の近世一八〉近代国家への志向』中央公論社、一九九四年）、「日本開国と『北方水域』」（地方史研究協議会編『北方史の新視座』雄山閣、一九九四年）、『〈シリーズ日本近現代史一〉幕末・維新』（岩波書店、二〇〇六年）。
＊48　羽賀祥二「和親条約期の幕府外交について」（『歴史学研究』四八二号、一九八〇年）。
＊49　たとえば青山忠正は、当時の幕府にとって「通信」という国交関係のない国に対しては、「本来、通商と攘夷の二つしかな」かったが、「外夷を攘う態勢が整っていない場合、態勢整備の余裕を得るため、とりあえず融和措置をとることがある。それが和親である」と述べている（「和親・通商・攘夷」、『明治維新と国家形成』吉川弘文館、二〇〇〇年〈初出一九九九年〉、三四頁）。
＊50　裏を返せば、ペリー艦隊に同行していた中国語通訳サミュエル・ウィリアムズが「長年月にわたる鎖国の後、神は日本人に、彼らの法律のかたくなさをゆるめよとの申入れに耳を傾けさせたのである」と書き残したような和親条約の解釈が、アメリカ側の

一方的な解釈に過ぎないことが明らかにされたということである（洞富雄訳『ペリー日本遠征随行記』雄松堂書店、一九七〇年、二五三頁）。

＊51　三谷博「限定的開国から積極的開国へ」（『明治維新とナショナリズム』山川出版社、一九九七年〈初出一九八八年〉）、一四六頁。同『ペリー来航』（吉川弘文館、二〇〇三年）も参照。なお、ハリスの下田における行動と幕府の開国政策との関係を論じた嶋村元宏「幕末通商外交政策の転換」（『神奈川県立博物館研究報告 人文科学』二〇号、一九九四年）も重要である。

＊52　その上で、麓慎一は幕臣たちが高い外交能力を有していたにもかかわらず、幕府外交が低く評価されてきた要因について、対外的に強硬な論を唱える徳川斉昭を幕閣内部に取り込んだために、「外交を担当する幕吏たちの外交方針を越えて攘夷主義的な外交方針が展開しているように見える」ことになった当時の幕府外交の複雑性を指摘している（「日米和親条約締結後の幕府外交」、『歴史学研究』七四九号、二〇〇一年、五一頁。同『開国と条約締結』吉川弘文館、二〇一四年も参照）。ただし、麓の考察は嘉永六年から安政三年にしぼられており、このような複雑性を擁するにいたった経緯や、それが解消されていく過程も含めて、同時期の幕府外交が開国期全体の中でどのように位置づけられるのか、という点をより深く追究する必要がある。

＊53　開国の〈経緯〉をたどるという本書の課題にとって、ペリー来航以降の幕府外交を「袋小路」と表現し、そこからの脱却の〈経緯〉として開国史を丹念に描いた三谷博の業績は重要である。しかしながら、三谷の研究では、実際に外交に携わっていた幕臣たちが、具体的にどのような経緯で、あるいはどういった点において、幕府外交が「袋小路」に陥っている、と認識するようになったのか、という点が十分明らかになっていない。そのためもあって、三谷の用いる「袋小路」の定義自体が明確ではない、という問題点を指摘できる（三谷前掲『ペリー来航』）。なお、同書の英訳本のタイトル自体が、Escape from impasse〈袋小路からの脱却〉である（Mitani Hiroshi, *Escape from impasse*, Tokyo: International House of Japan, 2006）。

＊54　その点で、「歴史を論じる際、著者（宮地正人—引用者注）が最も自戒しているのは、決して結果論的で遡及主義的な方法をとってはならず、必ずその発生の過程からとらえなければならないということ」と述べ、さまざまな政治主体の、多様な選択肢についても目を配りながら幕末・維新期の通史を描いた宮地正人の叙述方法は、本書にとっても学ぶべき点が多い（『幕末維新変革史』上・下巻、岩波書店、二〇一二年。引用は上巻、二八頁）。ただし、宮地による一八五〇年代の叙述には、先に紹介した一九八〇年代以降の研究成果がほとんど反映されていない。松浦武四郎や吉田松陰、あるいは平田国学に学んだ人々の、多様な存在に注目する分、幕府そのものの分析が少なく、そのため、外圧に抗しきれないまま権威を失墜させる幕府、という旧来のイメージが先行している嫌いがある（なお、同『通史の方法』名著刊行会、二〇一〇年も宮地による幕末維新史像を知る上で重要である）。

＊55　鵜飼政志「ペリー来航と内外の政治状況」（明治維新史学会編『〈講座明治維新二巻〉幕末政治と社会変動』有志舎、二〇一一年）、二四頁。
＊56　石井前掲『日本開国史』、四〇六頁。
＊57　奈良勝司『明治維新と世界認識体系』（有志舎、二〇一〇年）。
＊58　福岡万里子『プロイセン東アジア遠征と幕末外交』（東京大学出版会、二〇一三年）。
＊59　福地桜痴〈佐々木潤之介校注〉『幕末政治家』（岩波書店、二〇〇三年）、六六頁。
＊60　近年、井上勝生が海防掛勘定方の対外論を「漸進的開国論」と位置づけており、その再評価を進めているが、井上の考察は安政期後半、実際に通商の可能性が公式に幕府内で議論され始めて以降のものにとどまっている（註47であげた研究のほかに、「幕末・維新変革とアジア」、趙景達・須田努編『比較史的にみた近世日本』東京堂出版、二〇一一年も参照）。
＊61　古賀侗庵〈日高誠実校訂〉『海防臆測』上・下巻（一八八〇年）。
＊62　井野邊前掲『新訂維新前史の研究』、四四七頁。
＊63　梅澤秀夫「近世後期の朱子学と海防論」（『年報近代日本研究3　幕末・維新の日本』山川出版社、一九八一年）、「昌平坂学問所朱子学と洋学」（『思想』七六六号、一九八八年）、『早すぎた幕府御儒者の外交論　古賀精里・侗庵』（出門堂、二〇〇八年）。梅澤氏以後の研究としては、三谷博「一九世紀前半の国際環境と対外論」（前掲『明治維新とナショナリズム』〈初出一九八九年〉）。清水教好「対外危機と幕末儒学」（衣笠安喜編『近世思想史研究の現在』思文閣出版、一九九五年）。前田勉「古賀侗庵の世界認識」（『近世日本の儒学と兵学』ぺりかん社、一九九六年）。
＊64　眞壁仁『徳川後期の学問と政治』（名古屋大学出版会、二〇〇七年）。
＊65　奈良前掲『明治維新と世界認識体系』。
＊66　川島真『中国近代外交の形成』（名古屋大学出版会、二〇〇四年）、一九頁。

第Ⅰ部

ペリー来航前後の幕府外交と海防掛

第一章

海防掛の制度に関する基礎的考察

はじめに

海防掛を主人公にした開国史を描くにあたり、まずは海防掛がどういった存在であったのか、なぜ彼らが幕府外交に大きな影響を与えるようになったのか、といった基本的な前提を説明する必要がある。

海防掛の具体的な職掌や構成員など、その制度・機構について検討した研究は、それほど多くはない。主なものとしては、笹原一晃[*1]、正戸千博[*2]、長尾正憲[*3]、および上白石実[*4]の研究があげられる。しかし、ペリー来航以前の海防掛に関する検討にとどまったり（笹原）、あるいはそれ以降の検討に限られるなど（上白石）、海防掛が設けられていた弘化二年（一八四五）から安政五年（一八五八）の全期間を通じた検討は、ほとんどなされていないというのが現状である。また、正戸千博は、当該期間の海防掛の全構成員を表にまとめ、その職務内容を検討しているが、構成員に関してはその変遷が明らかではなく、どの時点で何人いたのか分からない、といった問題点が指摘できる。

そもそも海防掛に関する研究を困難にしているのは、史料的な制約である。長尾が指摘するように、海防掛とは「固有の役職をもっている個人に対し分掌事務として命じられたものの集合体」であり、「今日の省庁や部局などのような官庁組織」ではない。[*5] 勘定奉行や大目付などの本職を有する者が「掛」として勤めるため、海防掛という一単位で史料が残されることはほとんどないのである。ある人物がいつ海防掛に就任したのか、という基本的な事実さえ、判明し得ない場合も少なくない。

このような研究状況の中で、最も注目すべき研究は、長尾の研究である。長尾は、安政期の海防掛に限るものの、その職務、権限などの制度的な特徴について詳細な検討を行っており、弘化・嘉永期の海防掛について検討する上でも非常に重要な論点を提起している。さらに、当時の新出史料である「乙骨耐軒文書《おっこつたいけん》」（後述）を用いることで、多くの新事実を掘り起こしたことは、特筆に値するであろう。

そこで本章では、長尾の研究成果を参考にしながら、弘化期から安政期までの全期間を通じて、海防掛の構成員や職掌、また、それらの特徴について検討を行いたい。その際、ペリー来航前後の相違点にも留意する。

さらに、長尾が紹介した「乙骨耐軒文書」に関しても、あらためて詳細に見ていきたい。というのも、長尾が「乙骨耐軒文書」を最初に紹介した一九八〇年頃に比べると、同文書を取り巻く環境は大きく変化している。[*6] 長尾が紹介した時には、この文書はまだ整理途中であり、その全容が明らかにされていたわけではない。しかし、一九八九年、原蔵者である永井菊枝から山梨県立文学館へ「乙骨耐軒文書」が寄贈されて以来、同館によって整理が進められてきた。その成果は、同館編『資料と研究』三輯（一九九八年）以降、順次紹介され、同八輯（二〇〇三年）、九輯（二〇〇四年）には、三澤麻須美や一瀬正司により詳細な目録が掲載されている。本章では、「乙骨耐軒文書」もあわせて用いながら、海防掛の制度的な特質について解明していきたい。

1　海防掛の構成員

海防掛がはじめて幕府内に設けられたのは、寛政四年（一七九二）に老中松平定信が就任した時といわれている。[*7]

また、天保一三年（一八四二）には、老中土井利位・真田幸貫が海防掛に就任したことが確認できる。[*8] 松平定信についてはロシア船の来航、土井と真田についてはアヘン戦争の情報という、いずれも対外的な危機意識の高まりに応じて設けられた臨時の掛であった。海防強化の実現に向けて、寛政四年には海岸線を領内に有する大名に、また天保一三年には海岸線を有する大名と旗本に、領内の兵力の状況を報告するよう、幕府から指示が出されたのであるが、海防掛老中は、諸藩から出される海防に関する報告書の取り扱いを主な任務としていた。[*9]

一方、海防掛が常置の掛となるのは、弘化二年（一八四五）七月一日に老中阿部正弘・牧野忠雅が同掛に任命されてからのことである。[*10] 序章で述べたように、弘化二年という時期は、アヘン戦争以降、東アジアの国際情勢の変動をうけて欧米諸国の日本への接近・来航が急増していた時期にあたる。前年の弘化元年（一八四四）三月には、通商と布教を求めて琉球にフランス船が来航した。[*11] また同年七月には、国際情勢の変化を踏まえて幕府に開国を勧告するオランダ国王からの国書が長崎にもたらされている。[*12]

このように、幕府をめぐる東アジアの情勢が大きく変化し、対外的な危機意識が強まる中で、海防強化の実現を目指して、海防掛が常置の掛として設けられることとなった。幕府は弘化二年七月六日、海防掛老中の設置を諸大名に通達し、「海岸防禦筋之御用向、向後伊勢守《（阿部正弘）》・備前守《（牧野忠雅）》隔月に心得取扱候間、向々諸伺諸届等、其心得にて差出可申候」として、海防に関する伺書や届書の提出先を海防掛老中に指定した。[*13] 海防掛老中の手元に、外国船の接近情報や各地の海防の状況に関する情報を集約させようとしたのである。

また、寛政期および天保期の海防掛と異なり、常置化以降には若年寄からも海防掛が選任された。海防掛老中が設けられた日と同じ七月一日、本多忠徳、大岡忠固の二人の若年寄が海防掛に任じられたのである。[*14] 外国船の相次ぐ接近により、諸藩からの伺書・届書の提出が相次ぐことが予想され、老中だけでは処理できないと判断されたからであろう。海防掛若年寄は、海防掛老中の補佐としての機能を果たすこととなった。

そして重要なことは、勘定奉行・勘定吟味役の勘定方、および大目付・目付の目付方からも海防掛が選任されるようになった点である。海防掛老中・若年寄設置から一か月後の弘化二年八月九日、大目付土岐頼旨、目付平賀勝足・松平近韶が「海岸防禦之御用」を命じられ[*15]、それ以降、正確な日付は不明であるが、勘定奉行石河政平・松平近直、勘定吟味役佐々木顕発・羽田利見も海防掛に任命された。彼らの職掌に関しては後に検討するが、幕府は勘定方、目付方という要職にある者から海防掛を選任することで、幕府総体として海防問題に取り組もうとしたのである[*16]。

なお、開国期に関する研究では、一般的に単に海防掛という場合、勘定方と目付方の海防掛を指す。本書が「主人公」としてとりあげる海防掛も、基本的にはこの意味での海防掛であり、老中・若年寄は含まない。また本書では、特定の職の海防掛を指す際には、海防掛勘定奉行や、あるいは海防掛目付など、海防掛の下にその職名を記し、海防掛勘定奉行・勘定吟味役を一括する場合には海防掛勘定方、同じく海防掛大目付・目付については海防掛目付方と表記することにしたい。

それでは、まず海防掛の構成員について確認を行いたい。表1―1は、海防掛が設置された弘化二年から、それが廃止される安政五年までの海防掛構成員をまとめたものである。この表を見ると、ペリー来航前後における海防掛の人数の変化がはっきりと分かる。この表からは、次の点が指摘できるであろう。

①ペリー来航以前の弘化・嘉永期においては、海防掛は大体七、八人前後で構成されていた。しかし、ペリーが来航する嘉永六年(一八五三)にはその人数が一三人にまで増え、以後、安政三年(一八五六)まで漸増を続けている。ペリー来航が幕府にとっていかに大きな衝撃であったのか、という点は、この海防掛の増員からもうかがうことができる。

②ペリー来航以前においては、若干ではあるが、勘定方の人数が多い(嘉永二~四年は同人数)。第二章で見るように、当該期には幕閣内で勘定方の影響力が強まっており、海防掛内部においても、目付方よりも勘定方の発言力が

海防掛就任期間													
1845	1846	1847	1848	1849	1850	1851	1852	1853	1854	1855	1856	1857	1858
弘化2	弘化3	弘化4	嘉永元	嘉永2	嘉永3	嘉永4	嘉永5	嘉永6	安政元	安政2	安政3	安政4	安政5

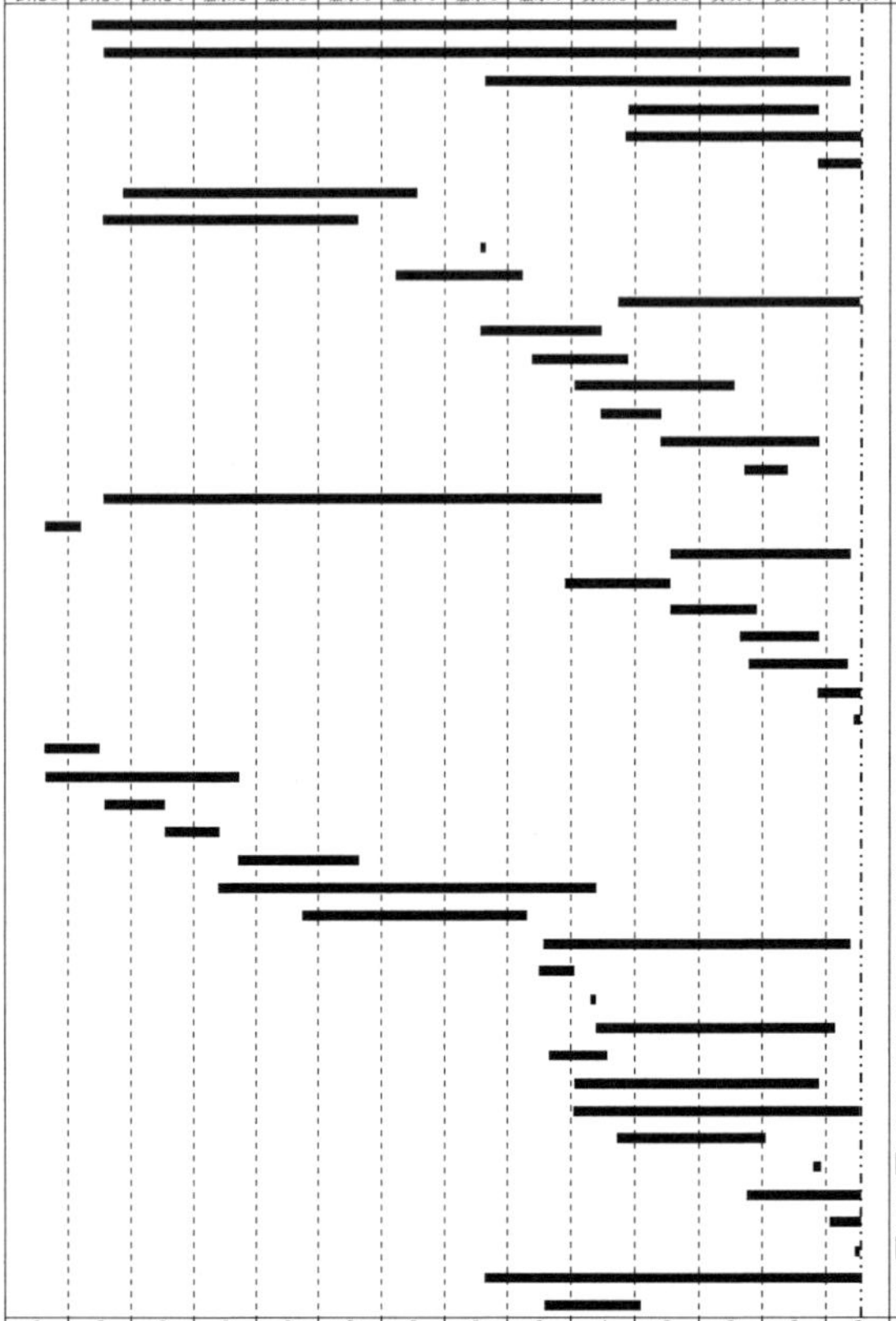

0	2	2	2	2	2	2	3	3	4	3	3	3	2
0	2	2	2	2	1	1	2	3	4	3	3	1	1
1	1	1	1	1	1	1	1	2	2	3	4	3	2
2	2	2	2	3	2	2	2	4	5	5	6	4	4
0	0	0	0	0	0	0	1	1	0	0	0	1	1
3	7	7	7	8	6	6	9	13	15	14	16	12	10

出典 海防掛就任	出典 海防掛退任	備考
『通』4，131頁	—	『柳』×
『備』2	—	〃
『川』201頁	—	〃
『幕』8，204号	—	〃
『幕』17，24号	『幕』20，306号	〃
『幕』18，170号	〃	〃
『備』2	—	
『備』2	—	『柳』×
『外』12	—	〃
『近』5	—	
『幕』7，237号	—	
『外』12	—	
『水』上乾，7頁	—	『柳』×
『幕』4，104号	—	
『幕』7，38号	—	
『幕』11，148号	—	
『幕』14，278号	—	『柳』×
『備』2	—	〃
『通』5，4頁	—	
『幕』12，115号	—	
『幕』3，119号	—	
『幕』12，115号	—	
『幕』15，24号	—	
『村』同年12月12日条	—	『柳』×
『幕』18，230号	『幕』20，306号	
『幕』20，237号	〃	『柳』×
『通』5，4頁	—	
『通』5，4頁	—	
『備』2	—	
『維』同日条	—	
『異』	—	
『維』同日条	—	
『維』同日条	—	
『水』上乾，30頁	—	
『水』上乾，7頁	—	
『幕』6，117号	—	
『幕』6，196号	—	
『幕』2，2号	—	
『幕』4，254号	—	
『幕』4，255号	—	
『幕』4，211号	—	
「乙」419	—	
『幕』15，49号	『幕』20，306号	
『徳』3編，465頁	〃	
「乙」465	〃	
『開』上，28頁	〃	『柳』×
『幕』1，239号	—	〃

いる者は日付不明を表す．

きることを表す．


る7月8日の時点での人数を記した．

元年7月24日から安政4年1月21日まで大目付を勤めており，その期間については大目付として数えた．


本職退任と同時に海防掛を辞したことを表す．なお，本職の就任日については，全て『柳営補任』による．

適宜頁数または文書番号を記した．

史料編纂所所蔵）／『開』…『〈海舟全集〉開国起源』／『維』…『維新史料綱要』巻一
『外国事件書類雑纂』（国立国会図書館所蔵）／『幕』…『幕末外国関係文書』／『徳』…『続徳川実記』

書」

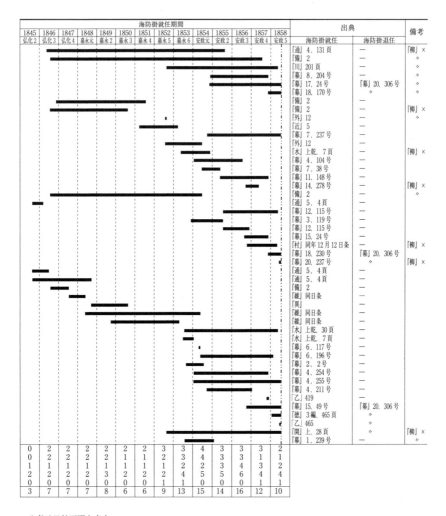

表 1-1　海防掛の構成員

	役職	名前	役職就任	海防掛就任期間	後任職
1	勘定奉行	石河政平	天保14.閏9.20	(弘化3.閏5.28)　～　安政2.8.9	田安家家老
2	〃	松平近直	弘化元.8.28	(弘化3.7.30)　～　安政4.7.24	〃
3	〃	川路聖謨	嘉永5.9.10	嘉永5.9.20　～　安政5.5.6	西丸留守居
4	〃	水野忠徳	安政元.12.24	同左　～　安政4.12.3	田安家家老
5	〃	土岐朝昌	安政4.7.24	同左　～　安政5.7.8	駿府城代
6	〃	永井尚志（※）	安政4.12.3	同左　～　安政5.7.8	外国奉行
7	勘定吟味役	佐々木顕発	天保14.閏9.20	(弘化3.12.18)　～　嘉永4.7.8	奈良奉行
8	〃	羽田利見	弘化元.12.3	(弘化3.6.1)　～　嘉永3.8.24	佐渡奉行
9	〃	関行篤	弘化元.6.18	(嘉永5.7.20)　～　嘉永5.8.10	新潟奉行
10	〃	都筑峰重	嘉永元.11.1	嘉永4.3.23　～　嘉永6.3.24	佐渡奉行
11	〃	塚越元邦	嘉永4.3.23	(安政元.9.29)　～　安政5.7.8	勘定奉行格
12	〃	竹内保徳	嘉永5.閏2.28	(嘉永5.7.20)　～　安政元.6.30	箱館奉行
13	〃	松井恭直	嘉永6.3.晦	(嘉永6.6.6)　～　安政元.11.24	留守居番
14	〃	村垣範正	安政元.1.14	同左　～　安政3.7.28	箱館奉行
15	〃	岡田忠養	安政元.7.24	同左　～　安政2.5.22	下田奉行
16	〃	設楽能潜	安政2.5.24	安政2.5.25　～　安政4.12.28	二丸留守居
17	〃	中村時万	安政2.5.24	(安政3.8.26)　～　安政4.4.27	下田奉行
18	大目付	深谷盛房	弘化元.12.24	(弘化3.7.30)　～　安政元.6.20	(退職)
19	〃	土岐頼旨（※）	弘化2.3.20	弘化2.8.9　～　弘化3.3.28	大番頭
20	〃	〃	安政2.8.9	同左　～　安政5.5.6	〃
21	〃	井戸弘道（※）	嘉永6.12.15	同左　～　安政2.7.26	(死去)
22	〃	跡部良弼	安政2.8.9	同左　～　安政3.11.18	町奉行
23	〃	伊沢政義	安政3.9.15	同左　～　安政4.12.28	〃
24	〃	井戸覚弘	安政3.11.18	同左　～　安政5.4.7	(死去)
25	〃	池田頼方	安政4.12.28	同左　～　安政5.7.8	町奉行
26	〃	山口直信	安政5.6.21	安政5.6.25　～　安政5.7.8	西丸留守居
27	目付	平賀勝足	天保13.4.24	弘化2.8.9　～　弘化3.閏5.6	長崎奉行
28	〃	松平近韶	天保14.2.1	弘化2.8.9　～　嘉永元.9.10	右衛門督家老
29	〃	小出英美	弘化元.6.13	(弘化3.7.30)　～　弘化4.7.17	山田奉行
30	〃	稲葉正申	弘化2.5.9	弘化4.7.22　～　嘉永元.5.26	長崎奉行
31	〃	本多安英	弘化2.5.9	嘉永元.9.20　～　嘉永3.8.24	大坂町奉行
32	〃	戸川安鎮	弘化3.閏5.20	嘉永元.5.26　～　安政元.5.3	(退職)
33	〃	井戸弘道（※）	嘉永元.5.26	嘉永2.10.2　～　嘉永6.4.28	浦賀奉行
34	〃	鵜殿長鋭	嘉永元.9.15	(嘉永6.7月)　～　安政5.5.20	駿府町奉行
35	〃	大久保信弘	嘉永2.12.28	(嘉永6.6月)　～　安政元.1.22	新番頭
36	〃	荒尾成允	嘉永5.5.15	安政元.4.21　～　安政元.5.9	長崎奉行
37	〃	一色直温	嘉永5.5.26	安政元.5.9　～　安政5.2.15	堺奉行
38	〃	堀利熙	嘉永6.5.14	嘉永6.8.2　～　安政元.7.21	箱館奉行
39	〃	永井尚志（※）	嘉永6.10.8	安政元.1.22　～　安政4.12.3	勘定奉行
40	〃	岩瀬忠震	安政元.1.22	同左　～　安政5.7.8	外国奉行
41	〃	大久保忠寛	安政元.5.9	安政元.9.23　～　安政4.1.22	長崎奉行
42	〃	岡部長常	安政2.9.14	(安政4年12月)　～　安政4.12.28	〃
43	〃	津田正路	安政3.2.10	(安政3.9月)　～　安政5.7.8	箱館奉行
44	〃	駒井朝温	安政3.12.1	安政5.1.4　～　安政5.7.8	大目付
45	〃	野々山兼寛	安政3.12.2	(安政5.6月)　～　安政5.7.8	(退職)
46	西丸留守居	筒井政憲	弘化4.2.11	(嘉永5.9月)　～　安政5.7.8	(死去)
47	代官	江川英龍	天保6.5.4	嘉永6.6.19　～　安政2.1.16	〃
					海防掛勘定奉行 海防掛勘定吟味役 海防掛大目付 海防掛目付 その他の海防掛
					合計

【注記】
1. 海防掛の就任年月日が不明な者については，（　）内に海防掛としての初出の年月日を記した．月で終わって
2. 備考の「『柳』×」とは，『柳営補任』に海防掛とは記されていないが，他史料で海防掛であることが確認で
3. ■は海防掛の就任期間を表す．
4. 海防掛の人数は，各年の12月末日における人数を記した．ただし，安政5年については，海防掛が廃止され
5. 江川英龍は，海防掛就任後，勘定吟味役格になっており，勘定吟味役として数えた．また，筒井政憲は安政
6. 人名の（※）は，海防掛に二回就任した者を表す．
7. 出典については海防掛の就任及び退任に関する情報のみを記した．海防掛退任日が「—」となっている者は，
8. 出典の略記については以下の通り．なお，右横の数字は巻数を示し（但し乙骨耐軒文書については目録番号），
『柳』…『大日本近世史料　柳営補任』／『通』…『通航一覧続輯』／『異』…『異船打払復古評議』（東京大学
『備』…『御備場御用留』（(国立公文書館内閣文庫所蔵)／『近』…『近海御備向見分御用留』（同左）／『外』…
『川』…『川路聖謨之生涯』／『水』…『水戸藩史料』／『村』…『村垣淡路守公務日記』／「乙」…「乙骨耐軒文

強かった。それほど大きな人数差ではないものの、その力関係は海防掛内の構成にも示されているといえよう。

③ペリー来航以降、目付方の人数が増加し、勘定方よりも多くなる。特に、目付の増加が著しい。これは、目付の政治的地位の浮上と密接に関わっている。[*17]講武場（のち講武所）の築造が委任されるなど、[*18]安政期に実施される幕政の諸改革において、目付は重要な役割を担わされることとなる。目付全体の人数も、安政期には規定の一〇人から一五人程度に増員され、それに合わせて海防掛目付の人数も増加したと考えられる。

また、当時最も影響力の強かった勘定方の発言を抑えようという老中阿部正弘の意図も存在したと推定できる。海防掛の勘定方と阿部の意見対立については次章で詳しく検討するが、ペリー来航以降、阿部は人材登用策を進め、その際、特に目付へ優秀な人材を配置するようになる。[*19]その中でも、永井尚志と岩瀬忠震の職歴は特徴的である。永井と岩瀬はいずれも小姓組から徒頭を経て目付になっている。この昇進過程は、書院番・小姓組番出身の幕臣の昇進過程として多いパターンではあるが、[*20]本来は徒頭、小十人頭、または使番として「数年間之を試みたる上」で目付に昇進するというのが一般的であったという。[*21]しかし、永井・岩瀬はともに徒頭を数か月ほどしか勤めていない。これは、目付就任のための形式的な徒頭就任と考えられ、松岡英夫が指摘する通り、当時阿部により目付を中心にした人材登用が積極的に行われていたことを示しているといえよう。[*22]

なお海防掛の人数は、安政三年（一八五六）を頂点に減少傾向となる。これは、幕府の外交方針の変化と密接に関わっている。序章でも言及したように、安政三年八月四日、幕府内で初めて欧米諸国との通商開始を想定した評議が行われ、[*23]同年一〇月二〇日には、大目付跡部良弼・土岐頼旨、勘定奉行松平近直・川路聖謨・水野忠徳、目付岩瀬忠震・大久保忠寛、勘定吟味役塚越元邦・中村時万が貿易取調掛に任命された。[*24]彼らは全員、海防掛の構成員である。このように、安政期後半に入り、「開国への軟着陸」に向けた模索が本格的に始まる中、幕府の外交課題は、海防の強化よりも、通商関係を含む欧米諸国との新しい外交関係の構築に移行することとなった（第八章）。そのため、海防掛の人数も減少傾向となったのである。ただし、海防掛の減員が、彼らの影響力の低下を意味しなかったことは、後で見る通りである。

2　海防掛の職掌

続いて、海防掛の職掌について検討したい。彼らの職掌とは、端的に言えば、老中から外交問題に関する諮問を受けて、評議・上申を行うことである。つまり、海防掛は幕府の外交に関する諮問機関を構成していた。

鎖国の維持を課題としていた幕府の外交は、海防政策と密接不可分であった。鎖国を維持するためには、日本との通商を求めて接近・来航する欧米の外国船に軍事的に対応できるだけの海岸防御が必要と認識されていた。欧米諸国の要求を拒否した場合の、武力衝突の勃発が懸念されていたからである。欧米諸国による通商要求の拒否を外交の基本原則とする幕府にとって、海防強化は外交上必要不可欠な課題だったのである。

一方、実際に来航してきた外国船に対してどのように対応するのか、という外国船への対応方針も重要な問題であった。この外国船の対応方針と海防政策とは密接に関連していた。たとえば外国側の要求を拒否するにしても、海防の強弱如何によって、打払の実施をも想定した強硬な対応をとるのか、それとも薪水の給与など、ある程度の要求は認めて穏健に対応するのか、というかたちで対応の基本方針も左右されることとなる。そのため、海防掛は海防の問題に限らず、広く外交問題全般について諮問を受けていたのである。

この外交問題に関する諮問の形式から、ペリー来航前後の海防掛の変化を確認したい。表1―2は、弘化三年（一八四六）、嘉永二年（一八四九）、そして安政元年（一八五四）の三年分を例に、外交問題に関する諮問先をまとめた表である。この表から、まずペリー来航以前の弘化三年および嘉永二年を確認すると、海防掛に対する諮問が最

勘定奉行	勘定吟味役	林大学頭	筒井政憲	江川英竜	長崎奉行	浦賀奉行	下田奉行	箱館奉行	米国応接掛	露国応接掛	出典
			○								『備』2
											『大』1 編 2 巻，277 頁
											『備』2
											『備』2
											『大』1 編 2 巻，279 頁
			○								『大』1 編 2 巻，270 頁
											『備』2
			○								『大』1 編 2 巻，311 頁
			○								『大』1 編 2 巻，509 頁
											『備』6
											『備』6
											『備』6
					○	○					『陸』上巻，396 頁
											『備』6
											『備』6
											『備』6
											『村』同日条
				○							『村』同日条
			○						○	○	『幕』5 巻，317 号
						○	○				『幕』7 巻，13 号
		○				○	○				『水』上乾，487 頁
		○				○	○	○			『稿』同日条
											『村』同日条
		○									『開』上巻，125 頁
							○	○	○		『幕』8 巻，180 号
					○	○		○	○		『幕』8 巻，181 号
											『村』同日条
		○									『水』上乾，661 頁

表 1-2　対外政策に関する諮問先

年	月日	諮問内容	三奉行	海防掛	大目付	目付
弘化 3 (1846)	6月 9日	異国船打払令の復活の可否につき	○	○		
	7月28日	長崎に渡来した仏国船の要求に対する返答方針につき		○		
	8月 8日	江戸湾防備の強化方針につき		○		
	9月 9日	外国船渡来時の番船配置に関する川越藩の伺いにつき		○		
	9月28日	長崎に渡来した仏国船の要求に対する返答方針につき	○			
	10月27日	長崎に渡来した仏国船の要求に対する返答方針につき				
	11月11日	外国船渡来時の対応方法に関する浦賀奉行の伺いにつき		○		
	12月13日	江戸湾巡見を行った目付松平近韶の復命につき	○	○		
	12月24日	長崎表防備の強化方針につき	○	○		
嘉永 2 (1849)	4月15日	増員分の与力・同心の入用費に関する浦賀奉行の伺いにつき		○		
	4月25日	下曽根金三郎の浦賀派遣に関する浦賀奉行の伺いにつき		○		
	閏4月20日	浦賀奉行組同心の陣法被着用につき		○		
	5月 5日	異国船打払令の復活および江戸湾の海防計画につき	○	○	○	○
	6月16日	下田丸改造に関する浦賀奉行の伺いにつき		○		
	7月 7日	下田丸船屋の他船への移築に関する浦賀奉行の伺いにつき		○		
	12月24日	浦賀奉行役宅の移築に関する浦賀奉行の伺いにつき		○		
安政元 (1854)	2月11日	露船が江戸へ回航した際の対応方法につき	○	○		
	2月29日	露船取扱に関するロシア応接掛の伺いにつき	○	○	○	○
	3月17日	漂流民の取扱方法につき	○	○	○	○
	7月 5日	浦賀・下田奉行の連絡を船で行う可否につき		○		
	閏7月26日	長崎に渡来した英国艦への対応につき	○	○	○	○
	8月17日	徳川斉昭建議の開港地以外での打払の可否につき	○	○	○	○
	11月10日	徳川斉昭の建議につき	○	○	○	○
	11月	ロシア船の修復場所につき	○	○	○	○
	12月19日	開港に関する長崎町年寄への達案につき		○		
	12月19日	日米和親条約批准書に関する下田奉行の伺いにつき	○	○	○	○
	12月30日	日米和親条約批准書への将軍親書の可否につき	○	○	○	○
	12月	登城儀式の簡略化につき	○	○	○	○

備考:出典については,『開』…『〈海舟全集〉開国起源』/『稿』…『大日本維新史料稿本』/『水』…『水戸藩史料』/『村』…『村垣淡路守公務日記』/『幕』…『幕末外国関係文書』/『備』…『御備場御用留』/『大』…『大日本維新史料』/『陸』…『〈海舟全集〉陸軍歴史』

も多いことが確認できる。海防掛単独に諮問がなされている事項を見ると、浦賀奉行や諸藩からの、「既定の海防政策に即応する海防業務の推進に関する諸伺・諸届に関する」問題が多い。[*25]こうした問題は、伺いに対して迅速な回答を必要とする性格のものであり、海防問題の専門機関である海防掛の評議に一任することで、早急の指示を実現していたと言えよう。

一方、海防掛以外では、西丸留守居筒井政憲と三奉行（寺社奉行・公事方勘定奉行・町奉行）に対する諮問も少なくない。[*26]安永七年（一七七八）に生まれた筒井政憲は、当時阿部の外交政策に関する顧問的な立場にあった。[*27]また、一八世紀末以降の外交政策の決定過程について検討を行った藤田覚によれば、三奉行は外交問題に関して基本的には常に諮問を受けてきた有司層である。[*28]

筒井や三奉行にまで諮問が行われた事例を見ると、弘化三年六月九日の異国船打払令の復活に関する諮問や、江戸湾・長崎などの要地の防備計画など、幕府の外交政策の根幹に関わる重大な問題に関する諮問が多い。嘉永二年五月五日には、彼らに加えて、海防掛以外の大目付・目付、長崎・浦賀各奉行に対して、異国船打払令の復活および江戸湾防備に関する諮問が行われている。重要な政策については、海防掛に限らず、幕府内から広く意見を集めた上で策定がなされていたのである。

しかし、それでも幕府の外交政策の策定過程において、最も重視されていたのは海防掛の意見であった。三奉行や筒井とは異なり、海防掛はほぼ全ての問題に関して諮問を受けており、幕府内で外交政策に最も密接に関与していた。海防に関する情報を網羅的に把握しており、かつ勘定方と目付方という幕府内における要職から構成されていたため、海防掛の上申書の影響力は大きなものであった。弘化・嘉永期においては、海防掛の反対によって阿部が自身の政策構想の実現を断念したということも少なくない（第二章）。

ペリー来航後になると、幕府の対外政策に関する諮問のあり方に大きな変化が生じる。まず、幕府の外交政策に関する諮問範囲が拡大したことが確認できる。従来の海防掛、三奉行に加えて、儒者の林大学頭復斎（煒）や浦賀・長崎・箱館・下田の各奉行、また、海防掛を除く大目付・目付にも、恒常的に諮問が行われるようになる。ペリー来航という大きな対外的危機を迎え、阿部は多くの有司層からの意見を募ることで、幕府の総力を挙げて外交問題の解決にあたろうとしたのである。

この点からは、ペリー来航以降、海防掛の諮問機関としての役割は小さくなったようにも見えるであろう。諮問範囲が拡大する分、それぞれの発言の比重は小さくなってしまうからである。しかし、諮問範囲の拡大は、海防掛の幕府内での存在意義そのものを小さくしたわけでは決してない。むしろ、海防掛はペリー来航後になって、幕府内における影響力を一層大きくさせた。

ペリー来航以降、海防掛の影響力が拡大したのは、対外問題がますます緊迫化する中で設けられた新しい掛との関係によるものである。ペリー来航後、それぞれの問題に応じて、たとえば大船製造掛や外国使節への応接掛が設けられるようになる。表1―3は、その中の主な掛をまとめたものであるが、この表を見ると、ほとんどの掛を海防掛が兼務していたことが分かる。個々の海防政策を取り仕切る掛、あるいは外国使節との交渉を直接担う掛といった、実務的な機能を有する掛を海防掛が兼務することで、彼らは諮問だけではなく、実務の面においても外交政策に密接に関与することとなった。長尾正憲が指摘するように、「海防掛には、このような兼務をこなしうるほどの人材が集められて」いたと同時に、「こうした『兼帯』をすることによって、政策推進面で海防掛の権限がふるいやすくなった」のである。[*29]

こうした海防掛の影響力は、安政三年以降の海防掛構成員の減員によっても基本的には変化がなかった。安政三年以降に新設される、たとえば先にあげた貿易取調掛なども、海防掛の構成員が勤めており、海防掛そのものの人数は減っても、海防掛を構成する幕臣たちの影響力は依然として強かったといえよう。

	役職	人名	就任日	海防掛	出典
異国船応接掛	勘定奉行	川路聖謨	安政元.6.18	○	『幕』6巻，286号
	〃	水野忠徳	安政元.12.24	○	『幕』8巻，205号
	大目付格	筒井政憲	安政元.6.18	○	『幕』6巻，286号
	目付	岩瀬忠震	〃	○	〃
	儒者	古賀増	〃	×	〃
軍制改正掛	勘定奉行	松平近直	安政元.7.24	○	『幕』7巻，39号
	〃	川路聖謨	〃	○	〃
	大目付	井戸弘道	〃	○	〃
	〃	筒井政憲	〃	○	〃
	〃	井戸覚弘	安政3.11.22	○	『幕』15巻，110号
	〃	伊沢政義	〃	○	〃
	目付	鵜殿長鋭	安政元.7.24	○	『幕』7巻，39号
	〃	一色直温	〃	○	〃
	〃	岩瀬忠震	〃	○	〃
	〃	大久保忠寛	安政2.5.10	○	『幕』11巻，116号
	〃	駒井朝温	安政5.5.29	○	『幕』20巻，120号
イギリス応接掛	勘定奉行	川路聖謨	安政3.9.16	○	『幕』15巻，27号
	〃	水野忠徳	安政3.8.20	○	『村』同日条
	勘定吟味役	中村時万	安政3.9.16	○	『幕』15巻，27号
	大目付	土岐頼旨	〃	○	〃
	〃	筒井政憲	安政3.9.19	○	『幕』15巻，29号
	目付	岩瀬忠震	〃	○	〃
	箱館奉行	竹内保徳	〃	×	〃
	儒者	古賀増	安政3.9.16	×	『幕』15巻，27号
貿易取調掛	勘定奉行	松平近直	安政3.10.20	○	『幕』15巻，81号
	〃	川路聖謨	〃	○	〃
	〃	水野忠徳	〃	○	〃
	勘定吟味役	塚越元邦	〃	○	〃
	〃	中村時万	〃	○	〃
	大目付	跡部良弼	〃	○	〃
	〃	土岐頼旨	〃	○	〃
	目付	岩瀬忠震	〃	○	〃
	〃	大久保忠寛	〃	○	〃
	〃	駒井朝温	安政5.5.29	○	『幕』20巻，120号
アメリカ使節出府取扱掛	勘定奉行	川路聖謨	安政4.7.2	○	『幕』16巻，190号
	勘定吟味役	塚越元邦	〃	○	〃
	大目付	土岐頼旨	〃	○	〃
	目付	鵜殿長鋭	〃	○	〃
	〃	永井尚志	〃	○	〃
	儒者	林韑	〃	×	〃
	鎗奉行	筒井政憲	〃	○	〃
	下田奉行	井上清直	〃	×	『幕』16巻，191号
オランダ領事出府取扱掛	勘定奉行	土岐朝昌	安政5.2.19	○	『幕』19巻，159号
	勘定吟味役	塚越元邦	〃	○	〃
	大目付	土岐頼旨	〃	○	〃
	〃	永井尚志	〃	○	〃
	目付	鵜殿長鋭	〃	○	〃
	長崎奉行	岡部長常	〃	×	〃

表 1-3　ペリー来航後に新設された主な掛

	役職	人名	就任日	海防掛	出典
台場普請掛	勘定奉行	松平近直	嘉永 6.8.2	○	『幕』2 巻，2 号
	〃	川路聖謨	嘉永 6.8.2	○	〃
	勘定吟味役	竹内保徳	嘉永 6.8.2	○	〃
	〃	村垣範正	安政 2.5.25	○	『幕』11 巻，148 号
	代官	江川英龍	嘉永 6.8.2	○	『幕』2 巻，2 号
	目付	堀利煕	嘉永 6.8.28	○	『幕』2 巻，71 号
	〃	永井尚志	安政元.3.25	○	『幕』5 巻，388 号
	〃	岩瀬忠震	安政元.4.5	○	『幕』6 巻，30 号
ロシア応接掛	勘定奉行	川路聖謨	嘉永 6.10.8	○	『幕』3 巻，9 号
	勘定吟味役	村垣範正	安政元.10.17	○	『村』同日条
	大目付格	筒井政憲	嘉永 6.10.8	○	『幕』3 巻，9 号
	目付	荒尾成允	嘉永 6.10.8	×	〃
	〃	鵜殿長鋭	安政元.2.29	○	『幕』5 巻，217 号
	〃	松本穀実	安政元.3.1	×	『幕』5 巻，232 号
	儒者	古賀増	嘉永 6.10.8	×	『幕』3 巻，9 号
大船製造掛	勘定奉行	石河政平	嘉永 6.11.2	○	『幕』3 巻，59 号
	〃	松平近直	嘉永 6.11.2	○	〃
	勘定吟味役	竹内保徳	嘉永 6.11.2	○	〃
	〃	村垣範正	安政 2.5.25	○	『幕』11 巻，148 号
	目付	堀利煕	嘉永 6.11.2	○	『幕』3 巻，59 号
	〃	永井尚志	安政元.3.25	○	『幕』5 巻，388 号
	〃	一色直温	安政 5.2.2	○	『幕』19 巻，134 号
	〃	津田正路	安政 5.5.29	○	『幕』20 巻，120 号
アメリカ応接掛	目付	鵜殿長鋭	安政元.1.15	○	『稿』同日条
	町奉行	井戸覚弘	安政元.1.15	×	〃
	儒者	林韑	安政元.1.15	×	〃
	〃	松崎純倹	安政元.1.15	×	〃
下田取締掛	勘定奉行	石河政平	安政元.4.2	○	『幕』6 巻，4 号
	〃	松平近直	安政元.4.2	○	〃
	〃	川路聖謨	安政元.4.2	○	〃
	〃	水野忠徳	安政 2.1.10	○	『幕』9 巻，29 号
	勘定吟味役	竹内保徳	安政元.4.2	○	『幕』6 巻，4 号
	〃	塚越元邦	安政元.4.2	×	〃
	目付	鵜殿長鋭	安政元.4.2	○	〃
	〃	荒尾成允	安政元.4.2	×	〃
	〃	岩瀬忠震	安政 2.1.10	○	『幕』9 巻，29 号
	町奉行	井戸覚弘	安政元.4.2	○	『幕』6 巻，4 号
松前・蝦夷地取扱掛	勘定奉行	石河政平	安政元.閏 7.2 頃	○	『幕』7 巻，補 2 号
	〃	川路聖謨	〃	○	〃
	〃	水野忠徳	安政元.12.24	○	『幕』8 巻，205 号
	勘定吟味役	村垣範正	安政元.1.14	○	『村』同日条
	〃	竹内保徳	安政元.2.14	○	〃
	〃	松井恭直	〃	○	〃
	〃	岡田忠養	安政 2.2.23	○	〃
	目付	堀利煕	安政元.1.22	○	『幕』4 巻，243 号
	〃	岩瀬忠震	安政元.5.19	○	『幕』6 巻，223 号

備考：出典については，『稿』…『大日本維新史料稿本』／『幕』…『幕末外国関係文書』／『村』…『村垣淡路守公務日記』．なお，全ての新設の掛を網羅しているわけではない．

3　海防掛による評議と上申

次に、海防掛が諮問を受けて、評議を行い、そして上申を行うまでの具体的な過程について確認したい。この点に関しては、安政元年（一八五四）一月から安政三年（一八五六）七月まで海防掛を勤めていた勘定吟味役村垣範正の日記が参考となる。[*30]

安政元年二月一六日、アメリカ使節ペリーからの贈物の目録と、それに対する返礼品に関して、アメリカ応接掛の伺書が幕府に届いた。この件に関して、老中松平忠優より、評定所一座、海防掛、（海防掛以外の）大目付・目付、そして海防掛勘定吟味役格江川英龍に諮問があった。その後、被諮問者全員が松溜間に集まり、評議を行っている。この評議では、アメリカの希望の品を与えても「不苦」ことなどが決定され、[*31]翌一七日、評定所一座以下の連名で松平忠優へ上申書が提出された。[*32]

以上のように、海防掛を含め、諮問を受けた幕臣たちはまず一堂に会して評議を行い、意見の調整を行っていた。しかし、当然意見の調整がつかない場合もあり、意見が割れた時にはそれぞれの部署ごと、ないしは個人ごとで上申を行っている。たとえば同年一二月三〇日、日米和親条約の批准書への将軍の捺印問題に関して、評定所一座、海防掛、大目付・目付が山吹間で「一同惣評議」を行ったが、意見がまとまらず「衆議区々」となり、結局は各部署で別々に上申することとなった。[*33]

各部署での上申となった場合、海防掛内部でも、勘定方と目付方とで別々に上申することが多かった。安政元年一月二四日、アメリカへの対応と警衛方法に関する徳川斉昭の建議書二通について、海防掛全員が菊間の縁側で「惣評議」を行った。二通の内、アメリカへの対応に関する一通についてはは評議がまとまったが、もう一通については「是者御目付方、此方《勘定方》引別レ、十分ニ評議之積り」とあり、海防掛の目付方と勘定方とで別々に評議することとなったようである。[*34] そして、二月一日、海防掛勘定方の評議内容をもとに、勘定組頭の高橋平作が上申書の草案を作成し、それが村垣に提出された。村垣は、字句等を「品々直させ、小印いたし」た上で、松平近直に回したという。[*35] この件に関する村垣の記載はその後見あたらないが、おそらく近日中に清書され、海防掛勘定奉行・勘定吟味役の上申書として阿部に差し出されたのであろう。

それでは、海防掛が勘定方と目付方とで別々に上申を行うようになったのは、いつ頃からであろうか。ペリー来航以前に関しては、海防掛の上申の形式について、表1―2にならって弘化三年（一八四六）、嘉永二年（一八四九）、安政元年の事例を抽出したものである（ただし、表1―2の諮問内容と対応しているわけではない）。表1―4は、海防掛勘定吟味役の佐々木顕発が書き残した『御備場御用留』（国立公文書館内閣文庫所蔵）という史料が参考となるが、この史料からは、海防掛設置以降、嘉永二年後半頃に至るまで、海防掛が勘定方、目付方の区別なく連名で上申していたことが分かる。しかし、これは『御備場御用留』に収められた事例ではないが、西洋型スループ船の試乗に関して、嘉永二年一〇月頃に海防掛勘定方、その後に目付方というかたちで、勘定方と目付方が別々に上申を行っている。[*36] これ以後、勘定方と目付方が別個に上申を行う事例がしばしば見受けられ、ペリー来航後には、ほとんどの場合において両者が別々に上申している。

海防掛が別々の上申を行うようになったのは、両者の間で外交問題に関する意見の隔たりが大きくなったことが原因と考えられる。たとえば安政元年二月九日、当時神奈川沖に碇泊していたアメリカ艦隊が江戸に向かって進入してきた場合の対応に関して、海防掛が評議を行ったが、その結果、「御目付と割、此方《勘定方》計、伊賀殿《松平忠優》江」上申することになったという。[*37] このように、評議を行っても意見が割れるということが多くなったため、別々の上申が増えたのである。

海防掛の上申形式			備考	出典
連名	勘定方	目付方		
○				『備』2
○				『大』1編2，279頁
○				『備』2
○				『備』2
○				『備』2
○				『備』6
○				『備』6
○				『備』6
○				『備』6
○				『備』6
○				『備』6
○				『備』6
	○			『箋』
		○		『箋』
○				『備』6
		○		『大』2編4，1頁
○			評定所一座，大目付，目付と連名	『開』上，57頁
	○		米国応接掛と連名	『幕』6巻，121号
		○	大目付，目付と連名	『開』上，117頁
		○	大目付，目付と連名	『海』3
	○			『稿』6月5日条
		○		『稿』6月5日条
		○		『幕』7巻，59号
○			評定所一座，林大学頭，大目付，目付，浦賀・下田奉行と連名	『幕』7巻，85号
	○			『稿』8月17日条
	○			『幕』7巻，240号
		○		『幕』7巻，241号
		○		『幕』8巻，55号
○			評定所一座，林大学頭，大目付，目付，浦賀・下田奉行と連名	『幕』8巻，81号
○			評定所一座，米国応接掛，大目付，目付，長崎・浦賀・箱館奉行と連名	『幕』8巻，181号

表 1-4　海防掛の上申形式

年	月日	上申内容
弘化 3 (1846)	7 月 30 日	異国船打払令復活の可否につき
	8 月	長崎渡来のフランス船への対応につき
	8 月 11 日	江戸湾防備の強化方針につき
	10 月　7 日	外国船渡来時の番船警備方針に関する川越藩の伺いにつき
	12 月 18 日	外国船渡来時の対応方針に関する浦賀奉行の伺いにつき
嘉永 2 (1849)	2 月	外国船漂着時の対応に関する小笠原藩の伺いにつき
	4 月 24 日	与力・同心の扶持に関する浦賀奉行の伺いにつき
	閏 4 月	下曽根金三郎の浦賀派遣に関する浦賀奉行の伺いにつき
	閏 4 月　2 日	西洋式銃の下付に関する浦賀奉行の伺いにつき
	閏 4 月 16 日	同心の陣法被着用に関する浦賀奉行の伺いにつき
	5 月 11 日	家臣の江戸湾巡見に関する会津藩の伺いにつき
	5 月 12 日	与力・同心の稽古費用に関する浦賀奉行の伺いにつき
	10 月頃	羽田付近におけるスループ船の試乗の可否につき
	10 月	〃
	12 月　7 日	同心の陣法被着用に関する浦賀奉行の伺いにつき
安政元 (1854)	2 月　9 日	外国船の江戸湾進入時の対応方針につき
	2 月 17 日	米国船への贈答品に関する米国応接掛の伺いにつき
	4 月 16 日	米国船の動向に関する尾張藩からの伺いにつき
	4 月	露国への贈答品に関する露国応接掛への達案につき
	5 月	露国への対応方針に関する露国応接掛からの伺いにつき
	6 月	阿部正弘の幕政改革案につき
	7 月	〃
	7 月	江戸湾防備の方針に関する諸藩からの伺いにつき
	閏 7 月	長崎渡来の英国軍艦への対応につき
	8 月	徳川斉昭建議の開港地以外での打払の可否につき
	9 月	米国人の休息所設置の可否につき
	9 月	〃
	10 月	露国船が江戸湾に来航した場合の対応方針につき
	11 月 11 日	露国船の修復場所につき
	12 月	日米和親条約批准書の老中署名の方針につき

備考：出典については，『開』…『〈海舟全集〉開国起源』／『海』…『海防建議』3／『稿』…『大日本維新史料稿本』／『大』…『大日本維新史料』／『箋』…『箋策雑集』

4　海防掛と「乙骨耐軒文書」

(1) 海防掛支配向と乙骨耐軒

ここまで、海防掛の制度的な特質について、その構成員および職掌の側面から検討を行ってきた。以下においては、はじめに、で言及した「乙骨耐軒文書」の紹介を兼ねながら、海防掛についてさらに詳細に見ていきたい。

「乙骨耐軒文書」は、幕末期の漢学者乙骨寛（または完。通称、彦四郎。号、耐軒。一八〇六〜五九年）が書き残した七六三点の文書群であり、現在、山梨県立文学館に所蔵されている。[*38] 史料の多くは、漢詩文や、和歌、俳句、あるいは漢学仲間との書簡など、乙骨の漢学者としての足跡を表すものであるが、中には、彼が徒目付を勤めていた頃の海防掛目付方の上申書草案など、幕政関係の文書が二〇〇点近く含まれている。[*39]

ここで乙骨彦四郎の経歴について簡単に説明をしておきたい。[*40] 乙骨彦四郎は、文化三年（一八〇六）四月二九日、幕臣鳥羽半七の次子として生まれた。文政六年（一八二三）、昌平坂学問所の学問吟味で乙科に合格し、文政一二年（一八二九）には学問所助教となった。彼が乙骨半右衛門の養子になったのは天保八年（一八三七）のことである。その後、西丸御徒に就任したが、水泳稽古中に病気を患い、その療養中に作成した漢詩が林大学頭述斎の目にとまり、それが契機となって再度学問所に招かれたという。

天保一四年（一八四三）、彼は昌平坂学問所の分校である甲府徽典館の初代学頭に就任した。学頭の任期は二年間であり、その後江戸に戻って表火之番役を勤めていたが、嘉永五年（一八五二）には再び徽典館の学頭に任命される。二度目の学頭を経て、江戸に戻ってきた乙骨は、安政二年（一八五五）四月一六日、徒目付に任命された。これは、当時海防掛目付であった岩瀬忠震と永井尚志の推挙によるものといわれている。岩瀬も永井も、徽典館の学頭を経験しており、乙骨とは親密な関係を有していた。安政五年（一八五八）一〇月一六日、乙骨は天守番に転任する。乙骨はその翌年七月二六日、病を得て五四年の生涯を閉じることとなった。

以上が乙骨彦四郎の経歴であるが、正確な日付は分からないものの、彼は徒目付就任とほぼ同時に海防掛に任命されたと考えられる。海防掛徒目付としての彼の主な職務は、海防掛たちの評議に陪席し、そこでの評議内容に基づいて、海防掛目付方の上申書の草案を作成することであった。そして、彼が作成した上申書草案が、「乙骨耐軒文書」の中に多数残されているのである。

ところで、前節までは勘定方および目付方の海防掛について検討を行ったが、実は彼らの支配向からも海防掛が選任されていた。支配向の海防掛に関しては不明な点も多いが、たとえば勘定奉行や勘定吟味役以下、勘定所の吏僚についてまとめた『会計便覧』という史料の安政三年（一八五六）版によれば、当時、勘定組頭の後藤一兵衛と菊地大助、高橋平作が「諸国浦々御備場掛り」、それから勘定の一二人が「御備場掛り」として記されている。[*41] これらは、おそらく海防掛の異称と考えられる。また、目付方についても、安政二年に乙骨彦四郎が目付に差し出した上申書の草案によると、同年には「海防筋」の掛を勤める徒目付が七人いたようである。乙骨は、この人数では「不便利」であるとして、さらに四、五人の増員を希望している。[*42]

勘定方および目付方の支配向から選任された海防掛は、乙骨彦四郎のように、上申書の草案作成といった事務的な仕事を担っていた。たとえば、前節において村垣範正の日記から安政元年（一八五四）二月一日条を引用したが、その中で、勘定組頭高橋平作が海防掛勘定方の上申書草案を作成していたことを確認した。上記の通り、高橋は海防掛の勘定組頭である。

同じ村垣の日記からの引用で、村垣範正が上申書草案に「小印」を捺して、海防掛勘定奉行松平近直に回していたことも、先に見た通りである。そして「乙骨耐軒文書」の中には、実際に海防掛目付方の小印が捺された文書が残されている。たとえば、安政四年（一八五七）四月に大坂湾木津川口の警衛を命じられた高松藩主松平頼胤より、[*43]瀬戸内海の小豆島の防備に関する上申書が出されたのであるが、この件に関する八月付の海防掛目付方の上申書草案が残されている。[*44]その末尾には、「丹波守」（海防掛大目付・土岐頼旨）、「対馬守」（同・井戸覚弘）、「美作守」（同・伊沢政義）、「民部少輔」（海防掛目付・鵜殿長鋭）、「邦之輔」（同・一色直温）、「玄蕃頭」（同・永井尚志）、「半三郎」（同・津田正路）の計七人が署名をしている。その中で小印を捺しているのは、土岐、一色、永井の三人である。文書の冒頭には「此方不用ニ相成候〻」と記されており、詳しい経緯は不明であるが、土岐以下の三人で回覧される間に、この上申書案が「不用」となり、別の上申書案が作成されることになったのであろう。[*45]

海防掛の支配向の職務に関しては、そのほかに諸藩の砲術調練への立会ということが確認できる。これは目付方に限った職務であるが、嘉永六年（一八五三）一一月以降、海防掛目付は大名や旗本の砲術調練を管理し、調練の実施を希望する大名・旗本は、海防掛目付にその旨を願い出ることになっていた。[*46]そして、実際に調練が行われる際に立ち会っていたのが、海防掛の小人目付である。それは、海防掛小人目付の手当金増額に関する海防掛目付の上申書草案から確認することができる。[*47]

以上のように、海防掛勘定方および目付方の下で、支配向の海防掛たちは上申書の草案作成や砲術調練の立会など、事務的な職務を担い、海防掛たちを下から支えていたといえるであろう。

(2)「乙骨耐軒文書」の研究史的意義

最後に、「乙骨耐軒文書」の全体的な特徴と、その研究史上の意義について確認したい。

先述の通り、「乙骨耐軒文書」の目録については、山梨県立文学館編『資料と研究』第八輯以降、順次紹介がなされている。その中で、海防掛に関係する文書は、《評議書草案・上申書等》という分類で、目録番号三六五から五八九までの計二二五点があげられている。[*48] ここで取り上げたいのは、①海防掛目付方の上申書、②海防掛を除く目付方の上申書、③海防掛勘定方の上申書、④海防掛全体の上申書、それから、⑤下田奉行等の外交に関係する部署からの上申書、の五種類であり、乙骨彦四郎やそれ以外の人物の個人的な建議書や、諸藩からの伺書の写しなどについては割愛したい。

二二五点のうち、右の五種類に該当する史料は、一六九点である。ただし、一点の史料の中に、複数の上申書が含まれている場合もある。たとえば、「異国船牛肉懇願一件綴」（目録番号四〇三）の中には、一三通の上申書が含まれている。そうした一点の中にある複数の上申書も一通として数えると、全部で二〇八通が確認できる。表1―5は、その二〇八通について、上申者別および年代別に目録番号を振り分けたものである。

「乙骨耐軒文書」中の上申書案は、草案という性格上、署名や日付が書かれていないものが多い。それでも、二〇八通のうち、署名がはっきりしているものに限れば、海防掛目付方の上申書案が五六通で最多である。「その他」を除けば、次に多いのが大目付・目付による上申書案である。その多くは安政五年（一八五八）七月の海防掛廃止後の史料であるが、海防掛が設けられている期間に作成された上申書案（たとえば目録番号三六九）も含まれていることから考えて、乙骨は海防掛目付方の上申書案だけを作成していたわけではないようである。ただし、大目付・目付が上申書を出す場合には、海防掛も含んだ目付方全員の上申書である場合も散見される（表1―4参照）。したがって、乙骨が作成を担当していたのは、基本的には海防掛目付方の意見が反映されたものと見なすことができるであろう。

「乙骨耐軒文書」の有する意義としてまず指摘できるのは、「乙骨耐軒文書」中の史料は、『幕末外国関係文書』などですでに知られている史料も若干は含まれているが、そのほとんどがまだ紹介されたことのない未刊行史料だということである。それに加えて、海防掛目付方の安政二年から翌年にかけての上申書案が多く含まれている、というこ

表 1-5 「乙骨耐軒文書」の構造

《上申者別》

上申者	目録番号	合計
海防掛目付方	(366)・(366)・368・372・(380)・386・388・395・398・400・(403)・(403)・(403)・409・412・413・415・416・417・418・419・420・425・430・432・(434)・(434)・441・443・451・(454)・457・459・(460)・(461)・468・473・474・476・(485)・(490)・491・493・498・499・506・(516)・520・526・535・538・543・549・560・564・565	56
目付方	(366)・369・378・456・477・478・480・481・482・546	10
海防掛勘定方	377・389・(403)・(516)	4
海防掛全体	(366)・567	2
その他	(380)・(403)・(403)・(403)・(403)・(403)・(403)・(403)・(403)・(403)・442・(454)・470・487・488・(516)・(516)・(516)	18
署名なし	[省略]	118

《年代別》

年代	目録番号	合計
安政元(1854)	516・516	2
安政 2 (1855)	366・{366}・{366}・367・{371}・{375}・377・{378}・{380}・{380}・{383}・{385}・389・{393}・{394}・{403}・{403}・{403}・{403}・{406}・{407}・{485}・{485}・{486}・{489}・{508}・{516}・{516}・516・{517}・{523}・{524}・{525}・{526}・{527}・{528}・{529}・{530}・{531}・{564}	40
安政 3 (1856)	369・403・403・403・403・{403}・{403}・403・{403}・403・{408}・424・{425}・{454}・454・{459}・{460}・{460}・{461}・{461}・{466}・{479}・{479}・{490}・{490}・{491}・{502}・{506}・{543}	29
安政 4 (1857)	{366}・{366}・{366}・{366}・{388}・{395}・{398}・{400}・{409}・{416}・{417}・{419}・{434}・{457}・{463}・{467}・{468}・470・{471}・{471}・{472}・{473}・{474}・{476}・{477}・{487}・{488}・{493}・{494}・{498}・{500}・{507}・{519}・{520}・{538}・{544}・{545}・{546}・{554}・{560}・{566}	41
安政 5 (1858)	{430}・{434}・{456}・{480}・{481}・{482}・{497}・{499}・{556}・{565}・{567}	11
不明	[省略]	85

備考：
1.《上申者別》につき，(　) 内は，一点中に複数の上申書案等が含まれるものを示す.
2.《年代別》につき，{　} 内は，推定での年代を示す.
3. 目録番号 365 から 589 までのうち，本稿で取り上げなかった文書の番号は以下の通り.
365・370・373・374・379・391・404・405・410・423・452・453・455・475・492
495・496・501・509 〜 515・534・540・550・551・559・561 〜 563・568 〜 589

とも重要である。安政期における海防掛目付方の上申書の多くは「堀田正睦外国掛中書類」という史料に収められており、[*49]そのほとんどは、『幕末外国関係文書』に収録されている。

しかし、老中堀田正睦が「外国掛」として外国事務全般を担うようになるのは、安政三年（一八五六）一〇月一七日以降のことであり、[*50]それ以前の海防掛目付方の上申書は、それ以後に比べて現存するものが少ないのである。にもかかわらず、石井孝の研究に代表されるように、[*51]海防掛目付方は「開明的」であるとして、あたかも安政期を通じて開国政策を主導していたかのような捉え方がなされている。海防掛目付方の政策論の変遷を実証的にたどる上でも、「乙骨耐軒文書」は重要であろう。

なお、勝海舟によると、幕末における幕府の指令の原案は、全て「下吏徒目付、小人目付、或は勘定方の執筆」によるもので、彼らは「徒に旧例旧規に仍り其考案を草し、長官これを見て漫然捺印し（俗盲判と称す—原注）、これを政府に呈し、政府これを受て指令す」という通弊があり、そのために「国家の長計を誤ること」も少なくなかったという。[*52]

しかし、先に高松藩からの伺いに対する安政四年（一八五七）八月付の海防掛目付方上申書草案について紹介を行ったが、その草案は、三人の小印が捺されながらも「不用」とされ、実際の上申書としては用いられなかった。途中まで小印が捺されながら「不用」になったという事例から考えれば、乙骨が作成した案文が「漫然」と回覧されていたわけではないと推定できるであろう。「乙骨耐軒文書」の上申書案は、乙骨が独断で作成したものではなく、あくまでも海防掛目付方の評議をうけて作成されていたと見なすことができる。

小結

本章では、海防掛の制度に関する検討を通じて、なぜ彼らが開国期の幕府外交に大きな影響力を有し得たのか、という点について考察を行った。それは、次のようにまとめることができる。

海防掛は、幕府の外交政策に関する事実上の諮問機関として機能していた。海防掛の手元には、幕府の直面する対外問題や、あるいは全国的な海防の状況など、重要な外交情報が集まる仕組みとなっていた。そのため、外交問題に関して海防掛以外の幕臣が諮問を受ける場合にも、海防掛の意見がその中でも特に重みを持つことになった。

さらに、海防掛の構成員たちは、ペリー来航以後になると様々な新設の掛を兼任することとなる。それらの掛の中には、外国船との実際の交渉を担う掛や、大船製造や台場の築造といった具体的な海防計画の指揮をとるなど、実務的な機能を有する掛が多かった。これらの掛を兼務することで、海防掛の各構成員はさらに幕政の中で重要な役割を担うこととなった。

また、「乙骨耐軒文書」からは、海防掛を支えた支配向たちの具体的な姿も垣間見ることができた。海防掛徒目付・小人目付や、あるいは海防掛勘定組頭たちは、海防掛目付方や勘定方の下、事務的な作業を担い、海防掛を支えていた。従来、海防掛の支配向の存在に関してはその存在もあまり知られてはいなかったが、「乙骨耐軒文書」をはじめとするさらなる史料の発掘によっては、支配向も含めた海防掛の全容の解明が期待できるであろう。

さらに、「乙骨耐軒文書」自体、開国期に関する研究史上において重要な意義を有している。海防掛目付方の政策論の特質を明らかにしていくためにも、同文書の有効活用が必要であろう。第六章では、「乙骨耐軒文書」を用いて海防掛目付方の外交構想について詳細に検討を行いたい。

註

＊1　笹原一晃「江戸湾防備政策の展開と海防掛」（『日本大学史学会研究彙報』九号、一九六六年）。
＊2　正戸千博「幕末外交における諸問題と海防掛」（『駒沢史学』三五号、一九八六年）。
＊3　長尾正憲「安政期海防掛の制度史的考察」（『福沢屋諭吉の研究』思文閣出版、一九八八年〈初出一九八一年〉）。
＊4　上白石実「安政改革期における外交機構」（『幕末期対外関係の研究』吉川弘文館、二〇一一年〈初出一九九三年〉）。
＊5　長尾前掲「安政期海防掛の制度史的考察」、五三頁。
＊6　なお、長尾による「乙骨耐軒文書」の紹介に関しては、前掲論文とともに、「『乙骨耐軒文書』の海防掛目付関係文書について」（一）（二）（『封建社会研究』一号・二号、一九七九年・八〇年）も参照のこと。
＊7　井野邊茂雄『幕末史の研究』（雄山閣出版、一九二七年）、五四一頁。
＊8　『老中日記下調』（国文学研究資料館所蔵信濃国松代真田家文書）、天保一三年七月二三日条。
＊9　以上、針谷武志「近世後期の諸藩海防報告書と海防掛老中」（『学習院史学』二八号、一九九〇年）、二三～二五頁。
＊10　『通航一覧続輯』五巻（箭内健次校注、清文堂出版、一九七三年）、二頁。
＊11　渡邊修二郎『阿部正弘事蹟』上巻（続日本史籍協会叢書、一九七八年〈復刻〉）、八四～八七頁。
＊12　「開国勧告」の日本語訳については、田中彰編『〈日本近代思想大系一〉開国』（岩波書店、一九九一年）、三～一〇頁。
＊13　『通航一覧続輯』五巻、二頁。
＊14　同右。
＊15　同右、四頁。
＊16　勘定方と目付方の制度的特質や各職掌については、寺島荘二『江戸時代御目付の生活』（雄山閣出版、一九六五年）、馬場憲一「勘定奉行・勘定吟味役の昇進過程に関する一考察」（『法政史学』二七号、一九七五年）、村上直・馬場憲一「江戸幕府勘定奉行と勘定所」（同編『江戸幕府勘定所史料―会計便覧―』吉川弘文館、一九八六年）、近松鴻二「目付の基礎的考察」（児玉幸多先生古稀記念会編『幕府制度史の研究』、吉川弘文館、一九八三年）、本間修平「江戸幕府目付に関する一考察」（『法学新報』九一巻八・九・一〇号、一九八五年）、荒木裕行「江戸幕府目付の職掌について」（藤田覚編『近世法の再検討　歴史学と法史学の対話』山川出版社、二〇〇五年）、山本英貴『江戸幕府大目付の研究』（吉川弘文館、二〇一一年）。
＊17　幕末期の目付の地位向上については、近松前掲「目付の基礎的考察」、本間前掲「江戸幕府目付に関する一考察」。

＊18 『〈海舟全集七〉陸軍歴史』下巻（改造社、一九二八年）、六二一～六三頁。

＊19 石井孝『日本開国史』（吉川弘文館、一九七二年）、一二二頁。

＊20 南和男「江戸幕府御徒組について」（『日本歴史』二二四号、一九六六年）、三六～三七頁。

＊21 木村芥舟「旧幕監察の勤向」（『〈復刻〉旧幕府』第一巻第一号、マツノ書店、二〇〇三年）、六八頁。

＊22 松岡英夫『岩瀬忠震』（中央公論社、一九八一年）、二五～二六頁。

＊23 『〈大日本古文書〉幕末外国関係文書』一四巻（東京大学出版会、一九八五年）、二一三号、六五二～六五三頁。

＊24 『幕末外国関係文書』一五巻、八一号、一八九～一九一頁。

＊25 長尾前掲「安政期海防掛の制度史的考察」、三九頁。

＊26 なお、「評定所において寺社奉行・町奉行・勘定奉行が合議して職務を勤めた時の呼称」を「評定所一座」という（大石学編『江戸幕府大事典』吉川弘文館、二〇〇九年、九七八頁）。表1―2では、史料で「評定所一座」と記されている場合も、三奉行として取り扱っている。

＊27 筒井政憲については、上白石実「筒井政憲」（前掲『幕末期対外関係の研究』〈初出一九九四年〉）、佐野真由子「幕臣筒井政憲における徳川の外交」（『日本研究』三九号、二〇〇九年）。

＊28 藤田覚「江戸幕府の対外政策決定過程」（『近世後期政治史と対外関係』東京大学出版会、二〇〇五年）。

＊29 長尾前掲「安政期海防掛の制度史的考察」、四四頁。

＊30 「村垣淡路守公務日記」一～一一（『幕末外国関係文書』附録二～四所収）。

＊31 「村垣淡路守公務日記」一、安政元年二月一六日条、四六頁。

＊32 同右、安政元年二月一七日条、四九頁。なお、上申書そのものは『〈海舟全集一〉開国起源』上巻（改造社、一九二七年）、五七～五八頁。

＊33 「村垣淡路守公務日記」四、安政元年一二月晦日条、五四三頁。

＊34 「村垣淡路守公務日記」一、安政元年一月二四日条、二四頁。

＊35 同右、安政元年二月一日条、三一頁。

＊36 「スループ船評議」（『籌策雑収』所収、岡山大学附属図書館池田家文庫所蔵）。なお、スループ船建造の問題については、安達裕之『異様の船』（平凡社、一九九五年）。

＊37　「村垣淡路守公務日記」一、安政元年二月九日条、三九頁。
＊38　なお、乙骨の読みは、「おつこつ」ではなく「おっこつ」である（「乙骨耐軒文書」の原蔵者である永井菊枝より確認した）。幕臣に関する辞典類で「おつこつ」と記されている場合が少なくないので、ここに明記しておきたい。
＊39　「乙骨耐軒文書」の概略については、吉田英也・清水琢道・遠藤秀紀「乙骨耐軒文書（漢詩草稿・海防掛大小目付答申案草稿）」（『資料と研究』三輯、一九九八年）。
＊40　以下、乙骨彦四郎の経歴については、特にことわりがない限り、永井菊枝『小伝　乙骨家の歴史』（フィリア、二〇〇六年）による。なお、乙骨の交友関係については、坂口筑母『乙骨耐軒』（明石書房、一九八一年）が詳しい。
＊41　「会計便覧　安政三年」（村上直・馬場憲一前掲『江戸幕府勘定所史料』）一三六～一三七・一四一・一四五頁。
＊42　「海防掛人数増員方に付意見書案」（乙骨耐軒文書、目録番号三九三）。
＊43　『幕末外国関係文書』一五巻、三二二号、八一六頁。
＊44　「大阪表警衛の為松平讃岐守より小豆島警固御免方伺いに付評議書案」（乙骨耐軒文書、三九五）。なお、一二月付の同問題に関する別の上申書案も綴られている。四か月もの時間差の理由は不明であるが、内容としては、いずれも高松藩の小豆島警衛は免除してもいい、という内容である。
＊45　一二月付の上申書案についても、「此評義《ママ》不用、別仕立可成候」と記されており、上申書として採用されなかったことが分かる。
＊46　『通航一覧続輯』五巻、四二二頁。
＊47　「大森村大筒町打場への海防掛出役手当金等に付評議書案」（乙骨耐軒文書、四一六）。
＊48　『資料と研究』九輯（二〇〇四年）、二八二～二九九頁。
＊49　『〈千葉県史料近世編〉堀田正睦外交文書』（千葉県、一九八一年）。
＊50　『幕末外国関係文書』一五巻、七五号、一八二頁。なお、それに合わせて海防掛老中も堀田正睦が専任することとなった。
＊51　石井孝『日本開国史』（吉川弘文館、一九七二年）。
＊52　『〈海舟全集二〉開国起源』下巻（改造社、一九二八年）、二九三～二九四頁。

第二章

弘化・嘉永期における海防掛の外交構想
——異国船取扱方を中心に

はじめに

近年の研究においては、嘉永六年（一八五三）六月のペリー来航に際し、幕府が平和的な外交に徹したことが高く評価されている。特に加藤祐三は、この時の平和的かつ冷静な外交によって幕府はペリー来航という一大危機を乗り越え、清朝とイギリスが結んだ南京条約に比して「不平等性」の少ない条約（＝日米和親条約）の締結に成功し、それが、近代につらなる日本外交の国際的な諸条件を規定した、と述べている。[*1] こうした評価は、明治期以後の具体的な考察に基づくものではないという点で批判を受けているが[*2]、東アジア史を比較的に考察する上でも、加藤が提示した展望は重要であろう。

しかし、ひるがえって考えてみると、そもそもなぜ幕府はペリー来航の時点で平和的な外交方針をとることができたのであろうか。もちろん、そのひとつの解答として、軍艦四艘という軍事力を前に、開戦を極力回避する方針がとられた、という予想は簡単にできるであろう。また、藤田覚が強調するように、一八世紀末以来、幕府外交は対外戦争よりも穏健な対応を優先することを基調としていたのであり[*3]、ペリー来航期の対応も、その基調に則った対応であったと考えることもできる。

しかし、ペリー来航の直前、弘化・嘉永期に関する研究は、老中首座阿部正弘が弘化三年（一八四六）、嘉永元年（一八四八）、そして嘉永二年（一八四九）の三度にわたり、アヘン戦争の情報入手を機に廃止していた異国船打払令の復活を試みたことを明らかにしている。[*4] 打払令復活は結局実現されなかったが、この事実からは、ペリー来航前夜の幕府が、必ずしも平和外交の一本路線だけで統一されていたわけではない、ということが分かる。可能性としては、ペリー来航の時点で「打払」が外交の原則になっていたかもしれない、ということも否定できないのである。本章は、この異国船打払令の復活に関する評議を中心に、嘉永六年のペリー来航の時点における外交方針がどのように形成されたのか、という〈経緯〉を明らかにすることを課題としている。

ところで阿部が三度にもわたって打払令の復活を試みながら、最終的にそれを断念したのは、諮問にあずかった幕臣たち、特に海防掛からの強い反対意見に直面したことによる。したがって、打払令の復活問題を考える上で、阿部と同様、海防掛の外交構想についても十分に検討を行う必要があるであろう。にもかかわらず、弘化・嘉永期の海防掛については、阿部の政策実現に抵抗する障害ないしは敵対勢力というような位置づけ以上には評価されていないというのが現状である。

弘化・嘉永期の幕府外交について、阿部正弘と海防掛の関係に注目しながら検討を行った研究として、三谷博の研究があげられる。三谷は、阿部と海防掛とが「鎖国政策を維持し、異船の接近を減ずることを理想とする点、および西洋諸国の軍事的優越、したがって戦争即敗戦という危険を認識する点で」は共通していながらも、「阿部が鎖国政策の貫徹を至上の課題とし、戦争即敗戦という可能性を排除するため海防強化を力説したのに対し、海防掛は戦争そのものを起こさないこと、すなわち避戦政策を最優先の課題とし、鎖国の維持については渡来船に再渡禁止を厳諭する程度の対策しか述べていない」と指摘する。[*5] そして、外国船の襲来の「可能性を敢えて遠い将来に押しやり、現在には問題がないかのよう」な発言をする海防掛の外交構想について、「かかる自己中心的な状況認識、そして避戦対策を徹底して日本側からの挑発を避け、来寇の機会をできるだけ先に延ばそうという海防掛の政策は、多分に、海防支出を厭い、財政の現状を維持しようとする内政本位の発想に基づいていたといってよいであろう」と、阿部の政策構想に比べて否定的な評価を下しているのである。[*6]

しかし、三谷のかかる評価は、海防掛の一部の上申書から導き出されたものであり、彼らの外交構想を総合的に分析するという課題がまだ残されている。また、さらに大きな問題点として、阿部の対立的存在であった海防掛の外交構想が、弘化・嘉永期の外交に具体的にどのような影響を与えたのかという点について、十分に言及されていない、ということがあげられる。

そこで本章では、『御備場御用留』という史料を中心に用いることで、海防掛の外交構想の特徴を明らかかしていきたい。[*7]同史料は海防掛を勤めていた勘定吟味役佐々木顕発が、老中からの海防掛宛の諮問書と、それに対する海防掛の上申書を書き留めたものであり、弘化・嘉永期における海防掛の外交構想を検討する上で不可欠の史料である。本史料の一部は、維新史料編纂事務局編『大日本維新史料稿本』（東京大学史料編纂所所蔵）や『大日本維新史料』第一編一～七巻（明治書院、一九三八～四三年）にも収録され、割合よく知られた史料である。しかし、海防掛の上申書の特徴を総合的に分析する、という観点から利用されたことは、管見の限りない。そこで、『御備場御用留』により海防掛の政策論の特徴について検討を行い、その上で、彼らの構想が弘化・嘉永期の外交にどのような影響を与えたのか、という点について明らかにしていきたい。

ところで、先に引用した三谷の指摘にもあるように、海防掛が「海防支出を厭い、財政の現状を維持しよう」としたという点は、通説としてよく指摘されることである。この点は、諸史料からも裏付けられることであり、筆者も異論はない。しかし、来航する外国船をどのように取り扱うのか、という「異国船取扱方」について、海防掛がどのような構想を有していたのか、という点は、従来ほとんど検討されてこなかった。[*8]詳細は行論の中で述べていくが、三谷のように「避戦政策を徹底」する、というだけでは、海防掛の異国船取扱方の構想を十分明らかにしたとは言い難い。本章では、異国船取扱方に関する海防掛の構想に特に注目することで、上記の課題にせまっていきたい。

1　弘化・嘉永期における阿部正弘政権と海防掛

(1) 阿部正弘政権と海防掛

海防掛の政策構想を検討する前に、本節では弘化二年(一八四五)二月以降、老中首座を勤めていた阿部正弘の政権について、外交政策を中心にその特徴を見ておきたい。

老中首座に就任した阿部にとって、対外問題の解決は、何よりも大きな政策課題であった。序章で述べたように、アヘン戦争(一八四〇〜四二)は、当時の日本にも強い衝撃を与えることとなり、[*9]天保一三年(一八四二)七月、幕府は従来の異国船打払令を撤廃して、薪水給与令を発令した。[*10]その一方、アヘン戦争後の東アジアの変動をうけて、イギリスをはじめとする欧米諸国の船が頻繁に日本近海に出没するようになり、それに伴って外国船の日本への接近・来航の事例が急増することとなった。

阿部正弘が老中首座となって最初に取り組まなければならなかった対外問題は、弘化元年(一八四四)七月にもたらされたオランダ国王の「開国勧告」への対応であった。[*11]この開国勧告に対する返答として、弘化二年六月、幕府からオランダ商館長に対し、「祖宗歴世の法を変す」る意思のないことが伝えられた。[*12]「鎖国祖法観」が形成される中、「開国勧告」に対する拒否により、阿部は鎖国維持に向けた外交課題を明示したのである。

海防掛とは、まさに鎖国維持という課題を達成するために設けられた掛である。阿部は、目付方と勘定方という要職にある者から海防掛を選任し、幕府の総力を挙げて海防強化に取り組もうとしたのである。

ところが海防掛は、弘化・嘉永期を通じて海防強化に消極的であった。彼らが海防強化に消極的だったのは、勘定方との関係によるものである。当時、勘定奉行をはじめとする勘定方は、緊縮財政を掲げ、膨大な支出を伴う海防強化には消極的な姿勢を貫いていた。これは、天保改革以後の彼らの基本姿勢であった。天保一四年（一八四三）閏九月に老中首座水野忠邦が辞任し、その後を襲った老中土井利位は、水野の進めた政策の廃止・中断から着手した。土井は緊縮財政による財政再建を掲げて、従前の政策を縮小させることを目指したのである。土井自身は、弘化元年五月の江戸城西丸火災後の処理に失敗したことで失脚するのであるが、緊縮財政路線自体は、その後も勘定方によって続けられた。[*13]そして、財政難という状況の中で、勘定方の有司は「政務之臣之内専ら勘ノ権威増長仕、閣之権薄く、何事も勘次第と中様ニ有之」というように[*14]、幕府内で大きな力を有するようになったのである。

勘定方が強い影響力を有するという状況は、海防掛内においても同様のことであった。表1―1を再度確認すると、勘定奉行石河政平・松平近直が、弘化・嘉永期を通じて一貫して海防掛を勤めていたことが分かる。この二人は、いずれも財政を司る勝手方の奉行である。[*15]そのため海防掛が評議を行う際には、勘定方の緊縮財政の意向が強く反映され、本来海防強化実現のために設けられた掛であるにもかかわらず、海防強化に消極的な意見ばかりを海防掛は述べるようになったのである。

勘定方を構成員に含み、しかも外交全般に関与していた海防掛は、外交はもちろん、幕政全体に大きな影響力を有することとなった。このような状況の中、老中阿部正弘は、外交政策の方針を策定する上で彼らの意見を重視せざるを得なかったのである。

具体的な事例をひとつあげたい。弘化四年（一八四七）六月二八日、阿部は海防掛に対し、浦賀奉行の席順昇格について諮問をした（『備場』三）。[*16]外国船の頻繁な来航により、浦賀奉行所ではそれに対応するために必要な経費が増加していた。また奉行の威厳を高めるためにも、「席之儀、長崎奉行之次、諸大夫場ニ被　仰付、御役知千石之外ニ年々為御手当金三百両ツヽも被下候方ニ可有之哉」と諮ったのである。これに対して海防掛は、ほかの遠国奉行における先例から浦賀奉行の席順昇格に反対し、役知とは別に手当金を支給することについても「抑武備非常之心掛、手厚ニ可仕者当然之儀、浦賀奉行ニ限候儀も無之」と述べて反対し、「初在勤」の際に限り、「金三百両拝借被　仰付候方ニも可有御座哉」と主張した（同上）。

この上申書を得た阿部は、七月二八日、海防掛の意見とは逆に浦賀奉行の席順を「長崎奉行之次席、諸大夫場」に昇格させた。[*17] しかし、毎年手当金三〇〇両を支給することは実現できず、海防掛の意見に即して、最初の在勤時に限り三〇〇両を「拝借」金として渡すことになる（同上）。阿部は、席順については海防掛の意見を却下することもできたのであるが、手当金の支給という、幕府財政と密接に関わる問題については、海防掛の、特に勘定方の意向を無視することができなかったのである。

ただし、如上の状況において、阿部は全く手を打たなかったというわけではない。阿部は海防掛に反対されつつも、三度にもわたって異国船打払令の復活を試みる。それは、どのような外交構想に基づいていたのであろうか。次にこの点について検討していきたい。

(2) 異国船打払令の復活評議と阿部正弘の政策構想

弘化三年（一八四六）閏五月二七日、ジェームズ・ビッドル率いるアメリカ東インド艦隊の軍艦二隻が、通商を求めて浦賀沖に来航した。ビッドル自身が通商を強く求めなかったこともあり、通商拒否の回答を与えるとすぐに艦隊は帰帆した。しかし、軍艦が来航して通商を求めてきたという事実は、幕府に大きな影響を与えることとなる。[*18]

ビッドルが帰帆して二日後の六月九日、阿部は三奉行、海防掛、西丸留守居筒井政憲の三者に、異国船打払令の復活の可否について諮問を行った（『備場』二）。まず、阿部は「猶此上海岸防禦之儀者一際御手厚ニ被成度、併出費も多く永続不致様ニ而者其詮も無之候間、是等之処、厚勘弁《考》いたし可申上」として、財政難の中で出費を抑えながら海防強化を実現する方法について諮っている。それに続けて「且近来度々夷船国地江乗寄候ニ付而ハ此後取計方も可有之哉、別紙文政之度御触面之通、打払之義被　仰出候而者如何可有之哉」と、文政八年（一八二五）に出した異国船打払令の復活の可否について意見を尋ねた。最後に阿部は、「何れニも以来異船国地江乗寄候儀、相止候様被成度、其余御沙汰無之義も心附候廉有之候ハヽ、夫々厚評議を致し可申上」として、外国船を接近させないための方法について考えがあれば、それも上申するように三者に求めた。

この打払令の復活については、実は水戸前藩主徳川斉昭が阿部に強く求めていたことでもある。当時、阿部と頻繁に書簡の往来をしていた斉昭は、水野忠邦が異国船打払令を撤廃し、薪水給与令を発令したことについて、「近来之大不出来」と批判し、「度々船を寄候とか又ハ何歟一事有之節、夫を堺ニ以前之通打払ニ御復し候《（衍カ）》可然候」と述べて、阿部にたびたび打払令の復活を求めていた[*19]。さらに、斉昭と密接に情報の交換を行っていた宇和島藩主伊達宗城も打払令復活を支持しており、阿部にその実現を期待するとともに、阿部が退陣した場合には、幕府が対外譲歩を進めて「交易初候歟も難計」と述べており、阿部が強硬な外交方針の陣頭に立つことを求めていた[*20]。

実は阿部自身も、斉昭や宗城をはじめ、有志大名たちと密接な連携を図っていた[*21]。天保改革の失敗により幕府の権威が揺らぎ、さらに幕閣内部においても分裂が生じていた状況で老中首座となった阿部は、自身の政権基盤を強固なものとするためにも、有志大名たちによる政権の支持を得ようとしていた。また、有志大名と連携することで、幕府外部から自身の政策を支持する声を集め、幕府内部における海防掛たちの反対意見を抑えるという目的もあった。この点については第三章で詳述するが、こうした阿部政権の特質が、有志大名による幕府外交に対する意見表明の高まりを支えていたのである。

有志大名から打払令の復活を求められ、阿部としてもその期待にできる限り応えなければならない、という考えから、阿部は弘化三年のビッドル来航を機に、その復活を図ったのであろう。ただし、それは決して斉昭たちに求められたという「受け身」の理由だけではなく、打払令を復活することにより、阿部自身もその構想する外交方針を実現させようとしたのだと考えられる。

先に引用した六月九日の諮問書から、阿部の構想について、次の点を指摘しておきたい。まず、「海岸防禦之儀者一際御手厚ニ被成度」とあるように、阿部にとって鎖国維持を達成するためには、海防強化の実現が何よりも必要であった。それと同時に、阿部は「以来異船国地江乗寄候儀」を阻止することも重視していた。

したがって、阿部が異国船打払令という、対外戦争の勃発をも招きかねない危険な法令を復活させようとした目的は、二つ考えられる。ひとつは、海防強化の促進である。藤田覚が指摘するように、打払令の復活を喧伝することで国内における危機意識を高めて、財政難の中で海防強化を実施することを正当化しようとしたのである。[*22] もうひとつは、三谷博が述べる通り、打払令という強硬方針を打ち出すことで、海外に向けて幕府の鎖国維持に関する強固な意志を示して、外国船の接近意欲を削ぐという目的である。[*23] つまり、阿部は打払令復活を国内外に向けて宣伝することで、海防強化の実現と外国船の接近阻止という二つの問題を一挙に解決しようとしたのである。

打払令復活が国内および海外への宣伝ということを主眼としていた以上、阿部は実際に来航する外国船を打ち払うつもりはなかったと考えられる。阿部は弘化三年七月八日付の徳川斉昭宛の書簡の中で、「当節海岸御備向いまた全厳重とも難申」い状況で打払令を発令し、「渠より及異儀候節ハ必勝之利甚無覚束」と述べている。「先ツ浦賀表を始、諸国海岸御備向今一際厳重ニ被　仰出、夫々手厚ニ相整、御国内充実いたし候上」で打払を実行すべきだというのが、阿部の本音であった。[*24] 阿部が実際には打払を実施するつもりではなかったという点は、翌弘化四年（一八四七）三月に穏健な異国船取扱方に関する達しが下されたことにも表れている（後述）。

しかしいずれにせよ、弘化三年の評議においては、打払令の復活に海防掛が強く反対したこともあって、阿部はその復活を見合わせることにした。海防掛の反対意見の内容については次節で検討するが、同年八月八日、打払令復活の「見合」が決定されたのである（『備場』一二）。

ただし、それはあくまでも「見合」であって、阿部は打払令の復活そのものを断念したわけではなかった。嘉永元年（一八四八）三月、松前藩、弘前藩、盛岡藩、および対馬藩から幕府に対し、外国船の接近の情報が相次いでもたらされたことを機に、[*25]阿部は再び打払令の復活を試みる。相次ぐ外国船の接近情報により、阿部は一層危機意識を強めたのである。しかし、この時には筒井政憲と海防掛に諮問を行ったのであるが、ここでも海防掛から強い反対を受けて、阿部は再度復活を見合わせざるを得なかった。[*26]

翌嘉永二年（一八四九）閏四月八日に相模国城ヶ島沖合に来航したイギリスの測量艦マリナー号は、阿部に三度目の打払令復活の諮問を実施させることとなった。[*27]阿部は五月五日、三奉行、大目付・目付、海防掛、長崎奉行、浦賀奉行に対して打払令復活に関する諮問を行った。[*28]従来の諮問範囲に比べると、かなり広範囲に諮問がなされている。阿部は、対外政策に関する意見書の中から、自身の構想に賛同する者をできるだけ多く見出し、打払令復活を断行する基盤を得ようとしたのである（第三章）。

しかし、幕府内の意見を広く問うた今回の諮問においても、答申のほとんどは打払令の復活に否定的ないし消極的な意見であった。[*29]そして幕府内の有司の多くが打払令復活に反対する以上、阿部はもはや打払令の復活を断念せざるを得なくなった。

このようにして、三度にわたる異国船打払令の復活評議は、阿部の構想が実現されないまま終わることとなる。阿部に打払令復活を断念させたのは、幕府内の諸有司、とりわけ海防掛からの強い反対意見であった。それでは、海防掛はどのような外交構想を有し、そしてそれは幕府の外交、特に異国船取扱方の方針にどう影響したのであろうか。次に、海防掛の外交構想に関する検討に進んでいきたい。

2　海防掛の対外認識と外交構想

先に、海防掛の異国船取扱方の構想を考える上で、三谷博のように、単に「避戦政策を徹底」するというだけでは不十分であると述べた。それは、次の理由による。三谷は、阿部と海防掛が鎖国維持を理想とする点では共通しながらも、後者は避戦を最優先していたと指摘している。しかし、「鎖国祖法観」が重くのしかかっていた当時の幕府にとって、鎖国維持は絶対的な政策課題であった。このような状況の中で、避戦を鎖国維持よりも優先させるというのであれば、それを正当化するための論理が必要だったはずである。しかし、この点について三谷は何も触れていない。海防掛の異国船取扱方の構想を明らかにするためには、鎖国維持という政策課題との関係に留意して考察しなければならないであろう。

海防掛の異国船取扱方の構想を検討するためには、まず、当時の日本を取り巻く国際環境をどのように認識していたのか、という彼らの対外認識を明らかにしておく必要がある。この認識が、彼らの異国船取扱方の構想を大きく規定するからである。以下では、(1)海防掛の対外認識について検討した上で、(2)彼らの異国船取扱方の構想を考察し、そして、(3)それと鎖国維持という政策課題との関連について明らかにしたい。

(1)　海防掛の対外認識

海防掛が当時の国際環境をどう認識していたのか、ということを直接語った史料というのはあまり多くはない。しかし、異国船打払令の復活に関する評議において、海防掛は積極的にその対外認識を披瀝している。

弘化三年（一八四六）七月三〇日、海防掛は阿部の打払令復活の案に反対する意見を答申した（『備場』一二）。その中で海防掛は、天保一三年（一八四二）の薪水給与令の発令後、その趣旨を弁えずに来航する外国船が増加し、しかも「軍船ニ而乗渡候儀」などの「不敬之所行」も見られることから、打払令復活も「無謂事ニ者無之」と述べている。しかし、それでも打払令復活に反対するのは、外国船の行為が打払令復活を正当化するほどではないこと、および国際情勢の変化が理由であった。

海防掛は、現今の国際情勢について「文政之比者、西夷之国ニも戦争有之候由、故ニ外国を侵掠いたし候念慮も薄く可有之処、此節者諸州共和融いたし、相互ニ助力いたし候様子」と述べ、文政八年（一八二五）に異国船打払令を発令した頃との時勢の違いを説明している。そして、現在では「諸邦ニ商買延夢（蔓カ）」し、中にはすぐに利益を得ようとして、わざと外国と戦争を行う国もあると指摘する。こうした認識から、アヘン戦争について「唐土阿片之一条も異賊之時勢を不察場合ち国家之擾乱ニ至」ったと述べ、清朝の側にその責任を求めている。海防掛にとって、対外戦争を引き起こす危険性の高い打払令の復活は、まさに「異賊之時勢を不察」ような行為だったのである。

一方、海防掛は、戦争の口実を与えさえしなければ外国側から戦争を仕掛けてくることはない、とも考えていた。同じ答申の中で、次のように述べている。

> 元来西洋之諸州より日本東海江鯨漁として渡来いたし候船者夥敷由之処、風破之難ニ逢ひ、食料薪水乏く、帰帆難成節、国地江船を寄候へ者、便利不少、間々死亡を免れ候者も可有之処、打払被仰出、其便宜を失候ハヽ、蛮夷之もの品ニ寄、異心を抱き申合セ、国地を侵掠いたし（候脱カ）勢ひを以、和議を求へくニ《と》計《計》り候儀なと有之間敷共難申（中略）異賊争端を求候様子も相見候由及承候儀も有之候得共、右者全く勢を示し候蛮夷之常ニ而、元来損益を第一ニ考候習俗故ニ、彼方より争端を開、難船之節、死亡をも免れ候程之利益を失ひ候儀者有之間敷奉存候

薪水給与令によって、外国船は「間々死亡を免れ候」という「便宜」にあずかっている。そういう確かな「便宜」を奪ってしまえば、諸外国が「異心を抱」いて、「侵掠」するような勢いで日本へ来航してくるかもしれない。しかし、

逆に薪水給与さえ徹底していれば、「損益を第一ニ考」える外国が、自ら「争端を開」いて「死亡をも免れ候程之利益」を捨てるような真似はしないであろう、と海防掛は認識していたのである。

このような弘化三年の時点における認識は、嘉永元年（一八四八）に行われた二回目の打払令復活評議の際にも見られる。同年五月に諮問を受けた海防掛は、九月二〇日、再び打払令復活に反対する意見を上申した。[*30]

その中で海防掛は、「近年西洋諸州之学術逐日盛ニ相開、大炮武器之制作も年々精巧を極候趣ニ相聞、殊ニ日本之海路追々乗覚、海底之浅深者勿論 御国地之動静をも粗探索相心得候哉ニ而、彼方之事情、全く文政度之通ニ可参哉否見居付兼」と述べている。このように欧米諸国と日本との技術の大きな差を示唆した上で、たとえ日本側が打払という方針を出したとしても、「交易等を開、戦闘を後として漸々親近可致と之遠慮深キ貪欲之賊情」を有する外国船の接近・来航を阻止することはできないとして、打払令復活の効果について疑問を呈しているのである。ここでもまた、外国側は交易を第一目的とし、向こうから戦闘を仕掛けてくることはない、という前提で論が立てられていることが分かる。そして、「先方不意之処も不及一二、打払可申事ニ而、近来之御処置と者甚齟齬いたし候間、却而彼が為ニ申種之名とすへきもの有之候様仕成候哉」として、薪水給与を徹底して、戦争の口実を与えてはならないと主張しているのである。

ところで、この上申書の中で、海防掛は西洋諸国の技術的な進歩について言及している。それでは、彼らは日本と西洋諸国側の技術、とりわけ軍事的な技術の差を、具体的にどれぐらいのものと認識していたのであろうか。

この点について海防掛が直接言及した史料は見当たらないが、おそらく、彼らは欧米諸国との軍事力の懸隔を埋めることは困難と考えていたようである。弘化三年八月四日頃、浦賀奉行大久保忠豊・一柳直方より軍船建造など江戸湾の防備強化に関する願書が出され[*31]、八月八日、阿部は海防掛に江戸湾防備について諮問を行った（『備場』一二）。これに対する答申書の中で、海防掛はビッドルの艦隊に触れて、次のように述べている（同上）。

当年浦賀表渡来之異国船之内、大振之方者、長四拾三間余、幅九間余程も有之、弐尺五寸角之堅木を以造立、乗組八百人有之候由、左候得者、其大小堅脆匹敵可仕様も無之、阿片騒乱之節、唐山ニ而も大船を造り、蛮異（夷カ）之者共（脱字有カ）悉ク打砕れ、敗走いたし候趣、和蘭風説書ニも相見（中略）大船之義者、形容蛮船之如く制作相調候而も、帆縄之掛引等ニ到り、迚も蛮夷之ものニ及可申様も無之候

このように海防掛は、清朝の「大船」さえも「蛮異之者共」に「打砕れ」たのであり、日本で軍艦を建造したところで欧米諸国に匹敵することはできない、と認識していた。

また、嘉永二年（一八四九）六月、浦賀奉行浅野長祚・戸田氏栄は、浦賀表にある押送船下田丸をより強固な船に造り替えたい、という願書を出した（『備場』六）。この時、海防掛の勘定方は、「元来異国之軍艦江対し、水戦を用ひ、迚も匹敵可致様も無之、右ニ付而者大筒打方其外人夫等、不容易義ニ至り、始終永続之見居無之候ニ付」ということを理由に反対意見を答申した（同上）。ここでもまた、「異国之軍艦」に対して「匹敵」することはできない、という彼らの認識が見られる。

以上のように、海防掛は欧米諸国と日本との間に大きな軍事力の差があると認識し、その差を埋めることは容易ではないと考えていた。この軍事力の差に対する悲観的な認識が、幕府の財政難という状況と相まって、海防強化に対する消極的な姿勢を支えていたのである。

しかしその一方で、海防掛は外国船の方からわざわざ戦争を仕掛けてくることはない、という楽観的な認識も有していた。日本側から何か仕掛けない限り、対外戦争は起こらない、というならば、海防強化もそれほど必要ではない。軍事力の差に関する悲観に加えて、外国船からの武力行使に関する楽観的な認識もまた、彼らの消極的な海防政策の構想を正当化していたと考えられる。

そして外国側に戦争の口実を与えないためには、当然、日本側としては穏健な対応に徹することが重要になる。次

に、彼らの異国船取扱方に関する構想の特徴を検討したい。

(2) 海防掛の異国船取扱方の構想

海防掛の外交構想を見る上で、弘化四年(一八四七)一月における彼らの一連の上申書は重要である。弘化三年(一八四六)八月二〇日、海防掛目付松平近韶は、江戸湾の巡見を命じられた。[*32] 同年一二月一三日、老中阿部は彼の復命をもとに江戸湾防備について評議するよう、評定所一座と海防掛、および筒井政憲に指示を下した。[*33] この諮問に対して海防掛は評議を行い、翌年一月、相次いで上申書を差し出した。

まず、一月二二日の上申書において、海防掛は具体的な江戸湾防備の強化案を上申した(『備場』二)。[*34] 江戸湾防備を担う藩を増やすこと、[*35] 相模国千駄崎・同国猿島・安房国大房崎の三か所に新規に砲台を築くこと、浦賀奉行組与力・同心を増員することなど、具体的な防備強化案が提示され、いずれも実現することとなる。[*36]

しかし、具体的な防備案を上申したとはいえ、海防掛にとって海防強化は必要最低限という程度に必要なだけであって、それ以上の海防強化は避けるべきものであった。一月二九日の上申書において、海防掛は以下のように主張する(『備場』二)。[*37]

今般増御固人幷浦賀奉行組与力同心増人、其外御台場築造、大筒鋳足、船製造等被　仰付候上者、元来不慮之御備と者乍申、新規之儀、自然人情戦争之方ニ相傾、兼々被　仰出之御趣意と当節之御所置と者相違之様ニ心取違可致哉も難計(中略)前書増御固其外之義、弥評議仕申上候趣を以御治定ニも相成候儀ニ候ハヽ、右等之心得違無之様、人気取鎮方之儀、厚御示し被置候方と奉存候、因而者異船渡来之節、乗留方之儀、是迄之通御居被置候而者、先方野心之有無ニ不拘、一図ニ打潰可申事ニて、則此方ゟ争端を開候趣意ニ付、一旦者十分ニ討勝候とも、再来襲之程難斗、左候へハ永く万国と仇を結候次第ニ至り候海防掛は、二二日の上申書で具体的な江戸湾防備案を上申したのであるが、もしそれらが実行にうつされた場合、幕府が戦争のための準備をしていると「心取違」する者が出てくるかもしれない、それを防ぐため、「人気取鎮方」も合わせて達するべきだと主張する。海防掛にとって、江戸湾防備は「不慮之御備」という程度に必要なだけなのであって、それが「人情戦争之方ニ相傾」く結果につながるということは避けなければならなかった。

海防掛が「人情戦争之方」に傾くことを警戒するのは、彼らが穏健な異国船取扱方を重視していたからにほかならない。先の上申の中で、海防掛は「乗留方之儀、是迄之通御居被置」ては「此方ゟ争端を開」ことになり、「永く万国と仇を結」んでしまうおそれがある、と指摘する。「是迄之通」の対応とは、富津・観音崎を結ぶ線よりも江戸湾内に進入してきた外国船については打ち払う、という弘化元年（一八四四）以来の方針のことを指す。[*38] 海防掛はこの方針を撤廃し、薪水給与令に則した穏健な対応をさらに徹底すべきだと上申したのである。

ただし、江戸湾内に入ってきた外国船については打ち払う、という規定の廃止を最初に唱えたのは、海防掛ではなく、浦賀奉行である。弘化三年八月四日、浦賀奉行大久保忠豊・一柳直方は、外国船への対応方針について上申を行った。この上申書の中で、彼らは現今の異国船取扱方について、以下のように述べている。[*39]

異国之者共、富津・観音崎を乗越し候得者、取沈と申義者相心得申間敷、其上使節船又者漂流人等助ケ来候哉も難計、縦令蛮夷ニ候共、使者ヲ打候義、又ハ我国之漂民ヲ打候義、宜御座有間敷、素ゟ暗夜深霧風雨之為メ乗入候ハヽ、彼ゟ求候義ニも無御座候処、一応之趣意も不相尋、打沈候而者、仇を含、再数艘之軍船ヲ以、襲来可申哉と奉存候（中略）乗組相尋、趣意不宜歟、引戻候ハ相拒ミ候ハヽ、船者於其場打沈候とも、手詰之勝敗相決候共、可仕と奉存候

当時、浦賀奉行と海防掛とは、海防強化をめぐってしばしば対立をしていた。浦賀奉行が要求する海防強化案に対して、財政的観点から海防掛が却下の意見を述べた事例は、少なくない。[*40] しかし、海防政策においては浦賀奉行と対

立的な関係にあった海防掛も、この件に関しては、奉行の意見に賛成している。同年一二月一八日、海防掛は「浦賀奉行申上候趣尤之次第ニ相聞、右之振合ニ相成候得者、此上取計向手広ニ相成、却而実地之働可相成、且者平日失費も相省き、自然永続可仕哉と奉存候」と述べ、浦賀奉行の上申の通り、湾内に進入した外国船にも穏健な対応をとるべきだと上申したのである（『備場』一一）。

しかし、海防掛は浦賀奉行の意見に全面的に賛同していたわけではない。引き戻しを拒む船は打ち沈める、といった意見に対しては、同じ答申の中で次のように反論している。

乗組相尋、趣意不宜歟、引戻候儀相拒ミ候様之船者於其場打沈候共、手詰之勝敗決候とも、可仕と之儀、素々無異論筋ニ者候得共、Ⓐ是又臨機之計策を以、穏当之取計も可有之筋ニ付、一般ニ差極候差図可被成置訳ニ者有之間敷

海防掛は、いかなる外国船であれ、まずは「穏当之取計」をした上で対処すべきであり、「趣意不宜歟、引戻候儀相拒」むような船は打ち払う、といったことを事前に指示することはできないと述べる。海防掛は、浦賀奉行以上に徹底的な穏健策を求めており、事前に打払実施の条件を定めておくことも避けようとしていたのである（なお、傍線については次節で説明する。以下、同断）。

さらに浦賀奉行は、先の八月四日の上申書の中で「其国主ゟ使節相立、通商相願候類、其外是迄渡来之異国船ニ事変り候次第御座候節ハ、滞船為仕置、都度々相伺、取計候様可仕」と述べていた[*41]。これについても、海防掛は同じ答申書で異論を唱えている。

元来長崎之外ニおゐて右体之願筋可取用訳ニも無之、素ゟ御国禁之儀、伺之上取計候ニも不及筋ニ付、Ⓑ右船主或者乗組之内ゟ通商又者測量等之儀申立候類同様之取計、其外者都而伺之通相心得、Ⓒ尤伺済而已ニ相泥候而者、品ニ寄却而事を過候儀も可有之哉ニ付、都而臨機之勘弁を尽し、其図を不失様可取計旨、浦賀奉行江被仰

渡、右之趣大和守（川越藩主松平斉典）・下総守（忍藩主松平忠国）江も御沙汰有之可然哉奉存候

幕府の公式の対外窓口は長崎一港であり、それ以外の場所での通信・通商の要求は一切取り上げるべきではない。したがって、「国主」からの使節船であろうがなかろうが、浦賀では「御国禁」に基づいて取り計らうべきだと主張しているのである。

ところで、海防掛はこの上申書の中で、二度、「臨機」という言葉を用いている。外国船が引き戻しを拒もうとも、まずは「臨機之計策を以て、穏当之取計」をせよ、と述べる。また、「伺済」のことだけに拘泥せず、あらゆる事態に対しても「臨機之勘弁を尽」すことを浦賀奉行に求めている。

臨機応変の対応というのは、当然と言えば当然の対応方法であり、従来の異国船取扱方に関する達しにおいても、万一の場合には臨機応変に対応することが諸方面に求められていた。たとえば、日本海付近を正体不明の「異国船」が航行したことから発令された寛政三年（一七九一）の「異国船取扱令」では、[*42]乗船・尋問等を拒否された場合には「船をも人をも打砕」き、「見分等をも不拒趣」の船であれば「成丈ヶ穏ニ取計」うべきことが命じられているが、「尤其時宜ニ寄、取計一定難致事ニ候得共、事ニ臨み、伺を経候而ハ、図を失ひ可申儀ニ付、先大概心得之趣相達候条、其余之作略ハ時宜ニより可取計事ニ候」とも述べられている。「事ニ臨」んだ時に対応が後手にまわらないよう、事前に「大概之心得之趣」を示すが、「其余」の事態については「時宜ニより」、つまり臨機応変に対応せよ、というのがこの達しの趣旨である。[*43]

以上のように、基本的に臨機応変の対応というのは、事前にある程度の事態を想定しておいて、それでも想定外の事態が生じた場合に、まさに機に応じて執り行われる対応のことを指す。しかし海防掛の言う「臨機之取計」とは、先の上申書で、もし引き戻しを拒むような外国船が来航しても、それを想定して事前に指示することはできない、と述べていることにも表れているように、この場合にはこの対応、といった方針を事前に想定せず、いかなる場合にお

いても「臨機之取計」に委ねてしまう、ということに特徴がある。

この点は、ほかの上申書にも見られることで、たとえば弘化四年一一月、浦賀奉行浅野長祚が、江戸湾防備を担う四藩（会津・忍・川越・彦根）に対して外国船が来航した場合の対処方法について諮問する可否について伺いを出した際（『備場』四）、海防掛は次のように上申している（同上）。

相当之御答可申上儀ニ者御座候得共、何れも臨機之取計ニ付、差定候而者其期ニ臨ミ却而手筈相違可仕哉（中略）数ヶ条を以御尋問有之候而者、守備御不安心之姿ニ相聞、自然四家之采配リニ拘り可申哉ニ付、何れニも御見合御座候方と奉存候

海防掛は、異国船取計方というのは、どんな場合にも「臨機之取計」をすべきだと述べ、あらかじめ「差定」めては、その時になって「却而手筈相違」するおそれがあるという理由から、四藩へ外国船来航時の対処方法を諮問する、という浦賀奉行の提案に反対した。

どんな場合にも臨機応変に対応せよ、という意見は、一見すると浦賀奉行に大幅な裁量権を与えているようにも見える。しかし、万一の事態を想定しないまま、単に「臨機」に対応せよ、というだけで、しかも「其図を不失様」といった曖昧な制約があっては、どこまで裁量権があるのかも不明瞭であり、浦賀奉行は困惑するしかなかったであろう。実際、浦賀奉行戸田氏栄は、幕府の指示に対し不信感を抱くようになる（後述）。

海防掛は、なぜ「臨機之取計」にこだわっていたのであろうか。この点を明確に表す史料はないが、「臨機之取計」という主張は、彼らが穏健な対応による対外戦争の回避を重視していたことと密接に関わっていると考えられる。対外戦争を徹底的に回避しようとしながらも、もし万一の事態を想定して、この場合には打ち払う、といった明確な条件を示してしまえば、実際にその事態が生じた時、確実に打払が実行されてしまうこととなる。そうなると、対外戦争の勃発は避けられないであろう。こうした事態に至らないようにするため、海防掛は万一の事態を想定して事前に

対応方針を決めておく、ということを避け、「臨機之取計」という敢えて不明確な指示を出すことで、外国船との交渉の現場で打払が実施される可能性を排除しようとしたのである。だからこそ、浦賀奉行が穏健な対応の優先を主張しながらも、湾外退去を拒んだ場合の打払の実行に言及したことに対して、海防掛は異を唱えたのであろう。

しかし、それでも疑問は残る。なぜ海防掛は「臨機之取計」という間接的で不明瞭な表現で打払の可能性を排除しようとしたのであろうか。換言すれば、なぜ海防掛は、あらゆる事態においても打払は一切不可だと明言しなかったのであろうか。

この問題については、幕府が政権の正当性を「御威光」ないし「武威」というものに据えていたという見解が参考になるであろう。[*44] 当時の幕府にとって、打払という強硬手段を否定することは、「御威光」、「武威」を自ら失墜させる危険性があった。さらに海防掛自身も、阿部と有志大名の連携を知っており、彼らが幕府に打払を含めた強硬な対外政策を求めていたことも把握していたと考えられる。そのため、海防掛は打払そのものの可能性を否定することはできなかった。しかし、だからといって対外戦争の勃発を容認するわけにはいかない。そこで海防掛は、打払の可能性は否定せず、しかしその発動の条件を明示しないことによって、打払即対外戦争という可能性を排除しようとしたと考えられるのである。

それでは、このような異国船取扱方の構想を有する海防掛は、鎖国祖法に関してはどのように認識していたのであろうか。次に、海防掛の異国船取扱方の構想と鎖国認識との関係について考察していきたい。

(3) 海防掛の鎖国認識と異国船取扱方

先に引用したように、三谷博は海防掛が鎖国維持を理想に据えながらも、「避戦政策を最優先の課題とし、鎖国の維持については渡来船に再渡禁止を厳諭する程度の対策しか述べていない」と指摘している。しかし、本当に海防掛は、鎖国維持について上記の程度の対策しか考えていなかったのであろうか。

三谷の指摘通り、海防掛は確かに鎖国体制の維持を理想としていた。これは、次の史料からもうかがうことができる。弘化三年（一八四六）六月七日、長崎にセシーユ率いるフランス艦三艘が来航し、今後の同国の漂流民の保護を要求してきた。[*45] そして七月二八日、この要求への対応について、海防掛に諮問が行われる。[*46] これに対して海防掛は、評定所一座や林大学頭、および筒井政憲にも諮問した上で決定すべき、と留保しながらも、「兼而通信不致国ニ付、有無答ニ者難及、尤唐山・朝鮮・和蘭之外（琉球脱カ）、異国と通信通商者御国禁ニ付、向後不可乗渡、早々帰帆可致之旨、長崎奉行ゟ申諭候方ニも有御座へく哉と奉存候」と述べて、「通信」関係にない国とは書簡の受渡しを行わない、という鎖国の原則に則った対応を主張した。[*47]

また、アメリカが日本との通商を開くため使節を派遣した、といういわゆる「ペリー来航予告情報」が嘉永五年（一八五二）にオランダからもたらされた際、[*48] その情報に関するバタビヤ総督からの公文書の受取の可否について評議が行われたが、海防掛勘定方は同年七月二〇日、「志摩守（長崎奉行牧義制）儀一旦御国禁之旨、申聞候上者、可相伺筋ニ無之旨、長崎奉行江被仰渡、書類御差戻之方と奉存候」と上申し、ここでも「御国禁」に則した対応を主張している。[*49]

以上のように、海防掛は鎖国祖法に則した対応を理想としていた。しかし、先に見た通り、海防掛は対外戦争の徹底的な回避も重視していた。それでは、鎖国維持という政策課題と、対外戦争の回避という課題とは、海防掛の中で一体どのような関係にあったのであろうか。

この問題を解く鍵が、弘化三年の打払令復活評議における海防掛の上申書である（『備場』一二）。前半部分については先にも引用したが、結論の部分で、彼らは次のように述べる。

異国人共江者、再度乗渡り申間敷旨、急度被仰渡、万端御国威を不失様取計、此方之動静をも不被察様いたし候方、却而彼を不恐勢も自然と顕れ、万全之御所置ニも可有御座哉、一体実々之難破船ニ候得共、御救助被成遣候而至当之筋ニも御座候間、彼方及難船候節、国地江船を寄候便利を者御断不被成、彼か賊心を者欲ニ繋置候方、一ツ之計略ニも可有之哉と奉存候

海防掛は、薪水給与令によって欧米諸国の「賊心」を「欲」に繋ぎ留めることが「一ツ之計略」である、と述べる。一体、何のための「計略」であろうか。前後の文脈から考えて、鎖国を維持していくための「計略」であると見て間違いないであろう。ここでいう「賊心」とは、日本との通商を求めて戦争を起こそうという「賊心」である。この「賊心」を抑え込むということは、通商要求の阻止、つまりは鎖国の維持にもつながっていく。海防掛は、再渡来の禁止を諭しつつ、薪水給与を徹底して外国側の欲心を抑え、何事もなく外国船を帰帆させることによって、鎖国祖法を維持しようと考えていたのである。

このように海防掛は、対外戦争の回避を、鎖国を維持するための手段として位置づけることによって、鎖国維持と避戦の優先とを両立させていた。したがって、阿部と海防掛の対外政策構想の共通点と相違点とは、次のようにまとめることができるであろう。

両者は、確かに鎖国維持を理想としていた点で共通していた。一方、1節で見たように、阿部は打払令という強硬方針を出すことによって海防強化の実現をはかり、かつ外国側の接近意欲を削ぐことで鎖国を維持しようとしていた。それに対して海防掛は、やむなき場合の外国船の来航自体は認可した上で、穏健な対応によって何事もなく帰帆させることで、鎖国維持の課題を達成しようとしていたのである。

つまり、両者はそれぞれが理想とする鎖国維持という課題をいかに達成するのか、という「鎖国維持の方法」に関して対立していたのであって、鎖国優先か避戦優先かという次元で争っていたわけではない。海防掛は再渡来禁止の厳諭も含めて、避戦政策そのものを鎖国維持の方法として位置づけていたのである。

それでは、避戦によって鎖国維持を図るという海防掛の構想は、幕府の異国船取扱方の方針にどう影響したのであ

ろうか。次に、この点について検討していきたい。

3　海防掛の外交構想と幕府の異国船取扱方

天保一三年（一八四二）に出された薪水給与令によって、幕府の異国船取扱方は穏健策を基調とするものとなった。弘化元年（一八四四）には江戸湾内に進入してきた外国船に関しては打ち払うということになるが、薪水給与の方針自体は変更されなかった。

その後、異国船取扱方を打払という強硬方針に戻そうという評議が三度行われることとなるが、実はその間に、異国船取扱方に関して二つの達しが出されている。ひとつは、弘化四年（一八四七）三月一四日に浦賀奉行に出された次の達しである。[*50]

書面（割注略）異国船渡来之節、洲之崎・城ヶ嶋外海ニて乗留候儀者以来相止、尤異船走居候か又ハ船掛りいたし候節、近海まで出張いたし居候と之儀者、其節之模様ニも寄候事ニ付、何れも此方より事を不求様厚勘弁いたし、且万一異船富津之要所を越候節、乗組相尋趣意不宜ハ引戻候処相拒ミ候様之船者、於其場所打沈ミ候とも手詰之勝敗相決候とも可仕との儀、其始末次第無異論筋ニハ候得共、Ⓓ是以可成丈穏当之取計有之上之事ニ候、右之外、船主又者乗組之内、一己之存寄ニ無之、其国王より使節相立、通信通商等相願候類ニ候とも滞船為致置、別段取計方被相伺候ニハ不及候間、Ⓔ右船主或ハ乗組之内より通商等之儀申立候類者同様取計、其外之儀者都而伺之通相心得、Ⓕ尤伺済而已ニ泥ミ候而者、品ニ寄事実ニ振候取計も可有之候哉ニ付、兼而取極難及差図候間、都而臨機之勘弁を尽し、其図を不失様可被致候、右之通相心得御固四家江も相達、得と打合可被置候、右之外者都而是迄被仰出候通ニ候間、防禦励等不相弛様可被取計候事この達しにより、薪水給与令以降の穏健な異国船取扱方が、一層徹底されることになった。江戸湾内に進入してきた外国船は打ち払うという方針が廃止され、その船が「趣意不宜」といった場合にも、まずは「可成丈穏当之取計」が施されるという方針になった。そして、「伺済」のみに拘泥せず、「都而臨機之勘弁を尽し、其図を不失様」な対応が浦賀奉行に求められたのである。

これは、直接的には前年八月四日の浦賀奉行からの上申書に対する指示である。その上申書と、それに対する同年一二月一八日の海防掛の意見書は、前節で引用した。その際、海防掛の意見書には傍線Ⓐ〜Ⓒを付して引用したが、それらの傍線と、右の傍線Ⓓ〜Ⓕを見比べると、ほぼ同じ文言であることが分かる。ⒶはⒹに、ⒷはⒺに、ⒸはⒻに、それぞれ対応している。多少の異同はあるものの、文意は全く同じである。つまり、右の三月一四日の達しは、前年一二月一八日の海防掛の上申書を原案としたものであり、海防掛の異国船取扱方の構想がほぼそのまま採用された結果出されたものなのである。

さらに同年三月二三日には、浦賀奉行と、彦根藩をはじめとする江戸湾防備担当の四藩に対し、以下の達しが出されている。[*51]

去ル寅年異船打払御差止ニ付而者、防禦筋之儀一段手厚ニ可被心得旨被仰出之趣も有之候処、近年者諸州之異船度々近海江渡来有之、其情意淵底之程、何共難量候ニ付、此度増御固人数幷御台場築増等被仰付候者、不虞之御備ニ有之、惣而外夷とハ言語文学等不相通場より双方行違之儀毎々有之儀ニ付、若此方より卒爾ニ手荒之儀有之候てハ以之外之事ニ付、重々先方之不法ニ相聞、不得止事節者幾重ニも厳重ニ被取計、聊たりとも御国威を不汚様可致者勿論ニ候得共、先者可成丈穏便ニ取計候様可被致候（中略）異船と之応接此方ゟハ随分礼儀を尽し、御国法之次第明白ニ申諭、早々帰帆候様取計候儀肝要之事ニ候

この達しでは、いかなる場合においても「先者可成丈穏便ニ取計」い、そして「早々帰帆」させることが異国船取

扱方の最優先事項であるということが明示されている。三月一四日の達しと比べて、内容そのものに大差はない。ただし、浦賀奉行だけではなく、江戸湾防備を担う藩にも達せられたということもあり、「不得止事節者幾重ニも厳重ニ被取計、聊たりとも御国威を不汚様可致者勿論」であるとして、万一の場合には「厳重」の取計も辞さないという幕府の強い姿勢が示されている。しかし、それでも幕府側としては「先者可成丈穏便ニ取計」つもりであると、藩に穏健な対応の徹底が命じられているのである。

それでは、この達しは誰の意見に基づいて出されたのであろうか。この原案にあたると思われる史料は見当らないが、同年一月二九日の上申書において、「今般増御固人幷浦賀奉行組与力同心増人、其外御台場築造、大筒鋳足、船製造等被仰付候上者、元来不慮之御備」であり、「新規之儀、自然人情戦争之方ニ相傾」くことを避けねばならない、と海防掛が主張していたことは、先にも引用した通りである。そしてこの達しでも、江戸湾防備藩の増加や台場増築の決定が「不虞之御備」であると明言されており、海防掛の政策構想がもとになっていると推定することができる。

以上の二つの達しは、薪水給与令以来の穏健策を、さらに徹底させるものであった。いずれの達しにも、打払発動の条件は一切記されていない。やむを得ない場合の「厳重」の取計は「勿論」であるとして、打払そのものを否定しているわけではないが、浦賀奉行と防備四藩に求められているのは、いかなる事態においても、とにかく「穏当之取計」を行い、「臨機之勘弁」を尽す、という対応である。これでは、浦場奉行にしても、四藩にしても、現実的には幕府へ伺いをたてない限り、打払を自身の判断で実行することは困難であろう。これらの達しにより、表向きは、万一の場合に「厳重」の取計もあり得るということが示されながらも、事実上、異国船取扱方の現場において突発的に打払が実行される可能性は排除されたのである。

そしてここで強調しておきたいのが、この異国船取扱方の方針が、海防掛の政策構想に基づいていたということである。これら一連の異国船取扱方の穏健化は、異国船打払令の復活評議と並んで、弘化・嘉永期の対外政策に関する研究では、ほぼ必ず言及されてきた。にもかかわらず、これらが海防掛の構想に基づいていたという事実は、従来看過されてきたのである。しかも、異国船取扱方の穏健化は、老中阿部正弘の政策構想の一環として取り扱われることさえあった。[*52] 確かに、異国船取扱方の達しを出すに際して、最終的な判断を下したのは老中首座の阿部であり、これを彼の政策のひとつと見ることは全くの間違いではない。しかし、穏健な異国船取扱方というのは海防掛の構想に基づいていたのであり、それを、打払令復活を目指す阿部の政策構想と混同してしまっては、弘化・嘉永期の外交史そのものを見誤ることにもなりかねないであろう。[*53]

それでは、異国船打払令の復活を目指していた阿部は、なぜ弘化四年三月の時点で、打払令とは正反対の趣旨ともいえる穏健策を採用したのであろうか。この点に関しては、1節で検討した当時の政治史的状況と阿部の政策構想から考えて、次の二つの理由をあげることができるであろう。

ひとつは、海防掛の影響力の大きさである。先述の通り、弘化・嘉永期において勘定奉行を構成員に含む海防掛は、幕政外交に対して強い影響力を有していた。浦賀奉行の伺いを受けたかたちであるとはいえ、海防掛が江戸湾内に進入した外国船の打払の規定を廃止し、徹底した穏健策を求めてきたのである。阿部は、彼らの意向を無視することができなかった。

しかし、それ以上に大きな理由は、阿部自身、打払を可能とするだけの海防強化が実現されるまでは、対外戦争を回避しなければならない、ということを十分に認識していたということである。1節でも引用した通り、阿部は徳川斉昭への書簡の中で、現在の海防の状況では外国と戦争になっても勝ち目はないと述べていた。江戸湾内に進入してきた外国船を打ち払うという方針の存続は、海防強化が実現される前に打払即戦争という事態にいたってしまう危険性をはらんでいた。鎖国維持のための「方法」をめぐっては海防掛と対立していた阿部も、現時点における穏健な対応の必要性という点では彼らに同意し、その意見を採用したのである。

ただし、阿部にとってこの穏健な異国船取扱方は、海岸防備が整うまでの暫定的な処置に過ぎなかった。阿部の政策構想においては、あくまでも異国船打払令の復活が中心にあって、弘化四年三月以降も、対外的な危機意識を強めるたびに、彼はその復活を試みていくのである。しかしながら、その都度、海防掛をはじめとする諸有司から反対意見が出され、ついにその復活が実現されることはなかった。

そして、暫定的方針として採用された穏健的な異国船取扱方は、そのまま幕府の基本方針として継続し、嘉永六年（一八五三）六月三日のペリー来航を迎えることとなった。それは、換言すれば幕府が海防掛の政策構想に基づいてペリー率いるアメリカ艦隊に対応したということを意味しているのである。

小結

嘉永六年六月のペリー来航に際し、幕府の外交方針は、徹底して穏健な対応をとるというものであり、翌安政元年（一八五四）三月三日、一切の武力衝突を見ないまま、日米和親条約が締結されることとなる。

この平和的な外交自体は、加藤祐三が指摘するように、確かにその後の幕府外交にとって、交渉を進める上で有利に働いたであろう。アメリカと締結した日米和親条約が先例となり、幕府はその後イギリス、ロシア、オランダと同様の条約を結んでいくのであるが、その背景には、戦争を回避して平和的な対応に徹するという、ペリー来航以前の弘化・嘉永期に確立された方針があったのである。

しかし、この穏健な対応方針は、天保一三年（一八四二）の薪水給与令の発令後、そのまま直線的に継承されたというわけではない。その間に、異国船打払令の復活をめぐって、老中阿部正弘と海防掛との対立が存在していた。打払令復活を目指す阿部は、日本に接近・来航しようとする外国船を牽制するということを目的とし、その復活に反対する海防掛は、穏健な対応によって何事もなく外国船を帰帆させる、ということを考えていた。そして、阿部も海防掛も、「祖法」である鎖国維持という課題を達成する「方法」として、それぞれに異国船取扱方を構想していたのである。

結果的には、海防掛の構想が弘化四年（一八四七）に発令された幕府の異国船取扱方の基本方針につながった。その意味で、嘉永六年の時点における平和外交の路線を確立させたのは、海防掛であったと評価できるであろう。たとえ、異国船打払令を復活させても現実には打ち払うつもりはない、と阿部自身が考えていたとしても、もしその復活が実現していた場合、ペリー艦隊に対してどのような外交がなされたであろうか。天保八年（一八三七）のモリソン号事件に際し、鹿児島湾に来航した同船を薩摩藩が打ち払ったように[*54]、幕府の指令を額面通りに実行する藩があらわれた可能性もある。その後の幕府外交の実際の展開を考えれば、平和外交の確立に寄与した海防掛が果たした役割は、決して小さなものではないであろう。

しかしながら、そもそも海防掛の外交構想とは、外国船からわざわざ武力衝突を引き起こしたりはしないであろう、薪水給与令の方針にほぼ満足しているであろう、という楽観的な判断に基づいていた。したがって、ペリー艦隊のように、明確に日本を「開国」させるという方針を有し、軍事的圧力をかけることもいとわない外国船の来航に対しては[*55]、鎖国維持という課題において有効な方法では全くなかったといえる。

さらに、海防掛は「臨機之取計」という論理で、異国船取扱方の現場で突発的に武力衝突の生じる可能性を封じ込めようと考えていた。しかし、「臨機之取計」という方針を示すだけでは、外交の現場は困惑するしかない。ペリー来航から半年が経った嘉永六年一二月一二日、浦賀奉行戸田氏栄は同僚の井戸弘道宛の書簡の中で、「其場に臨み、或は機変の策に御国体を汚さす、後患なき様穏かに帰帆為致可申抔、鯰魚瓢箪之御差図にてハ、実に御国体に拘候事出来可致候、深く心痛仕候」と述べている[*56]。実際に外交を担う有司層にとって、「臨機之取計」という指示は「鯰魚というのである。

瓢箪」、つまり瓢箪でナマズを捕まえるような曖昧な指示にほかならず、これでは「御国体」を守ることもできない

現に、嘉永六年六月のペリー来航に際して早速生じたことは、「臨機之取計」を名目として、「通信」関係にはないアメリカから大統領親書を受け取るという事態であった（第四章）。これは、「通信」関係にない国からの書簡は受け取らないと明言した弘化二年（一八四五）のオランダ国王「開国勧告」への回答と明らかに齟齬しており、「鎖国祖法」に対する違背を意味していた。しかし、これ以後も幕府は、鎖国祖法に明らかに違背する要求を外国側が出してきた場合に、「臨機之取計」によってそれを受容するという外交を繰り返さざるを得ないという構図に陥ることとなる。

「臨機之取計」によって保たれる平和外交は、このような根本的な「弱点」を有していた。この「弱点」が克服されない限り、幕府は「臨機之取計」による、いわば危機の「先送り」しかなし得なかった。この「弱点」を自覚し、根本的に外交方針を立て直さなければならない。これがペリー来航後の幕府外交の課題となるのである。

註

＊1　加藤祐三『黒船前後の世界』（岩波書店、一九八五年）、『黒船異変』（岩波書店、一九八八年）、『幕末外交と開国』（筑摩書房、二〇〇四年）。

＊2　鵜飼政志「ペリー来航と内外の政治状況」（明治維新史学会編『〈講座明治維新二巻〉幕末政治と社会変動』有志舎、二〇一一年）、二六頁。

＊3　藤田覚「ペリー来航以前の国際情勢と国内政治」（明治維新史学会編『〈講座明治維新第一巻〉世界史のなかの明治維新』有志舎、二〇一〇年）。

＊4　異国船打払令の復活問題も含め、弘化・嘉永期の外交を取り扱った主な研究は、以下の通りである。丹治健蔵「嘉永期における江戸湾防備問題と異国船対策」（『海事史研究』二〇号、一九七三年）、同「弘化期における江戸湾防備問題と異国船取扱令」（森克

己博士古稀記念会編『〈史学論集〉対外関係と政治文化』第三、吉川弘文館、一九七四年)。佐藤昌介「弘化嘉永期における幕府の対外政策の基調と洋学の軍事科学化」(『洋学史の研究』中央公論社、一九七八年)。藤田覚「対外危機の深化と幕政の動向」(『幕藩制国家の政治史的研究』校倉書房、一九八七年〈初出一九八〇年〉)、同「外圧と幕政」(同上〈初出一九八四年〉)。三谷博「開国前夜」(『明治維新とナショナリズム』山川出版社、一九九七年〈初出一九八五年〉)。上白石実「弘化・嘉永年間の対外問題と阿部正弘政権」(『地方史研究』二三一号、一九九一年)。松田隆行「弘化・嘉永期における異国船取扱方と打払令復活問題」(明治維新史学会編『明治維新と西洋国際社会』吉川弘文館、一九九九年)。田中弘之「阿部正弘の海防政策と国防」(『日本歴史』六八五号、二〇〇五年)。

＊5　三谷前掲「開国前夜」、九七〜九八頁。

＊6　同右、一〇二頁。

＊7　『御備場御用留』(全七冊、国立公文書館内閣文庫所蔵)。なお、国立公文書館には『御備場御書付留』として所蔵されているが、一般的には『御備場御用留』として知られている。本書でも、『御備場御用留』に統一したい。

＊8　「異国船取扱方」(あるいは「異船取扱方」)は、史料用語である。以下、カギ括弧を省略する。

＊9　アヘン戦争情報の国内への伝播については、岩下哲典「アヘン戦争情報の伝達と幕府・諸藩の『情報活動』」(『〈改訂増補〉幕末日本の情報活動』雄山閣、二〇〇八年)。

＊10　『徳川禁令考』前集第六(石井良助校訂、創文社、一九五九年)、四〇五〜四〇六頁。

＊11　田中彰編『〈日本近代思想大系一〉開国』(岩波書店、一九九一年)、三〜一〇頁。

＊12　『通航一覧続輯』二巻(箭内健次校訂、清文堂出版、一九六八年)、五二七頁。

＊13　以上、天保改革以降の政治状況については、大口勇次郎「改革の進展」(井上光貞ほか編『〈日本歴史大系一一〉幕藩体制の展開と動揺[下]』山川出版社、一九九六年)、二五〇〜二六〇頁。

＊14　嘉永二年一一月二日付、水戸前藩主徳川斉昭宛、伊達宗城書翰(河内八郎編『徳川斉昭・伊達宗城往復書翰集』校倉書房、一九九三年、二三二頁)。なお、河内八郎により、「『勘』＝『奸』派」という注記が付されているが、同書簡中に、「全勘之御入費相拒候」という状況を批判する文言があることなどから、「勘」は勘定奉行らを指していると見て間違いないであろう。

＊15　嘉永五年(一八五二)九月に海防掛になる勘定奉行川路聖謨は、公事方である(『大日本近世史料　柳営補任』二巻、東京大学出版会、一九六三年、五一頁)。ただし、川路は嘉永六年一〇月八日に勝手方となる(同上)。

＊16　以下、『御備場御用留』からの引用については、『備場』と略記の上、巻数とともに本文中に記したい。
＊17　『通航一覧続輯』五巻、一四四頁。
＊18　ビッドル来航については、『通航一覧続輯』四巻、一〇八〜一六二頁。
＊19　弘化三年二月一八日付、阿部正弘宛、徳川斉昭書簡（「新伊勢物語」、茨城県史編纂幕末維新史部会編『茨城県史料』幕末編Ⅰ、一九七一年、五二頁）。
＊20　（嘉永二年二月か）、徳川斉昭宛、伊達宗城書簡（『徳川斉昭・伊達宗城往復書翰集』、一八六頁）。
＊21　阿部と有志大名との連携については、守屋嘉美「阿部政権論」（青木美智男・河内八郎編『〈講座日本近世史七〉開国』有斐閣、一九八五）七三〜七五頁。
＊22　藤田前掲「外圧と幕政」、三六四頁。
＊23　三谷前掲「開国前夜」、九六頁。
＊24　「新伊勢物語」、五九頁。
＊25　同右、一五三〜一五七頁。
＊26　嘉永元年の打払令復活評議については、『異船打払復古評議』（東京大学史料編纂所所蔵）。
＊27　マリナー号は、薪水給与令に則って薪水・食料が与えられた後、一旦は姿を消した。しかし閏四月一二日には再び下田に出現し、勝手に測量を行うなど、幕府に大きな衝撃を与えた。この事件については、『通航一覧続輯』三巻、二〇〜七六頁。
＊28　『〈海舟全集六〉陸軍歴史』上巻（改造社、一九二八年）、三九六〜三九八頁。
＊29　この時の幕臣たちの答申については、藤田前掲「対外危機の深化と幕政の動向」。
＊30　『異船打払復古評議』。引用中の傍点は原文の記載通り。
＊31　『大日本維新史料』一編二巻、五二四〜五二九頁。
＊32　『通航一覧続輯』五巻、三二五頁。先述のように、同年八月四日頃、浦賀奉行大久保忠豊・一柳直方は江戸湾防備案について上申書を出した。これに対して、八月一一日に海防掛は上申を行なうが（『備場』二）、阿部はその内容に満足せず、海防掛の責任で防備計画を立案させることにした。その前提として、海防掛目付の松平近韶に江戸湾の巡見が命じられたのである（安達裕之『異様の船』平凡社、一九九五年、二一六頁）。
＊33　『大日本維新史料』一編三巻、三一〇頁。なお、この時阿部は、「一同評議之内、異存等有之候ハ、銘々ヨリ存意之趣、可申上旨」

を伝えている。海防掛全体の評議ではかき消されてしまいかねない海防強化に賛同する意見を、個々人の上申を認めることで吸い上げようとしたのであろう。多様な意見を集めるために個々人の上申を求める阿部の手法は、嘉永二年における海防策および打払令復活の評議にも共通している（詳細については、第三章で検討する）。

＊34　同右、七四一～七四六頁に同史料が引用されている。

＊35　江戸湾防備は、天保一三年（一八四二）八月三日以来、相模湾岸を川越藩が、房総湾岸を忍藩が担っていた（『通航一覧続輯』五巻、一〇一・一九二頁）。この二藩に加えて、弘化四年二月一五日、相模湾岸を彦根藩、房総湾岸を会津藩が防備することとなる（同上、一一〇・一九四頁）。

＊36　弘化四年三月一九日、千駄崎などの三砲台を築くことが決定された（『維新史料綱要』一巻、東京大学史料編纂所、一九三七年、同日条）。また、同日、浦賀奉行に与力・同心の適当な増員数を調査するよう、達しが下され（『通航一覧続輯』五巻、一八一頁）、嘉永元年（一八四八）五月二二日、与力六人、同心一〇人が増員された（同上、一七五頁）。

＊37　『大日本維新史料』一編三巻、七五一～七五六頁に同史料が引用されている。

＊38　薪水給与令が発令され、異国船打払令は撤廃されたのであるが、弘化元年九月、江戸湾内に進入してきた外国船については「死力を尽し打沈め、帰帆為致申間敷」ことが定められた（横須賀史学研究会編『浦賀奉行所関係史料』第三集、たたら書房、一九七〇年、二八頁）。

＊39　『大日本維新史料』一編二巻、五二二～五二三頁。

＊40　たとえば、弘化四年（一八四七）一〇月、外国船の来航増加で事務が多くなったことを理由に、浦賀奉行所内に「組頭」という役職を増設したい、と浦賀奉行が要求した際（『備場』四）、財政難を理由に海防掛は反対意見を述べている（同上）。

＊41　『大日本維新史料』一編二巻、五二三～五二四頁。

＊42　寛政三年の異国船取扱令の発令経緯については、上白石実『幕末の海防戦略』（吉川弘文館、二〇一一年）、二六～二九頁。

＊43　『徳川禁令考』前集第六、四〇一頁。

＊44　渡辺浩「『御威光』と象徴」（『東アジアの王権と思想』東京大学出版会、一九九七年）。

＊45　フランス艦の長崎来航事件については、『通航一覧続輯』四巻、七八〇～七九七頁。

＊46　『大日本維新史料』一編三巻、二七七頁。

＊47　同右、二七八頁。

＊48　「ペリー来航予告情報」については、岩下哲典「『ペリー来航予告情報』と幕府の『情報活動』」（前掲『幕末日本の情報活動』）。
＊49　『外国事件書類雑纂』一二（国立国会図書会所蔵、旧幕府引継文書）。
＊50　『通航一覧続輯』五巻、三五～三六頁。
＊51　同右、三六～三七頁。彦根藩への達しは『大日本維新史料類纂之部　井伊家史料』一巻（東京大学出版会、一九五九年）、一四三号、二六〇～二六二頁。
＊52　たとえば丹治健蔵は「幕府の劣弱な軍事力を認識していた阿部正弘は浦賀に渡来した欧米軍船との武力衝突を極力回避するため（中略）弘化四年三月異国船取扱令をこれまでより一層和親的に改変した」と述べている（丹治前掲「嘉永期における江戸湾防備問題と異国船対策」、九九頁）。
＊53　上白石実は「従来の研究では、老中首座阿部正弘の対外政策が避戦を目的とした穏便なものであったにも拘らず、異国船打払令の復活の諮問がおこなわれているという不可解な矛盾に注目し」てきた、と述べている（上白石前掲「弘化・嘉永年間の対外問題と阿部正弘政権」、三八頁）。しかし、従来の研究が打払令の復活評議と穏健な異国船取扱方の策定を「不可解な矛盾」として捉えてきたのは、阿部の政策構想と海防掛のそれとを混同していたからである。
＊54　モリソン号事件については、春名徹『にっぽん音吉漂流記』（晶文社、一九七九年）。
＊55　ただし、ペリー自身は自衛以外の武力行使を禁止されていた（33rd Congress, 2nd Session, Senate Executive Document, No. 34, p. 15）。しかし、そのような事情を幕府側は知ることはできず、あくまでも武力行使があり得るという認識でペリー艦隊に対応しなければならなかった。
＊56　浦賀近世史研究会監修『南浦書信』（未来社、二〇〇二年）、一五四～一五五頁。

第三章

嘉永期における風説禁止令と阿部正弘政権

はじめに

老中阿部正弘の政権の特質として、彼が「衆議」に依拠した政策を重視していたという点がよく指摘される。特にペリー来航直後の嘉永六年（一八五三）七月、アメリカ大統領の親書を全大名に公開し、それに対する意見を諮ったことは、彼がペリー来航という大きな対外的危機を、徳川幕府という枠にとどまらず、日本という国家にかかわる問題として捉え、「衆議」の結集の上に外交方針を定めようとしていたことを示している。「従来までの幕府専権政治の根本的修正を意味する」政策であったと評価される所以である。[*1]

しかし、実は広範囲に対する諮問による「衆議」の結集という阿部の政治手法は、ペリー来航後がはじめてではない。嘉永六年の諮問の「原型、前提」といわれ、「『公議輿論』型政治への傾斜が認められる」政策として評価されているのが、[*2]嘉永二年（一八四九）閏四月から五月にかけて行われた海防策に関する諮問である。この諮問においては、幕府の対外政策に携わっていた有司に限らず、昌平坂学問所の儒者や、当時江戸湾防備を担っていた会津・忍・川越・彦根の家門・譜代大名にも意見が求められたのである。

ところで、その諮問から約一年が経った嘉永三年（一八五〇）五月一九日、幕府から全国に向けて「風説禁止令」

が発令された。風説禁止令において幕府は、「近来何事によらす新奇異説を好ミ候事情より、ことをもとめ、種々之妄説を唱、剰不穏事共をも取交申廻り候族も有之哉」と、「新奇異説」を好んで風説を流す「族」がいると指摘した上で、「右体之風説有之候得者、徒に人心を動し候儀ニ付、以来無益之雑説等申触候儀、末々之者に至迄も急度可相慎事ニ候」として、「無益之雑説等申触」を禁止したのである。[*3]

この風説禁止令について、佐藤昌介は「世人の関心の的であった海外情勢が明らかになり、幕政批判が高まる」ことを危惧した阿部が、「幕府の対外政策にたいする一切の批判を禁じ」る措置に出たものと評価している。[*4]また、藤田覚は嘉永二年の諮問を契機に、「海防につき、種々の説、噂が飛び交うという状況」が生み出されていたことを指摘した上で、風説禁止令により「幕府の政策決定に大名が介入することを遮断し、また、『処士横議』への動きを抑圧することを企図した」と述べている。[*5]

以上の海防策の諮問と風説禁止令との関係について、主に藤田の研究に依拠してまとめれば、阿部政権は嘉永二年の諮問で「『公議輿論』型政治への傾斜」を示しつつも、風説禁止令により「幕府の政策決定に大名が介入することを遮断」しようとしたということができるであろう。

しかし、一体なぜ阿部は、嘉永三年の時点において諸大名の幕政介入を遮断する措置に出なければならなかったのであろうか。換言すれば、阿部が風説禁止令を発令することとなった「種々の説、噂が飛び交う状況」とは、どのような状況だったのであろうか。藤田や佐藤の研究においても、風説禁止令の具体的な発令経緯に関しては検討がなされておらず、そのため、同令に関する阿部の政治的意図についても、展望として示されるにとどまっている。

そこで本章では、嘉永二年の海防策に関する諮問から、翌年に風説禁止令が発令されるまでの政治史的経緯について検討した上で、この一連の経緯の中で、阿部がどのような政策構想を有していたのか、という点について明らかにしていくことを課題とする。その上で、嘉永二〜三年の政策と嘉永六年の諮問との関係についてあらためて考察し、嘉永期に高まりつつあった諸大名、特に有志大名といわれる大名たちの「衆議」に対し、阿部がどのような政治姿勢を有していたのか、という点について検討を試みたい。[*6]

なお、この点について検討を進めていく上で鍵となるのが、嘉永三年初頭に作成されたと推定される海防掛目付の進達書である。この進達書は、江戸湾内に外国船が進入した場合の対応について、諸藩の出兵地や、出兵時の合図など事細かな計画を記したものであり、当該期の幕府の江戸湾防備計画を知る上で貴重な史料である。一見、風説禁止令とは無関係にも見えるのであるが、その関係性については、行論の中で明らかにしていきたい。

1　嘉永二年における海防策の諮問

阿部が老中首座となった弘化二年（一八四五）二月という時期は、アヘン戦争による東アジアの情勢変化をうけて、欧米諸国の船の日本への接近・来航が増加していた時期にあたる。このような状況の中で、阿部は鎖国体制の維持を外交政策の課題に据え、その達成のため、全国的な海岸防備の強化を進めようとしていた。

しかし、当時の幕閣の状況は、阿部が思い通りに海防策を遂行していくことを困難にしていた。天保改革以後の政治的混乱を経た幕閣を安定させるためには、慎重な政治運営が必要とされていたのである。そのため、阿部は特定の有司層との対立を極力避け、幕閣内の様々な意見のバランスの上で政策を策定しなければならなかった。このような政治手法は、「諸役人一同心伏、市中も静ニ相成、人気立直り候様子」と評されるように、[*7]政治的な安定を得るには適した手法であった。

しかし一方で、こうした政治手法は、目付井戸弘道が「唯寛ニのミ流行キ、政事の権、其実者下ニ帰し候而、執政者坐して其威を請るのミニ成行申候」と批判するような政治状況を生み出すことにもなった。[*8]また、当時の幕府内は、「専ら勘ノ権威増長仕、閣之権薄く、何事も勘次第」といわれており[9]、財政の立て直しを掲げる勘定奉行らの発言力が増していた。そして、勘定奉行を構成員に含む海防掛は、緊縮財政の観点から大規模な支出を要する海防強化に反対の姿勢を示しており、そのため、阿部は彼らとの対立を避けながら、慎重に海防強化を進めていかなければならなかったのである（第二章）。

しかし、こうした幕府内の政治的状況の中で、外交政策を根本的に改変し、海防強化を実現しなければならない、と阿部に強く認識させる対外問題が発生した。嘉永二年（一八四九）閏四月に生じた、イギリス測量艦マリナー号の来航事件である。

閏四月八日、マリナー号が相模国城ヶ島沖合に来航した。薪水・食料が与えられ、マリナー号は一旦帰帆したように思われたのだが、同月一二日に再び下田沖合に現れ、許可なく下田港内の測量を実行したのである[10]。

幕府は天保一三年（一八四二）以来、薪水給与令を基本方針としており、弘化四年（一八四七）三月には、さらにその穏健策を徹底させる達しが浦賀奉行に向けて出されていた[11]。しかし、マリナー号の来航は、これらに基づく穏健な対応だけでは、外国船による侵犯行為を阻止することはできないということを明らかにした。そのため、マリナー号来航事件を契機に、阿部は外交政策の抜本的な改変を目指すのである。

マリナー号帰帆直後の嘉永二年閏四月一九日、阿部は昌平坂学問所を訪れ、儒者たちに対して、「事（時）務策、海防策」について「何れも之見込無憚可被申出旨」を達した。この諮問に対し、「百四五十通程」の上書が出され、阿部はそれらを全て一覧したという[12]。

その後、五月五日には三奉行、海防掛、（海防掛以外の）大目付・目付、そして浦賀・長崎両奉行に対して、異国船打払令の復活の是非も含めた海防策の諮問が実施された。この諮問の中で、阿部は「愈打払之義可被　仰出歟（中略）此後御処置之計画利害之当否、後弊等無之永久　御安心可相成様、各之存寄不残、此度之義は銘々より各通にて」

上申するよう命じ、部署単位ではなく、個々人による上申を求めた[*13]。

さらに阿部の諮問は幕府内にとどまらなかった。当時江戸湾の防衛を担っていた会津・川越・彦根藩に対しても諮問が行われたのである[*14]。

阿部が異国船打払令の復活を試みたのは、嘉永二年がはじめてではない。阿部はそれ以前、弘化三年（一八四六）と嘉永元年（一八四八）にもそれぞれ異国船打払令の復活に関する諮問を行っていた。しかし、その際に諮問をうけたのは三奉行や海防掛など、幕府内の一部の有司に限られ、また、両度の諮問では海防掛が打払令の復活に強く反対したことから、その復活は見合わせとなっていたのである（第二章）。

弘化三年、嘉永元年の諮問に比べると、嘉永二年の諮問は明らかにその範囲が拡大している。さらに、先行する両度の諮問では異国船打払令の復活の可否が中心の議題であったが、嘉永二年の諮問においては、その復活の可否も含めて、学問所での諮問や五月五日の諮問に見られるように海防策全般に関して意見を求めたことに特徴がある。これらの点について三谷博は、「多数意見のありかを探りながら、他方では勘定奉行松平近直ら有力者の影響を最小限に抑えて自説の支持者を見いだし、さらに多様な意見を入手して選択可能な政策の範囲と問題点を徹底的に検討」することが目的であったと述べている[*15]。つまり、阿部は多数の意見を集めることで、松平近直を含む海防掛勘定方の意見を相対化し、「自説の支持者」を背景に自身の構想する政策の遂行を正当化しようと図ったのである。

2　嘉永期の海防策と海防強化令

(1)　嘉永二年の海防策

嘉永二年（一八四九）閏四月から五月にかけて、海防策に関する諮問が行われて以降、阿部正弘の手元には次々と上申書が集まってくることとなった。正確な上申書の数は不明であるが、たとえば先に引用した佐賀藩士志波左将太の書簡では、儒者からの答申だけで「百四五十通程」集まったといわれている。

藤田覚は、この諮問に対して出された答申書のうち、現存する三三通について詳細に検討を行っている。藤田によれば、「打払令復活を可とする意見は少数」であり、そのため、打払令の復活という「阿部の意図は阻止された」という。[*16]

ただし、これは決して阿部にとってダメージとなる結果ではなかった。そもそも阿部が弘化三年（一八四六）以来、異国船打払令の復活を目指した目的のひとつは、国内の危機意識を高めて海防強化の実施を促進することにあったといわれている。[*17]したがって、阿部にとっては打払令復活の可否よりも、どれだけの意見が海防強化を是とするか、という方が重要であったと考えられる。海防強化を支持する意見が集まれば集まるほど、海防掛勘定方の影響を抑えて海防強化を遂行することが容易となってくるからである。

その点で、異国船打払令復活には否定的であっても、海防強化の必要性を唱える意見書が多かったということは、阿部の期待通りの結果であったといえよう。たとえば韮山代官江川英龍は、「太平之一弊、諸家共武備は薄」いという状況の中で打払令を出すことは危険であると述べてその復活に反対する一方、打払を可能とするだけの海防強化を早急に実施するよう求めた。[*18]諮問を受けた大名についても、たとえば会津藩主松平容敬は、「沿海之御備未全」の中で打払令を出しては、「争端を披き、百害を生候段」にも至ってしまう、とその復活に反対したが、海防さえ整えば、「列藩力ヲ戮セ、各死を以防戦」することができると述べている。[*19]

このような海防強化を支持する意見を背景に、阿部は嘉永二年後半以降、海防強化を実施していくこととなる。同年六月、阿部は西洋流砲術家下曽根金三郎を浦賀に派遣することを決定した。[*20]これは、幕府の江戸湾防備に西洋流砲術が採用されたことを意味しているが、重要な点は、下曽根の浦賀派遣に対し、勘定方を構成員に含む海防掛が反対をしていたということである。[*21] この決定は、海防に消極的な彼らの意向を抑えてでも、海防強化の実現を目指そうという阿部の意志を示している。

さらに、同年九月には、幕府は領地内に海岸を有する大名に対して、海岸の深浅を記した絵図と、「防禦手当人数武器等」の現状をまとめた報告書を一二月までに提出するよう命じた。また、同じ達しの中で、海岸線を有しない大名であっても、「異国船近海江渡来」した場合には「臨時警衛幷防禦等」を命じることがあり得るため、同様に軍事力の現状を帳面に記載するよう指示している。[*22] 旗本に対しても同様の達しが下された。[*23] この達しは、全国の軍事的状況の悉皆調査を意味している。阿部はその悉皆調査を踏まえた、全国的な海防体制の整備を目指したのである。

(2) 海防強化令の発令

以上のように、阿部は嘉永二年(一八四九)後半以降、海防強化の実現に向けて動き出した。そしてこの背景には、海防策の諮問に対して出された、海防強化の実施を求める多くの意見が存在していた。しかし、実は海防強化を求める声は、諮問に対する直接の答申書に限らなかった。阿部による海防策の諮問は、その諮問に直接あずかることのなかった大名層、特に有志大名といわれる大名たちにも大きな影響を与えたのである。

序章でも紹介したように、当時、薩摩藩世嗣島津斉彬や宇和島藩主伊達宗城などの有志大名たちは、水戸前藩主徳川斉昭を結節点に密接な情報ネットワークを有しており、幕府内の情報も、斉昭を介するかたちで共有されていた。[*24] そのため、嘉永二年閏四月以降の阿部による諮問についても、彼らはすぐに情報を入手することができたのである。

重要な点は、この諮問の情報が、幕府による海防強化に向けた本格的な措置の前兆として捉えられたということである。そもそも有志大名たちは、幕府がなかなか海防強化を実行しようとしないことに不満を抱いていた。[*25] そのような中、海防策に関して、家門・譜代に限るとはいえ大名にまで諮問が行われたという事実は、幕府が本格的に海防強化に着手するであろう、という期待を大いに高めることにつながったのである。

たとえば島津斉彬は、嘉永二年年九月五日の徳川斉昭宛の書簡で、「一日も早く海岸御手当被仰出候様仕度」と海防に関する達しの発令を期待している。[*26] また、伊達宗城は、同年一一月二三日付の斉昭宛の書簡において、「伊勢守（阿部正弘）より諸役人中へ存慮相尋候、修（就カ）一条之義、其後　御新令可相発やと奉渇望候処、今日迄為何儀も不相伺（中略）不堪悲憤寒心仕候」と述べている。[*27]

この書簡にあるように、伊達は海防策の諮問の情報から、海防に関する「御新令」が発令されることを「渇望」するようになり、その新令が一一月の段階でも発令されないことに不満を感じていた。こうした新令への期待は、島津斉彬も抱いていた。同年一〇月九日付の福井藩主松平慶永宛の書簡の中で「少しも沙汰無之候、如何之事ニ候や」と、海防に関する「沙汰」が出ないことに不満を述べているのである。[*28]

このような状況の中、嘉永二年一二月二五日、幕府から全国の領主階級に向けて海防強化令が発令された。この海防強化令によって阿部は、「此節ニも厳重之取計方可被仰出哉ニ候得者、右様被仰出候上者、何方ニ而如何様之儀出来可致哉難計候ニ付、其以前防禦手当実用之処厚く可被申付候」として、将来的な「厳重之取計方」、つまり打払令復活の可能性を示唆しつつ、それ以前に海防強化を実施するよう、全国の領主階級に命じたのである。[*29]

この海防強化令には「口達之覚」が付されており、その中で、阿部は次のように対外問題を位置づけている。[*30]

凡日本国中ニある所、貴賤上下となく、万一夷賊共御国威をも蔑したる不敬不法之働抔あら者、誰か是を憤らさらん、然ら者日本闔国之力を以相拒ミ候趣意被相弁候ハヽ、諸侯者藩屏之任を不怠、御旗本之諸士、御家人等者御膝元之御奉公を心懸、百姓ハ百姓たけ、町人ハ町人たけ、銘々持前当然之筋を以力を尽し、其筋々之御奉公致し候儀、是弐百年来昇平之沢ニ浴し候御国恩を報する儀と厚く心懸候得者、即惣国之力を尽し候趣意ニ相当り候間、沿海之儀者相互ニ一和之力を尽し可被申候最後の部分から、「御国恩海防令」とも称されるこの海防強化令によって、阿部は対外問題が「日本闔国之力」で解決すべき問題であることを明示した。その上で、大名、旗本、さらには百姓、町人身分にまで海防強化への協力を求めている。将来的な打払令の復活を示唆して対外的な危機意識を高めるとともに、「御国威」を守るため、身分にかかわらない挙国一致的協力を求めた点に、海防強化令の画期性を認めることができる。

これまでの検討を踏まえれば、この海防強化令が発令されることとなった直接の背景として、有志大名たちによる海防強化に関する新令の期待や不満の声が存在していたと推定することができるであろう。ただし、こうした有志大名たちの期待や不満を「ひとまず鎮静化させるための政治的権道」として海防強化令を捉えることは適当ではない[*31]。単なる「政治的権道」にとどまらず、阿部はこの海防強化令を契機として、さらなる海防強化の実行に乗り出したのである。

嘉永三年（一八五〇）五月から七月にかけて、阿部は海防掛勘定奉行石河政平、海防掛勘定吟味役佐々木顕発、海防掛目付本多安英・戸川安鎮、鉄砲方井上左太夫・田付主計、および西丸留守居筒井政憲の計七人に江戸湾の見分を実施させた[*32]。そしてこの七人が見分後に提出した復命書を踏まえて、江戸湾防備の強化策が実施されることとなる。たとえば、川越藩の持ち場であった相模国の観音崎台場の改築、および亀ヶ崎・鳥ヶ崎への台場新築が、幕府の負担で実施されることとなった[*33]。また、大森町打場が築造され、そこでの砲術調練が奨励されることとなったが、これも先の復命書に基づいている[*34]。

こうした海防強化策の展開は、幕府財政にも反映されている。嘉永二年までは、海防に関する支出は非常に微々たるものであったようであるが、翌嘉永三年になると、大砲の新規鋳造費用として、三一三三両余が計上されている。その後、嘉永四年に五六八三両余、嘉永五年には一万九八〇〇両余と、海防費が年々上昇しているのである[*35]。

このような海防強化策の実行とそれに伴う海防費の増加は、財政難を理由に海防掛が海防強化に反対し、阿部も彼らの意向に配慮してなかなかそれに着手することができない、という従来の構図に多少の変化が生じたことを意味している。海防強化令により、幕府が公式に海防強化の実現を宣言した以上、海防掛の勘定方もある程度の海防費の支出は避けられないと認識するようになったのであろう。もちろん、彼らが海防強化に積極的になったというわけではなく、全歳出から見れば、海防費が占める割合は〇・五〜二・五パーセントに過ぎなかった。[*36] 何より、ペリー来航までに結局十分な海防が整わなかったことは周知のことである。しかし、それでも阿部が海防掛勘定方に財政支出を認めさせ、嘉永二年以降、海防強化を進めていった事実は軽視できないであろう。

そして、この一連の海防強化は、「衆議」を背景にしていたからこそ可能なことであった。海防掛との真正面からの対立を避けながら海防強化を実行するためには、阿部の意志を前面に出すよりも、数の力に頼る方が有効であった。そこで阿部はまず、嘉永二年の海防策に関する諮問で集まった答申書を背景に、海防強化を実行にうつしていった。そのような中、同じ諮問によって、諮問を受けなかった大名層からも、有志大名を中心に海防強化を求める声が高まることとなった。阿部は、これらの声をさらに利用するかたちで、嘉永二年一二月に海防強化令を発令し、海防強化の実行を推進していった。つまり、阿部は幕府内外の多くの意見が海防強化を求めている、という状況を利用することで、海防強化の実行につなげることに成功したのである。この経緯は、まさに阿部が「衆議」を利用した政治手法の有効性を認識していく過程であったと考えられる。

しかし、その直後、阿部は風説禁止令によって今度は「衆議」を抑え込まなければならないという事態に直面する。続いて風説禁止令の発令経緯について見ていきたい。

3　風説禁止令の発令と阿部正弘政権

(1) 海防掛目付の江戸湾防備案

風説禁止令の発令過程を考える上で、海防掛目付が作成した江戸湾防備に関する進達書（以下、海防掛目付進達書）は非常に重要である。先行研究でも割合よく知られた史料であり、風説禁止令とは一見無関係のように見えるが、実はこの進達書こそが、風説禁止令発令の直接の原因をつくることとなる。

それでは、まず海防掛目付進達書について見ていきたい。先述の通り、嘉永二年（一八四九）九月、全国の領主階級に対して、海岸の浅深や防備の状況に関して報告するよう達しが下された。この指示に対して、期限である一二月までに続々と海岸の絵図および報告書が提出されたと考えられる。[*37] これらの中の江戸藩邸の状況に関する報告書に基づいて、幕府内では江戸湾の防備計画が練られることとなった。それは、嘉永三年（一八五〇）の江戸湾見分後に立案されたような恒常的な防備計画ではなく、外国船が万一江戸湾の内側に進入してきた場合を想定した防備計画であった。そして、この計画を作成したのが、海防掛の目付である。

海防掛目付が作成した進達書の原書は確認できないが、現在、『海防紀聞』（作者不明）という史料の中に、「海防掛御目付衆ゟ伊勢守殿江御直進達書写」と題された写しが残されている。[*38] 進達書の正確な作成年代は不明であるが、写しには「戌年」と記されており、嘉永三年（戌年に相当）初頭には作成されていたと推定されている。[*39]

かなりの長文であり、また、先行研究ですでに翻刻されているため、[*40] ここでは序文のみを引用し、その概要を説明したい。

浦賀表異船渡来害心を挟、及手向、自然打払打沈可申仕義ニ相成、浦賀奉行ゟ御注進申上、弥以及戦闘候節、観

音崎、富津之要地厳乗越、内海江可乗入候も難計ニ付、江戸近海要地江御警衛人数之儀兼而御触達御座候在府之面々有合之人数早速出張御警衛仕候儀、私共勘弁仕候処、臨時急変之儀者不限昼夜即刻御登　城ニ而夫々御差図可有之候得共、左迄之事ニ無之、浦賀表四家共警衛ニ而打払打沈埒明可申事ニ候ハ、、臨時登城ニも不及、声援之為神奈川、本牧辺江両三手御差遣、大目付、御目付、御使番等是又出張、時宜次第追々人数出之御達可相成、乍然余り持重ニ過、機ニおくれ意外之騒擾ニ及候ハ、却而油断ニ可有之候得共、二三艘之夷船渡来致し（候脱カ）共観音崎、富津之要地容易ニ乗越申間敷、殊ニ内海者浅洲海路至而狭、弐三千石之船ならてハ品川江着船相成兼候由、乍去蒸気船ハツテイラ之類ハ迅速乗入候も難計、万一乗入候共、打払焚沈候も容易ニ者可有之候得共、都下之人情毎度有之候出火ニ而も少々及延火候得者人気騒立、洶々敷風俗故、まして如前条異変有之候ハ、、如何様騒動狼狽仕候も難計候間、可相成丈鎮静ニ御差置有之候様仕度、右ニ付而者兼々私共心得罷在、其外心得可然向へ者寄々御内意有之候方、事ニ臨ミ手筈行届可申哉、万一不測之急変出来候節之御手当大凡見込左ニ申上候

以上の序文で始まる海防掛目付進達書は、外国船が来航し、観音崎と富津を結ぶ線を越えて江戸湾内に進入してきた場合に、在府中の大名に江戸近海の要地へ出兵を命じる計画について具体的に述べたものである。この序文以降、一七か条にわたり外国船の湾内進入時における防備案が記されており、外国船が来航した場合の合図や、出兵時の服装など、かなり詳細な計画となっている。そして進達書の末尾には、具体的な大名の動因計画が記され、江戸湾防備を担っていた家門・譜代四藩をはじめ、計六三家の大名の名前とともに、浜御庭や増上寺など、彼らが派兵すべき場所が列記されているのである。[*41]

ここに記された大名の出兵先などについて詳細に検討した針谷武志によると、外様の大・小藩、親藩、譜代の大・小藩といった大名の性格で出兵先を振り分けており、また「召し連れる人員構成に配慮」し、「周辺幕領からの扶持補給を想定」した配置となっている点で、「幕藩的軍役動員の特徴を色濃く示し」た計画であったという。[*42] こうした

大名の配置は、諸大名からの報告書をもとに、現況の江戸藩邸の軍事力などの情報を把握していたからこそ、はじめて立案可能な計画であった。

しかし、海防掛目付によって作成されたこの防備計画は、実は幕府の公式な海防策として採用されることはなかった。先行研究において、この進達書は、当時の幕府内における防備計画のひとつとして、あるいは海防掛目付の政策構想を示す史料として、しばしば引用されてきた。しかし、いずれの研究においても、この進達書が最終的にどのような結果をたどったのか、という点までは考慮されていない。実は、この海防掛目付進達書は、幕府の公式の防備策として検討される以前に、外部に漏洩してしまったのである。

(2) 海防掛目付進達書の漏洩・流布と風説禁止令

風説禁止令が発令される一〇日前の嘉永三年（一八五〇）五月九日、老中阿部は海防掛に対して次の達しを下した。[*43] まず、阿部は「近来海岸御警衛向御所置之儀に付而者、品々取調物等夫々評義《（ママ）》中之品も有之、或者何も占取調差出置候品抔、未タ御取捨之程も難相分候処、右取調物等之様子如何致し、諸家其外ニ而も予メ伝承いたし候哉、密々彼是風評も有之趣ニ相聞候」として、海防掛の「取調物等之様子」が「諸家其外」に漏洩し、「密々彼是風評」が立っていると指摘する。その上で、「海岸御警衛向御所置」に関する風説が流れては「時宜ニ寄、人気ニ拘り、御所置之碍りニも相成」るため、「御用筋之儀他向江相洩、彼是無益之風説無之様取締方入念可申旨、支配向之者共江急度可被申渡置候」として、「御用筋之儀」が外へ漏れないように厳重に注意し、支配向にもその旨を徹底させるよう海防掛に命じたのである。

それでは、漏洩したという海防掛の「取調物」とは、一体何を指しているのであろうか。これを特定するためには、島津斉彬の書簡が手がかりとなる。嘉永三年五月二一日、斉彬は徳川斉昭に対して、次の書簡を出した。[*44]

一此節種々珍説申ふらし候間、以来急度雑説申ふらしいたすましく、一昨日伊せ（阿部正弘）ゟ申達シニ相成候、大目付廻状相廻申候

一目付ゟ阿江出候との書付も虚説之よし承候へ共、又内実承候へ者、阿江者いまた不申候へ共、目付内調者いたし候由ニ而、其書面もれ候間、全く虚説ニ相成候よしニも承り申候

この引用部分の前半は五月一九日の風説禁止令のことを指している。ここで重要なのは後半で、斉彬によると、目付から「阿」（阿部）に出した書付も「虚説」のようだが、その「内実」は、目付が「内調」をしたもので、阿部に差し出される前にそれが外部に「もれ」たため、「全く虚説」になったものだという。

後半部分で言われている、目付が阿部に書付を出した（出そうとしていた）というのは、前節で検討した海防掛目付進達書の、「海防掛御目付衆ゟ伊勢守殿江御直進達書写」という写本の題目と状況がほぼ一致している。

そして、実際に海防掛目付進達書は当時広範囲にわたって流布しており、斉彬のいう書付とは、この進達書を指していると見てほぼ間違いない。表3—1は、管見の限りで筆者が確認することのできた海防掛目付進達書の写本の一覧表である。書誌学的な検討は別の機会に行うことにして、ここではこの表を見ながら、その広範囲にわたる流布状況を確認したい（以下、括弧内のアルファベットは表3—1に対応）。

進達書の作成年代は嘉永三年初頭と推測されるが、その作成からあまり時間の経たないうちに、佐賀藩が進達書を入手している（I）。進達書を筆写した「御備立方」は、藩主の「軍事参謀局」[*45]といわれ、そのため当時の藩主鍋島直正も、進達書の写しに目を通していたと推測できる。また、詳細な人物像は不明ながら、嘉永三年五月には「一志包蒙斎」という人物が進達書を筆写している（B）[*46]。先の引用から、島津斉彬も同じ頃に進達書を入手していたと考えられ、海防掛目付が進達書を作成して間もないうちに、その写本が広く流布していたことが分かる。

また、ペリーが来航する嘉永六年（一八五三）以降も、進達書の流布は続いていた。たとえば金沢藩の戸室山奉行

所蔵先	目録番号	備考
国立公文書館内閣文庫	189-376	『海防紀聞』には，ほかに「嘉永二年阿蘭陀風説書」等が筆写されている．
古河歴史博物館所蔵鷹見家歴史資料	B-195	一志包蒙斎の詳細不明．古書店の札があることから，近代以降に鷹見家で購入されたものと推定される（針谷武志氏のご教示による）．
茨城県立歴史館所蔵潮田家文書（写真帳）	7411-88-142	原本は古河歴史博物館所蔵．嘉永 3 年のオランダ商館長の参府の記事も筆写されている．
宮内庁書陵部	函 253-333	末尾に「相州浦賀三浦郡三崎於御陣屋御門番之時調之」とある．嘉永 7 年当時同所を警衛していたのは長州藩．来嶋は長州藩と関係のある人物か．
金沢市立玉川図書館近世史料館所蔵後藤文庫	特 19･9-194	後藤は当時戸室山奉行兼道奉行．金沢藩は安政元年 1 月より品川の警衛を担っており，後藤文庫の中には同時期の海外情報の史料が収められている．
亀山市歴史博物館所蔵加藤家文書	34-0-12	嘉永 2 年 5 月 5 日の異国船打払令復活に関する諮問書とともに筆写されている．
亀山市歴史博物館所蔵加藤家文書	42-0-2	嘉永 3 年のオランダ商館長の参府の記事も筆写されている．加藤家文書には 2 つの進達書写が残されているが，字句の異同が多いため，別系統の写本と考えられる．
神宮文庫	5 門-1309	ペリー来航の関連史料の中に筆写されているが，朱字で「此御伺書ハ亜メリカ来航せさる前の事なるへし」とある．
佐賀県立図書館所蔵鍋島文庫	358-2	嘉永元年の打払令の諮問および筒井政憲の答申書，嘉永 2 年 5 月の打払令の諮問書等とともに筆写されている．
佐賀県立図書館所蔵鍋島文庫	991-593	鍋島文庫には 3 つの進達書写が残されている．字句の異同が少ないことから，358-2 から筆写されたものと推測される．
佐賀県立図書館所蔵鍋島文庫	991-649	鍋島文庫の3つの進達書のひとつ．字句の異同が少なく，991-593 と同様，358-2 から写されたと考えられる．
—	—	ペリー来航の関連史料の中に筆写されている．

表 3-1　海防掛目付進達書の写本について

	進達書写の原題	所収史料	作成者／所蔵者	筆写年代
A	海防掛御目付衆ゟ伊勢守殿江御直進達書写	海防紀聞	（不明）	「戌年」
B	海防掛り御目附ゟ阿部伊勢守殿江御直ニ進達左之通	異国船渡来之節近海向御警衛御府内御差配之記	一志包蒙斎	「嘉永三年庚戌五月写」
C	海防懸御目付ゟ伊勢守殿江御直ニ御進達左之通	（同左題名）	潮田瑩次資割	（不明）
D	海岸掛り御目付衆ゟ阿部伊勢守殿江進達書面写	海岸係御目付ゟ阿部伊勢守殿直伺書面	来嶋捨之進喜治	「嘉永七年ノ十月中旬写之」
E	海防懸り御目付ゟ伊勢守殿江御直ニ進達左之通	異国船渡来之由ニ付海防御懸り御目付ゟ御老中江進達之写	後藤久兵衛忠保	（安政元年頃）
F	海防掛御目付ゟ伊勢守殿江御直ニ進達左之通	異国船渡来に関する達令	加藤光新	（不明）
G	海防掛御目付ゟ阿部伊勢守殿江御直ニ進達左之通	（同左題名）	加藤光新	（不明）
H	異国船渡来之節御手配窺極秘海防御目付より伊勢守殿へ御直進達左之通	海防雑記	（不明）	（嘉永 6 年頃）
I	海防懸御目附ゟ阿部伊勢守殿へ御直ニ進達左之通	嘉永二己酉五月於新部屋伊勢守殿備前守殿ヨリ寺社御奉行其外エ御直渡御書取并阿部家海防問答其外	御備立方	「嘉永三年戌三月廿四日写ス」
J	海防掛御目附ゟ阿部伊勢守殿江御直ニ進達左之通	海防掛御目附内密書上	（不明）	「嘉永六年丑七月」
K	海防掛御目附ゟ阿部伊勢守殿へ御直ニ進達左之通	海防掛り御目附内密書上	（不明）	（不明）
L	海防掛目付より阿部伊勢守え進達左之通	〈海舟全集 2〉開国起源下巻，247 ～ 250 頁	勝海舟	（嘉永 6 年頃）

備考：所収史料名は原題であり，目録上の史料名と異なる場合がある．なお，『大日本維新史料稿本』嘉永 2 年 5 月 5 日条に，『公私聞見雑記』所収の史料として「海防懸御目附ゟ阿部伊勢守殿へ御直ニ進達左之通」が載せられているが，原本を確認していないため，本表には反映していない．また，下総国結城郡菅谷村の豪農大久保家の史料群の中にも，嘉永 6 年 6 月付の海防掛目付進達書が残されていることを岩田みゆきが紹介している（「幕末の対外情報と在地社会」，明治維新史学会編『〈講座明治維新 1〉世界史のなかの明治維新』有志舎，2010 年，66 ～ 67 頁）．

兼道奉行後藤忠保は、安政元年（一八五四）頃に進達書を入手したと考えられる（E）。また、相模の三崎陣屋の門番をしていた来嶋喜治という人物も、安政元年一〇月に進達書の写しを入手している（D）。こうした嘉永六年以降の流布状況から、後年、『開国起源』中に進達書を引用した勝海舟は、この進達書をペリー来航時の史料と認識していたようである（L）。

ここで話をもとに戻せば、嘉永三年五月九日の海防掛への達しの中で触れられている「取調物」が、海防掛目付進達書を指していることは確実である。したがって、進達書の漏洩・流布が、海防掛に対して情報の取扱に関する達しが下った直接の契機であったと判断できる。そして、その一〇日後に風説禁止令が発令されたという事実は、風説禁止令もまた、進達書の流布という事態をうけて発令されたものであることを示している。

もちろん、当時は海防掛目付進達書に限らず、様々な情報・風説が飛び交っていた。たとえば、嘉永二年における海防策の諮問の情報は、幕府の方針が「打払」に決定した、という風説をも生み出していた[*47]。したがって、風説禁止令発令の背景として、嘉永期における情報の氾濫という社会状況を踏まえておく必要がある[*48]。

しかし、そのような情報群の中でも、風説禁止令発令の直接的な契機をつくったのは海防掛目付進達書であり、阿部はその漏洩・流布という事態に対して最も強い危機感を覚えていたと考えられる。

その理由は、進達書自体の史料的性格に求めることができる。先述の通り、進達書は諸大名から提出された軍備に関する報告書に基づいて海防掛目付が立案した海防計画である。老中の手元に集められた諸大名からの報告書は、本来、幕府内の限られた有司層しか縦覧できないものである。それらの報告書に基づく海防計画は、まさに幕府所有の海防情報の集大成とも言うべき計画であり、当然、幕府の機密情報に相当するものであった。その漏洩は、幕府にとってまさに由々しき事態だったのである[*49]。

また、海防掛目付進達書の内容自体も、幕府にとっては不都合であった。阿部は五月九日の海防掛に対する達しの中で、「海岸警衛向御所置」に関する風説は「御所置之碍り」になると述べている。進達書には、外国船が江戸湾内に進入した場合の個別具体的な対応案が記されていた。また、海防掛目付の見解であるとは言え、その序文には「浦賀表四家共警衛ニ而打払焚沈埒明可申事」など、強硬な文言も含まれていた。これが、海防掛目付による計画書としてではなく、もし幕府の公式の方針として流布してしまえば、実際に外国船が来航した際に、まさに「御所置之碍り」となる事態が生じかねないであろう。

しかも、一度漏洩した進達書は、広範囲にわたって流布することとなった。前章で見たように、海防策に関する諮問を契機に、有志大名をはじめとして、諸大名は幕府による海防強化実施への期待を高めていたのである。このような状況の中で、幕府内から漏洩した海防掛目付進達書は、幕府の海防策に注目する諸大名や、その家臣らの間で、幕府の海防計画の一端を示すものとして受容され、彼らのそれぞれの情報ネットワークを通じて拡散していったと考えられる。幕府の海防策に対する期待感の全国的な高まりが、幕府の機密情報である進達書の写本の広まりを促進したともいえるであろう。

こうした事態の中で、阿部は諸大名の間での期待感の高まりが、幕府にとって「両刃の剣」となり得ることを実感したことであろう。一方で阿部は海防強化を求める声を利用することで、海防強化の実行につなげた。ところが、阿部が利用した期待感の高まりが、今度は種々の風説の流布という事態とともに、幕府内の機密情報である進達書の拡散という事態をも招いてしまった。そのため、阿部は海防強化を実行する上では利用した幕府内外の「衆議」を、今度は風説禁止令によって鎮静化する必要に迫られたのである。

小結

行論を通じて、風説禁止令が発令されるまでの経緯と阿部正弘の政治的意図について検討を進めてきた。最後に風説禁止令の発令経緯から見られる阿部政権の特質についてまとめておきたい。

嘉永二年（一八四九）から翌年にかけての海防政策は、海防策に関する諮問を契機に阿部の手元に集まった上申書と、有志大名らの海防強化実行を求める声の高まりを背景にして進められた。海防強化に一貫して消極的であった海防掛の勘定方も、「衆議」を前に海防費の支出をわずかながらも認めるようになった。まさに「衆議」が、阿部の海防強化策の実行を正当化したといえるであろう。

この過程は、「衆議」を政策遂行に利用するという政治手法を阿部が体得していく過程でもあった。そして嘉永六年（一八五三）七月のアメリカ大統領親書に関する全大名への諮問でも、この政治手法が用いられるのである。強力な軍事力を背景に開国を迫られるという危機的事態の中で、阿部は全大名の意見を聞き、その中で幕府のとるべき政策を定めようとした。「衆議」に基づくという形式をとることで、阿部は幕府の外交方針を正当化しようとしたのである。

阿部が「衆議」を政策遂行に利用したのは、幕府内における阿部自身の立ち位置にも関係していたであろう。天保改革以降の混乱期の中で、若くして老中首座に就任した阿部には、確固とした政治基盤が存在しなかった。海防強化を遂行しようにも海防掛勘定方の発言力が強まっており、また、嘉永元年（一八四八）には老中青山忠良たちが阿部の失脚をねらう動きを見せるなど、[*50] 阿部の幕府内での立場は不安定であったといえる。そのような状況の中で、阿部は政治的対立を表面化させることなく、海防強化による対外問題の解決を目指そうとした。そのひとつの手段として、阿部は「衆議」を利用し、それによって自身の政策の遂行を正当化しようと図ったのである。

一方、海防掛目付進達書という幕府の機密情報の漏洩・流布という事態を契機に発令された風説禁止令は、「衆議」の抑制を意味していた。それは、様々な情報が飛び交う中で、幕府の情報独占と幕府からの一方向的な情報通知という、情報をめぐる「上意下達」の原則を、全国の領主階級に再確認させることでもあった。

嘉永期の海防策の諮問から風説禁止令にいたる一連の経緯は、幕府内外の「衆議」を政策遂行に利用しつつ、一方で「衆議」が幕府に不利に作用する場合にはそれを抑制する、という阿部正弘の政治姿勢を示している。そして、実はこの政治姿勢は、その後の阿部政権においても共通しているのである。

嘉永六年七月の諮問は、諸大名の間で、幕府政治の変革を大いに期待させることになった。しかし、阿部はそうした期待を抑え込む動きに出る。たとえば、ペリー来航以降、福井藩主松平慶永たちは、海防強化の早期実現を目的として、出費の多い参勤交代の緩和を要求するようになる。この提言に対して、阿部は安政二年（一八五五）一二月、「大名の参暇なとハ骨の尤大なるもの故、中々動かすへき事ならす」と、参勤交代の原則を維持する方針を示したのである。[*51]

これは、阿部にとって参勤交代に象徴される幕府と藩との間の上下関係は、「骨の尤大なるもの」であり、容易に変革できるものではなかったことを示している。阿部は嘉永二年、そして嘉永六年と、意見具申を求める範囲を段々と広げていった。これは、確かに結果的には諸大名の幕政に対する発言力を強めることになった。しかし、たとえば嘉永六年の全大名に対する諮問においても、阿部の主眼はあくまでも「自らの路線に沿う意見を採用」することにあり、[*52]諸大名の幕政への介入を認めようとしていたわけではない。阿部自身には、「幕府専権政治の根本的修正」の意図はなかったのである。

阿部正弘政権は、「衆議」を政策決定過程の中に取り入れようとしたという点で、確かに「『公議輿論』型政治への傾斜」を見せた。しかし、阿部にとっての「公議輿論」型政治とは、あくまでも幕府と藩との上下関係という幕藩体制の秩序を前提としたものであった。阿部はその秩序を揺るがすものと判断すれば、「公議」ではなく、まさに「処士横議」として、大名らの声の高まりを抑える動きに出た。これは阿部政権の一貫した特質であり、風説禁止令とは、かかる特質を端的に示すと同時に、その端緒となった事例だったのである。

しかし、このような阿部の「衆議」に対する姿勢は、有志大名たちの求める「衆議」を反映させた幕政運営とは明らかに齟齬していた。幕府と藩との関係そのものを変革しようという有志大名たちの声は、「衆議」を政策遂行に利用しつつも、あくまでも幕藩体制の秩序維持を前提に政治・外交を進めていこうという阿部政権にとって、まさに「両刃の剣」となっていくのである。

註

＊1　守屋嘉美「阿部政権論」（青木美智男・河内八郎編『〈講座日本近世史七〉開国』有斐閣、一九八五年）、七七頁。

＊2　藤田覚「江戸幕府の対外政策決定過程」（『近世後期政治史と対外関係』東京大学出版会、二〇〇五年）、二八二頁。

＊3　『通航一覧続輯』五巻（箭内健次校訂、清文堂、一九七三年）、九頁。

＊4　佐藤昌介『洋学史の研究』（中央公論社、一九八〇年）、三七七〜三七八頁。

＊5　藤田覚「対外危機の深化と幕政の動向」（『幕藩制国家の政治史的研究』校倉書房、一九八七年）、三四四頁。

＊6　なお、幕末期における風説、あるいは情報をめぐっては、近年大きく研究が進展してきた。社会全般における情報を取り巻く状況と、阿部正弘政権との関係については今後の検討課題とせざるを得ないが、本章執筆にあたり、主に以下の情報史研究の諸成果を参考としている点を付言しておきたい。宮地正人『幕末維新期の文化と情報』（名著刊行会、一九九四年）、同『幕末維新期の社会的政治史研究』（岩波書店、一九九九年）、岩下哲典・真栄平房昭編『近世日本の海外情報』（岩田書院、一九九七年）、岩田みゆき『幕末の情報と社会変革』（吉川弘文館、二〇〇一年）、落合延孝『幕末民衆の情報世界』（有志舎、二〇〇六年）、岩下哲典『〈改訂増補〉幕末日本の情報活動』（雄山閣、二〇〇八年）。

＊7　『島津斉彬文書』上巻（吉川弘文館、一九五九頁）、八二頁。

＊8　「対問」(『井戸石見守筆記』所収、東京大学史料編纂所所蔵)、四丁。

＊9　嘉永二年一一月二日付、水戸前藩主徳川斉昭宛、伊達宗城書翰(河内八郎編『徳川斉昭・伊達宗城往復書翰集』校倉書房、一九九三年、二二三頁)。

＊10　マリナー号来航事件については、『通航一覧続輯』三巻、二〇～七六頁。

＊11　『通航一覧続輯』五巻、三五～三六頁。

＊12　嘉永二年六月一一日付、佐賀藩鍋島壱岐ほか宛、志波左将太書簡(『海防問答』、佐賀県立図書館鍋島文庫所蔵)。

＊13　『〈海舟全集第六〉陸軍歴史』上巻(改造社、一九二八年)、三九八頁。

＊14　「房総御備場御用一件」(『大日本維新史料稿本』、東京大学史料編纂所所蔵、嘉永二年五月一四日条所収)、「川越藩記録」(同上、嘉永二年六月一八日条)、『大日本維新史料類纂之部 井伊家史料』二巻(東京大学史料編纂所、一九六一年)、二号。史料上は確認できないが、忍藩についても諮問が行われたと考えられる。

＊15　三谷博『ペリー来航』(吉川弘文館、二〇〇三年)、六一頁。

＊16　藤田前掲「対外危機の深化と幕政の動向」、三四〇頁。

＊17　藤田覚「外圧と幕政」(前掲『幕藩制国家の政治史的研究』)、三六四頁。

＊18　『〈海舟全集六〉陸軍歴史』上巻、四〇〇頁。

＊19　「容敬手記手留」(『大日本維新史料稿本』嘉永二年五月一四日条、KA〇一三―〇〇三一～〇〇三三)。

＊20　『通航一覧続輯』五巻、一六九～一七〇頁。

＊21　『御備場御用留』六(国立公文書館内閣文庫所蔵)。

＊22　『安政雑記』(内閣文庫所蔵史籍叢刊三六巻、汲古書院、一九八三年)、五二頁。

＊23　『通航一覧続輯』五巻、六頁。

＊24　有志大名の情報ネットワークについては、星山京子『徳川後期の攘夷思想と「西洋」』(風間書房、二〇〇三年)。

＊25　たとえば宇和島前藩主伊達宗紀は、嘉永元年一二月五日付の徳川斉昭宛の書簡で、幕府から「防禦等之義」が発令されることを期待しているが、「今日迄モ被　仰出も無之」として、その不満を伝えている(『徳川斉昭・伊達宗城往復書簡集』、一四九頁)。

＊26　『島津斉彬文書』上巻、二三六頁。

＊27　『徳川斉昭・伊達宗城往復書簡集』、二三五～二三六頁。

＊28　『島津斉彬文書』上巻、二四七頁。
＊29　『通航一覧続輯』五巻、四八頁。
＊30　同右、四九～五〇頁。
＊31　田中弘之「阿部正弘の海防政策と国防」（『日本歴史』六八五号、二〇〇五年）、六五頁。
＊32　この見分については、『近海御備向見分御用留』一～五（国立公文書館内閣文庫所蔵）。
＊33　「川越藩庁記録」（『大日本維新史料稿本』嘉永三年一二月二九日条、ＫＡ〇二三―〇九三七～〇九三八）。
＊34　『近海御備向見分御用留』五。
＊35　以上、「幕府勘定所勝手方勘定帳抜書」（『大日本維新史料類纂之部　井伊家史料』五巻、一六八号）、三六一～三六五頁。
＊36　同右より算出。
＊37　この幕府の指示に対して作成された絵図の現存事例については、川村博忠「幕府命令で作成された嘉永年間の沿岸浅深絵図」（『地図』三七巻二号、一九九九年）。また、報告書としては、下野足利藩（戸田家）、安房勝山藩（酒井家）、陸奥黒石藩（津軽家）のものが確認できる（『〈内閣文庫所蔵史籍叢刊第三四巻〉天保雑記（三）』汲古書院、一九八三年、六一二～六一三頁）。なお、報告書自体は未見であるが、宇和島藩においても幕府からの指示に基づいて海岸線の調査が行われている（『藍山公記』巻二七、公益財団法人宇和島市伊達文化保存会所蔵、四八丁）。
＊38　『海防紀聞』（国立公文書館内閣文庫所蔵）。
＊39　安達裕之『異様の船』（平凡社、一九九五年）、三三六～三三七頁。
＊40　針谷武志「江戸府内海防についての基礎的考察」（『江東区文化財研究紀要』二号、一九九一年）、五六～六一頁。
＊41　ただし、後で紹介する写本によって、大名の数が若干異なっている。写本の際に書き漏らしなどがあったのであろう。また、大名の名前自体が省略されているものもある。
＊42　針谷前掲「江戸府内海防についての基礎的考察」、六三頁。
＊43　『近海御備向見分御用留』一。
＊44　『島津斉彬文書』上巻、三六五頁。
＊45　『鍋島直正公伝』二巻（侯爵鍋島家編纂所、一九二〇年）、九〇頁。
＊46　鷹見家の史料（表中（Ｂ））については、針谷武志氏のご教示による。また、針谷「鷹見泉石と海防問題」（『泉石』一号、一九九〇

年）もあわせて参照。

＊47　嘉永二年一一月六日付の書簡で、宇和島前藩主伊達宗紀は、「海防之義も、何より此節風説ニハ、打払ニ相成候御模様と申事ニ御座候、如何御座候哉」と、徳川斉昭に風説の真偽を確認している（『徳川斉昭・伊達宗城往復書簡集』、二三四頁）。

＊48　この点については、岩下哲典「開国前夜における庶民の『情報活動』」（前掲『幕末日本の情報活動』）。

＊49　残念ながら、海防掛目付進達書がどこから漏洩したのか、という点については特定できていない。ただし、嘉永三年五月九日の海防掛への達しの中で「支配向之者共江急度可被申渡置候」と、海防掛の支配向に情報の取扱について厳重に申し渡しておくべきという指示がなされている点から、情報の漏洩元として支配向が関与していた可能性を指摘しておきたい。

これは後の事例であるが、安政二年（一八五五）四月に徒目付となり、海防掛目付方の上申書作成に携わることになった乙骨彦四郎（耐軒）は、同年六月付の書簡において、「都而当掛り江関係いたし候事情話端共自然見及聞込候筋柄迄、一切外間おいて漏泄いたす間敷者、いつれも心得可罷在候へ共、小生はしめ新参不馴之輩、別而慎重相心得申度と存候、就而者右之旨等、堅相守可申云々、何卒御目付衆ゟ御口達写なりとも御渡被成下置候ハヽ、一同締宜敷可有御座」と述べ、在任中に見聞きした情報を外部に漏洩してはならない、という内容の達しが目付から下るように周旋してほしいと同役に願っている（「海防掛機密保持の心得に付上申書」、山梨県立文学館所蔵乙骨耐軒文書）。乙骨がそのような達しを願ったのは、「万一嫌疑之事出来候節」にも申し訳が立つからだという。逆にいえば、支配向には情報漏洩の嫌疑がかけられる可能性があったということであり、さらに、支配向がそのような嫌疑をうけたことが過去に実際にあったということも示唆している。

＊50　『遠近橋』（続日本史籍協会叢書、一九一二年）、三五二頁。なお、この事件の経緯については、三谷博「開国前夜」（『明治維新とナショナリズム』山川出版社、一九九七年）、一〇四〜一〇八頁。

＊51　『昨夢紀事』一巻（日本史籍協会叢書、一九二〇年）、三七八頁。

＊52　岩下哲典「『ペリー来航予告情報』と幕府の『情報活動』」（前掲『幕末日本の情報活動』）、八七頁。

第四章

嘉永六年の幕府外交と「大号令」

はじめに

嘉永六年（一八五三）六月三日、アメリカ大統領フィルモアの親書を携え、アメリカ東インド艦隊の軍艦四艘が浦賀沖に碇泊した。艦隊の司令長官マシュー・C・ペリーは大統領親書の受取を幕府に求め、六月九日、浦賀南方の久里浜において浦賀奉行により親書が受理された。ペリーは翌年春の再来を告げ、同月一二日、出帆した。

このペリー来航期の幕府外交の特徴について、後年、旧幕臣の福地源一郎は、以下のように語っている。[*1]

閣老といえども、「幕府は断然和親説なり」と発言するを憚り（中略）一時の権宜、一時の権道と云える文字を捜索し来たりて、「幕府は外国に通信・通商を決して許さざるの国是なり。彼もしわが国の拒絶を怒りて戦を開かば、われは断然これに応ずべし。然れども、これに応ずるには、海岸防禦・軍艦製造の準備を必要なりとす。この準備には数年を費さざるべからず。その間は辞柄を構えて依違の間に外国を温諭すべし。聴かざれば一時の権道を以て、薪水・食料・上陸・休泊等を許すべし。また一時の権宜を以て、制限を立て貿易をも許すべし。かくてその中《うち》にわが国の兵備を充実し、その上にて拒絶の手段を行ない、膺懲の典を挙げて以てわが神国の面目を全くすべし」と、巧みに体面を仮粧《かしょう》し、以て人心を籠絡せんとは謀りたりき。／而して、この籠絡は啻に当時にその効なかりしのみならず、後年、幕府に大難を与えたる攘夷論は、実にこの時の仮粧国是に胚胎したりと云わざるべからず。

福地は、海防強化が整っていない中で、幕府が「一時の権道」、ないし「一時の権宜」という「文字」により、薪水等の給与や、あるいは「制限を立て」た貿易を許容しようとしていたと述べ、それを強く批判した。こうした幕府の外交は、「人心を籠絡」するような「化粧国是」というべきものであり、これが、後年、「攘夷論」を招くことにつながったというのである。

ここで注目したい点は、福地がこのような「化粧国是」の起源について、「けだし、かの三奉行ならびに当時幕吏の重立ったる面々を以て組織したる、海防掛り一同の意見に出でたるものか」と推測していることである。[*2] もし福地の指摘が正しければ、当該期の幕府外交は、三奉行と海防掛により主導されていたことになるであろう。しかし、先行研究においては、この時の三奉行や海防掛の政策構想に注目した研究はほとんど見当たらない。本章では、嘉永六年における三奉行と海防掛、特に後者の政策構想に着目することで、同時期における幕府外交の特質を検討していくことを課題としたい。

ところで、当該期の幕府外交を考察する上で、水戸前藩主徳川斉昭の存在も欠かすことができないであろう。ペリー来航後、老中首座阿部正弘は徳川斉昭を「海防参与」に任命し、幕府の海防政策に関与させた。斉昭は「攘夷の巨魁」とも評され、[*3] 一貫して強硬な外交構想を唱えていた人物として著名である。このような斉昭を登用したことに関しては、阿部がペリー来航の時点で「開国政策へ転換する展望をもつことができなかった」ことのひとつの証左として取り上げられる一方、[*4] 斉昭の起用を求める「雄藩大名との政治的協調から生み出されたものであり、一つの政治勢力として注目され始めてきた尊攘論者の幕政批判を封ずる有効な手段でもあった」ということが先行研究で指摘されている。[*5]

この斉昭によって提唱され、ペリー来航直後の幕府内で大きな問題として評議されることとなったのが、「大号令」の発令をめぐる問題である。斉昭は嘉永六年七月一〇日、「海防愚存」と題した建議書の中で、アメリカ艦隊の再来に際し、「決して和すべからざる筋合十ヶ条」をあげた上で、「廟議戦之一字へ御決着に相成候上ハ、国持初銘々津々浦々に迄も大号令」を出し、「神国惣体之心力一致」を図るべきだと主張した。[*6]国内に対して、「戦」の覚悟を明示する「大号令」を発令するよう求めたのである。

しかし、実際に嘉永六年一一月一日に出された大号令は、斉昭の求めた「戦」の方針を示すといったものでは決してなく、アメリカ艦隊再来時、大統領親書に記された要求に関しては回答を延期する、という方針を示したものに過ぎなかった。こうした内容から、大号令に関しては、「じっさいにはなんの役にもたたぬもの」[*7]や、「曖昧模糊」[*8]といった低い評価がなされてきたのである。[*9]

そして、実は徳川斉昭の大号令案に一貫して反対していたのが、三奉行と海防掛の勘定方であった。したがって、大号令発令をめぐる徳川斉昭と、三奉行・海防掛勘定方の政策構想の特質、およびそのせめぎ合いの経緯を検討することは、回答延期という方針に定まっていく幕府外交の形成過程を明らかにしていく上で有効であろう。本章では、大号令の発令に関する評議を分析しながら、ペリー来航以降の幕府外交の特質を考察したい。

1　ペリー来航と三奉行・海防掛

嘉永六年（一八五三）六月のペリー来航当時、幕府の外交に対して最も大きな影響力を与えていた有司層を考えた場合、海防掛の勘定方を想定することが妥当であろう。

勘定奉行をはじめとする勘定方が、天保期頃より幕府内において大きな権限を有するようになっていたこと、また、その勘定方を構成員に含む海防掛が、弘化・嘉永期を通じて海防強化に消極的であったことは、第二章で見た通りである。そのため、ペリー来航により江戸湾防備の脆弱性が暴露された時、海防掛の勘定方に対する批判が幕府内外から出されることとなった。たとえば、ペリー来航直後には、遠江中泉代官林伊太郎が、「石河土州、松平河内之両司農除き不申而ハ何事も行ハレ不申」として、両者を排除しなければ海防強化は進められないと水戸藩士原田成徳宛の書簡で述べている。[*10]「石河土州」とは石河土佐守政平、「松平河内」とは松平河内守近直のことで、いずれも海防掛の勘定奉行である。また、小普請組井上三郎右衛門は老中宛の上申書の中で、現今の海防の状況は「御倹約」さえすれば「手柄之様」に考えて海防強化を阻害してきた勘定奉行に責任があると批判した。[*11]逆にいえば、こうした批判の声は、海防掛勘定方が当時幕府の海防政策に対して大きな発言力を有していたことの証左ともなるであろう。

一方、海防掛が設置される以前において、外交に関する諮問を受けていたのが三奉行であった。[*12]三奉行とは、寺社奉行・勘定奉行・町奉行のことを指し、「老中の諮問機関かつ幕府の最高の司法機関である評定所の主な構成員である。[*13]近世を通じて「老中の諮問機関」としての機能を有していたことから考えれば、開国期に海防掛が「従来の三奉行に代って、幕閣のブレイン」になったとはいえ、[*14]依然として三奉行も幕府の政治・外交に大きな影響力を有していたと推定できる。なお、「評定所において寺社奉行・町奉行・勘定奉行が合議して職務を勤めた時の呼称」が評定所一座である。[*15]したがって本章では、煩雑を避けるため、史料で評定所一座と記されている場合にも、三奉行と表記する。

この海防掛の勘定方と三奉行によって、ペリー来航期の幕府外交が進められることとなった。六月三日のアメリカ艦隊の来航に際し、問題となったのがアメリカ大統領フィルモアの親書受取の可否である。鎖国祖法の原則から考えれば、「通信」関係にない国からの親書の受取はできない。しかしその受取は、アメリカ艦隊の来航からわずか二日後に決定された。幕府内の評議は、「若し外寇を引受候に至候而ハ、海岸之武備不完実、不容易御国難ニ付、先一時之権策に書翰ハ浦賀表於て」受け取るという方針でまとまったのである。[*16]かつてない規模の軍事力を伴う艦隊を前に、海防の未整備という現実を踏まえ、本来鎖国祖法では許されない親書の受取を「一時之権策」として実施することとなった。

実はこの評議において、「臨機の処分」としてその受取を主張したのが、三奉行と海防掛であった。[*17]三奉行は、「彼の国書は今回限り臨機の処分として之を受取り、返翰は長崎に於て達すべしと命じ、今後は長崎に入港せしむべし」と唱えたという。また、海防掛は勘定方と目付方の連名で、「此の事たる、啻に形勢の容易ならざるが為めのみに非ず、浦賀に於て書翰を受取りたることは既に其の例なきに非れば、今回は臨機の処分として特に之を許すべし」と主張した。[*18]こうした意見が大勢を占めたことで、わずか二日間の評議によって早急に親書の受取が決定されたのである。

アメリカ大統領親書に記された要求とは、和親、漂流民救助、薪水給与、そして通商の四つであった。[*19]この事態に対し、七月一日、老中阿部正弘は全大名に対して大統領親書の和解を公開し、アメリカ艦隊の再来時における具体的な方策について意見を諮った。その際、阿部は親書の受取について、「全く一時之権道ニ有之候」と説明している。[*20]以上の親書受取から大名への諮問に至る経緯は、ペリー来航後の幕府外交が、まさに福地源一郎のいう「一時の権道」から始まったことを意味している。

なお、大統領親書の受取に関する評議において、海防掛以外の大目付・目付は、その受取に反対した。彼らは、親書受取を「不可として、彼の要求を容れず、必ず我が国法を諭して長崎に赴かしむべく、彼若し従はざるときは打払ふべし」と主張したという。さらに、目付鵜殿長鋭はそれとは別に個人でも上申書を出し、「断然拒絶の談判に決し、衆力を尽して打払ふべし」と強硬な意見を唱えたのである。

この時の評議では、海防掛は勘定方、目付方ともに「臨機の処分」による親書受取で意見が合致していた。しかし、この直後より、海防掛勘定方と目付方との間で、意見の相違が顕著になり、別々での上申が増加する。実はペリーが退帆した頃に、目付鵜殿長鋭が海防掛に任じられたのである（表1―1）。海防掛目付方の外交論は、おそらくこの鵜殿に引っ張られるかたちで、強硬な論に転じていく。その詳細は、第六章で検討したい。

2 限定的通商論の登場と内戦外和論

(1)「ぶらかし策」と限定的通商論

ペリー来航後の幕府外交の特質として、先行研究で度々指摘されてきたのが、「ぶらかし策」である。ぶらかし策とは、ペリーが浦賀から帰帆した直後の嘉永六年（一八五三）六月一四日、水戸前藩主徳川斉昭のもとを訪れた海防掛勘定奉行川路聖謨と、西丸留守居として海防掛を勤めていた筒井政憲が斉昭に提案した策であった。[*21]

川路と筒井は、来春に予想されるアメリカ艦隊の再来時の対応について、「公辺初諸大名備向手薄く、且二百余年の太平にて武衰へ、アメリカは万国に勝れたる強国にて蘭人抔も恐れ居候程の義、なまじゐ打払候て負候へバ御国体を汚し、不容易候へバ、蘭人へ被遣候品を半分わけて交易御済せ可然哉」と述べたという。つまり、強国であるアメリカとの戦争勃発を回避するため、オランダとの交易量の半分をアメリカとの交易にあてよう、というのである。これに対し、斉昭はアメリカがそれで納得するとも限らず、「何に致し候ても、祖宗の御厳禁故、交易御済せハ不宜候」と述べ、通商の不可を唱えた。

この斉昭の反対をうけて、川路と筒井は、「御備さへ御手厚く候へバ、心丈夫に候へ共、如何にも御手薄故、俗に申ぶらかすと云如く、五年も十年も願書を済せるともなく、断るともなくいたし、其中此方御手当、此度こそ厳重に致し、其上にて御断りに相成可然」と述べた。つまり、アメリカ大統領親書に記された諸要求に関して、アメリカに明確な回答を与えずに時間稼ぎをし、その間に海防の強化を進めるという策である。これが、「ぶらかし策」である。この川路らの提言に対し、斉昭は「御備向忘れ候事さへ無之候ハヾ、ぶらかすも時にとりての御計策に候へバ無已（得脱カ）候共、少々たり共交易御済せ之義ハ、祖宗の御厳禁故、拙者へ御相談にては宜敷とハ不申上」と答えた。通商に関してはあらためて反対を表明しつつ、海防強化を進めていくという条件で、当面の回答延引策＝「ぶらかし策」を容認したのである。

以上の経緯から、ペリー来航直後、川路と筒井から限定的な通商論が提起され、斉昭がそれに反対をしたこと、また、海防が整うまでの間、まずは回答を延引するという「ぶらかし策」に関しては、三者の間で合意ができたことが確認できる。しかし、斉昭の反発を受けながらも、川路を構成員に含む海防掛勘定方や筒井、あるいは三奉行は、その後も限定的な通商論を持論として、対外戦争を回避するためには通商を認めることも仕方がないと考えていた。

それではまず、三奉行の外交構想に注目したい。嘉永六年七月二二日、三奉行は大統領親書に関して二通の上申書を提出した。アメリカ艦隊が再来航した場合の対応に関する上申書では、翌春のアメリカ艦隊の再来までに「内海御備向等御厳整」にすることは不可能であり、「いつれニも穏ニ申諭」して帰帆させるしかない、と主張する。[*22] その上で、もう一通の上申書において次のように唱え、アメリカに対する通商の認可を唱えた。[*23]

御備向厳整致し候者、如何様厚く御世話有之候共、一両年之間ニ行届候ニ者至り申間敷、夫迄之間者一時之権宜ニ随ひ、暫く御計策ヲ以争端を不開様御仕向有之候方ニ可有之（中略）何レニも御実備相立候迄之御計略ニ付、仮令通商之儀等、一旦御応答相成候とも、右者畢竟万代之御旧典を被為張候為に一時之御権道ヲ以御所置有之候儀ニ付、強而苦からさる儀ニも可有御座哉ニ奉存候

三奉行は、海防が整うまでは「一時之権宜」によって「争端」を開かないようにすることが最も重要だと述べる。その上で、「御実備相立候迄之御計略」であれば、たとえ通商を許容したとしても、それは「万代之御旧典」、つまり

鎖国祖法を守るための「一時之御権道」であり、「強而苦しからさる」ことである、と主張した。海防強化が達成されるまで対外戦争を回避するための時限的措置として、通商の認可を正当化したのである。

同様に、海防掛勘定方も「一時之権道」による限定的な通商を主張していた。彼らは、アメリカ大統領親書に関する八月付の上申書において、アメリカ側の「御《志》願を裁て裁さる様、計策を以穏に彼を操り、一ヶ年も余計ニ可相成丈ヶ年を送」るべきだと唱えている。つまり、アメリカ艦隊の再来時には、その要求を「裁て裁さる様」な対応で時間を稼ぎ、「其内いつれにも内海其外御守衛筋厳重ニ御取立、武備厚御引立、人心一定仕候程合を御見居」えた上で「御国法難改旨」を伝えればいい、という。彼らは、海防強化が実現されるまでは、「兎ニ角穏当之御計策を以、五六年之星霜を凌」ぐことが重要だと考えていた。[*24]

このように、海防掛勘定方は回答延引策を最重視していたのであるが、しかしもし外国側がそれに納得しない場合には、限定的な通商を行うこともやむを得ないと考えていた。彼らは嘉永六年八月付の上申書で、「武力充実と申儀、二年、三年ニ可行届と者万々不奉存候間、それ迄夷人共を如何様共取廻し、なつけ置申度ものニ御座候」と述べている。その上で、同年七月一八日に長崎へ来航したロシア艦隊に言及し、「外国ゟ参り不申候儀、魯西亜人受合候ハ、其廉を以年限を定め、交易之儀試ニ御免有之」と主張した。[*25] つまり、もし他国が「参り不申」ことをロシアが請け合うのであれば、同国に限って通商を行ってもいい、というのである。

海防掛勘定方が、時期や相手国を限るとは言え、敢えて鎖国祖法にも抵触しかねない通商を唱えたのは、海防が十分整っていない段階で対外戦争が勃発してしまった場合、鎖国祖法どころか幕府そのものが崩壊しかねない、という危機感があったからである。同じ上申書の中で、彼らは戦争さえも辞さないという強硬論の存在を念頭に、「一時之潔白を専と仕、俄ニ烈敷儀仕出し、御取返不相成事出来候而者、かさねかさね之御大功を、わつかの堪忍成兼候ゟ水之泡と仕候様」になる、と述べている。つまり、徳川家康以来の「御大功」が突発的に無に帰してしまわないための手段として通商を主張しているのである。そして、それはあくまでも海防が整うまでの暫定的な通商であり、海防が整った暁には「追々交易之品出おとり候旨を以御断ニ相成候ハヽ、其辞も正敷、其理も順ニ御座候」として、交易品の不足等を理由に再び交易禁止に復せばいい、というのが彼らの結論である。

筒井政憲もまた、嘉永六年七月一八日に長崎に来航したロシア使節プチャーチンへの対応をめぐる上申書の中で限定的な通商を唱えた。筒井は、ロシアおよびアメリカが他の欧米諸国による通商要求を阻止することを約束するのであれば、「一向ニ両国ニ限り、御隣地之訳と　御祖制之節国名も不相聞国」であることを理由に通商を許可してもいい、と主張した。その上で、「追而　御国力御充盛」となり、「御和親通商不可然」と判断すれば、その時に通商を拒否すればいいという。[*26]

以上の三奉行、海防掛勘定方、および筒井の意見に共通しているのは、回答延引、つまり「ぶらかし策」を基調としつつ、それで欧米諸国が納得しなければ限定的に通商を認めていくという方針である。その背景には、海防が整っていない段階での対外戦争の回避を何よりも優先させなければならない、という認識がある。こうした意見に対し、徳川斉昭は強い反発を覚え、大号令の発令を提起するのである。

(2) 徳川斉昭の海防参与就任と「内戦外和」論

嘉永六年（一八五三）七月三日、水戸前藩主徳川斉昭が海防参与に就任することとなった。[*27] 幕府にとって斉昭の海防参与への任用は、有志大名たちからの期待の声に応え、彼らの幕政に対する支持を得る、という目的があった。ペリー来航頃より徳川斉昭を海防政策の陣頭に立たせるべきだという意見は、有志大名の間で高まっており、たとえば薩摩藩主島津斉彬は、六月二九日付の福井藩主松平慶永への書簡の中で、「兎角 老公《(徳川斉昭)》江海防之儀、委任無之候而者、何分恐入候事かと奉存候」と述べている。[*28]

徳川斉昭が大号令の発令をはじめて唱えたのは、先に言及したように「海防愚存」と題する建議書の中においてである。斉昭の「決して和すべからざる筋合十ヶ条」からは、彼が「戦」、つまり対外戦争の勃発を求めていたようにも見えるであろう。しかし、川路や筒井が提唱した「ぶらかし策」に同意を示したように、斉昭は実際の交渉において「和」に基づく対応を行うことに反対していたわけではない。斉昭が懸念していたのは、「和」という方針を明示した場合の、国内における緊張感の弛緩であった。

斉昭は「海防愚存」の中で、実際のアメリカとの対応においては「和」の方針で臨むことを認めている。ただ、斉昭はその箇所に付箋を付し、「和之一事ハ封して海防掛り而已之あつかりに致度事に候」と述べる。つまり、実際にアメリカと交渉するに際しては「和」の対応をとるが、それは海防掛のみが知る機密事項として、国内に対してはあくまでも「戦」の姿勢を示せ、というのである。斉昭は、海防が整っていない状況で「和」の対応をとり、諸藩の士気が弛緩しないよう、あくまでも国内に向けては「戦」の覚悟を固め、「一統之人気締合」ことに重点を置いていた。[*29]つまり、国内に対しては「戦」を示しつつも、実際の対応では「和」に基づいた対応をとる、という「内戦外和」論である。

斉昭がそのような「内戦外和」の必要をさらに強く認識するようになったのは、海防掛勘定方や三奉行、筒井政憲たちの限定的な通商論に接してからのことである。斉昭は、ロシアとアメリカに限り通商を許容してもいいという筒井の上申書を読んだ後、八月五日付で老中に出した建議書において、「皇国上下一統を腰ぬけに可致筋に相当り可申哉」と筒井の意見を酷評した。「交易御許容と相成候ハヾ、御国力ます〳〵衰へ、人気ます〳〵弛み、守衛之具、人心之和、何とも無覚束、夫のみならず国持始め大小名心服致間敷」ことを斉昭は懸念していた。そのために、「一日も早く和戦の二字御懐合、聢と御評決、天下へ大号令を出し、大小名一統覚悟相究め候様仕向け候儀、何よりの御武備と存候」として、大号令の速やかな発令を求めたのである。[*30]

このことから、斉昭にとって大号令の発令は、麓慎一が指摘するように、「幕府内部の通商論を押さえ込む意味があった」ことが確認できるであろう。[*31] したがって、これ以降、斉昭は阿部とともに大号令の草案を作成するのであるが、その草案ではまず通商の拒否という方針が明示されることとなる。

3　大号令の発令過程

(1)　大号令の草案

大号令の発令に向けた具体的な動きが始まるのは、徳川斉昭が建議書を出した八月五日以降のことである。その翌日の六日、斉昭はさらに老中に別紙を送り、筒井の通商論をまたも批判した上で、「和戦の二字、いつ迄も廟議御一決無之、異船再渡の節に至り混雑いたし、乍憚御当家の御威光を汚し、国持始めに笑ハれ候様にてハ実以恐入」として、「防禦御用向ハ御免奉願候外無之候」と述べた。[*32]「戦」の覚悟を固め、大号令を発令しないのであれば、海防参与を辞任するというのである。

阿部にとって、斉昭の海防参与登用は有志大名の幕政に対する支持を確保するという意味合いがあった。したがって、幕府外交に対する不満から斉昭が海防参与を辞任する、という事態は避けなければならなかった。また、阿部自身としても、ペリー来航以前の弘化・嘉永期において異国船打払令の復活を試みるなど（第二章）、国内に向けて戦争の覚悟を示すという意見には同意をしていたと考えられる。阿部は斉昭の辞任の意思に接し、大号令の発令を実現させようと、行動を開始したのである。

八月上旬の間に、阿部と斉昭の間で大号令の草案の検討が進んだようである。最終的には、阿部が作成した草案に斉昭が朱書を加える形で、大号令案が作成された。それは、以下のような内容である。なお、これ以降の草案と比較するため、この最初の大号令案を【案1】とする（傍線と行間の字は、それぞれ斉昭による見消と朱書を示す）。[*33]

【案1】

此度亜米利加合衆国より差出候書翰和解二冊相達候ニ付、願出候ヶ条、御聞届有無、其利害得失夫々被尽思慮被致建議候趣、各遂熟覧、集議参考之上、達御聴候、然る処、諸説紛紛之内〔同異は有之候得共〕、詰り和戦の二字に致帰宿可〔候〕申、前文願の趣至極平和穏当に申成有之候得共、交易御許容之儀ハ始終如何様之儀出来可致哉と被思召候〔添輸の趣にては其心底、本文の通と計も不相見、交易御許容に相成候ては、邪宗門厳重御制禁の廉に〕、仍而此節御初政之折柄〔触候のみならず、国力衰弊人心惑溺之端を御啓き被遊候筋にて甚不容易事に〕、祖宗之御法を被為替候儀ハ深御心痛被思召候に付、旧来之御制度を被為守〔祖宗之御旧法を被為守〕、今般願の趣ハ容易に御聞届不被遊候思召〔難被及御沙汰尊慮〕之旨被仰出候、尤当時辺海を初〔「面々建議被致候通り〕、御備向未御手薄之義に付、渠申立置候書翰之通、弥来年渡来致候とも御聞届之有無ハ不申聞、可相成丈此方よりハ争端を開不申候様如何にも平穏ニ夫々応接為取計候得共、万々一彼より及乱妨候儀有之間敷くとも難申、其筋に至候而ハ無拠儀〔最早御用捨難被遊候間、又御勘忍難被遊候間〕、差図次第無二念打払、闔国の力を尽し、御国威相立候様可致、右に付何れも不覚悟有之候而ハ御国辱にも相成候儀に付、必可及接戦心得を以防禦之御備相立、士気憤発激励いたし候様上意に候、右之趣一同被奉承知、万一事起候節ハ毫髪も御国体を不汚様上下挙而心力を尽し、忠勤可被相励候事

【案1】の特徴として、まず、通商拒否という方針が明示されていることが着目されるであろう。斉昭の朱書においては、「交易」は「国力衰弊人心惑溺之端」になるとして厳しく非難されており、阿部の原案よりも「交易」に対する拒否の姿勢が明瞭になっている。その上で、「祖宗之御旧法」を守り、「今般願の趣ハ難被及御沙汰」というのが将軍の「尊慮」であるとして、アメリカ側の要求を拒否するという原則が示された。

しかし、「当時辺海を初、御備向未御手薄」である現状を踏まえて、来年のアメリカ艦隊の再来航に際しては、「御聞届之有無ハ不申聞、可相成丈此方よりハ争端を開不申候様、如何にも平穏ニ」対応するという。つまり、回答をしばらく延期する、という方針である。斉昭はこの原案にはほとんど修正をせず、彼も、当面の「ぶらかし策」につい

てはやむを得ないと判断していたのであろう。

一方、「万々一彼より及乱妨候儀」があった場合には、「差図次第無二念打払、闔国の力を尽し、御国威相立候様可致」として、万一の事態における打払の方針が示されている。その上で、万一の事態に備えて「必可及接戦心得を以防御之御備相立、万一士気憤発激励いた」すようにと、海防強化の実行が命じられた。これはまさに「戦」の覚悟を示すことで海防強化を促進するという内戦外和論の特徴をあらわしている。大号令には、海防強化の促進という目的もあったのである。

以上の号令案の趣旨は、①通商を拒否し、鎖国祖法の維持を図る、②海防未整備により、返答は延期し、日本側からは穏健に対応する、ただし、③万一の場合には打払を実行する、④その時に備えて海防を強化すること、という四点にまとめることができる。①、②に示されるように、【案1】において、幕府の外交方針は長期的な方針と短期的な方針とに分けられていた。つまり、長期的には鎖国を維持していくという原則が明示されつつも、短期的には、海防が整っていないため、回答を延期するという方針である。ただし、幕府が鎖国維持という長期的方針に向けて本気の覚悟を有しているという点は、③のアメリカ側からの武力行使に対する「打払」の方針により強調されていたといえよう。

(2) 大号令をめぐる評議

それでは、斉昭と阿部により作成された大号令案に対し、外交に携わる幕臣たちはどのような反応を示したのであろうか。九月一三日、阿部は【案1】を三奉行や海防掛たちに渡し、評議を命じた。*34

強硬な対外論を唱えていた海防掛目付が【案1】に賛意を示したことは、容易に想像がつくであろう。彼らは多少の字句の修正を求めつつも、それ以外に関しては斉昭の「御朱書之通、至極可然」であり、「早々御表発相成候様奉存候」として、早急の大号令を求めたのである。また、海防掛以外の大目付・目付も「一時も速ニ御良令御触達」すべきであると述べている。海防掛大目付深谷盛房のみ別に上申書を出して、大号令発令の見合わせと、「アメリカ丈ケ之処、交易軽く御聞届被遣候ハヽ、其余国之防にも可相成」として限定的な通商論を唱えてはいるが、深谷を除き、目付方は基本的に大号令発令に賛成する意見でまとまっていたのである。

しかし、目付方のように大号令の発令に賛成する意見は少数であった。限定的な通商を容認する三奉行や海防掛勘定方にとって、通商拒否を明示し、万一の際の打払さえも明言する大号令の発令は容認できるものではなかった。上申書において、三奉行は「一体之武備も相整候迄、しハらく異国之無礼不義をも御堪忍、穏ニ御取扱者不及申、御実備相成候迄之御計策ニ、品ニ寄、彼国之者共願之趣、後弊不相成御仕法を以御聞届被遣候様ニも無之候而者、迚も期限を延し候訳ニ行届申間敷哉」と述べている。「御実備相成候迄之御計策」として、場合によってはアメリカ側の「願之趣」を受け容れなければならないと主張した。そのため、最初からアメリカ側の要求拒否という方針を宣言するような大号令は、幕府の選択肢を狭めてしまうと批判したのである。

また、海防掛勘定方も穏健な対応の必要という観点から大号令の発令に反対した。プチャーチンがもたらしたロシア外相ネッセリローデの書簡は、日本との「親交」と、「両国境界」の確定、および通商を求めるものであった。[*35] この点に関連して、海防掛勘定方はロシア外相の書簡は、「交易之儀も認有之候得共、第一ニ御国境相定候儀を専」としており、「詞順当ニ筋立候道理」であると評価する。したがって、「筋立候道理」である国境確定の要求については、「穏ニ掛合および不申候而者相成間敷」という。にもかかわらず、鎖国祖法の維持を公言し、かつ万一の際の打払をも規定した大号令を発令しては、穏健な交渉を行う際に「差支」になるというのである。

以上のように、大号令に関する評議では、目付方をのぞき、大号令の発令に反対をする意見が大勢を占めていた。それらの意見は、【案1】のうち、特に①と③を批判している。①のように通商拒否を公示しては、アメリカ側が武力行使も辞さない姿勢で通商を強く求めてきた場合、柔軟な対応をとることができず、対外戦争の勃発につながりかねない。また、③のように、万一の事態に打ち払うという方針を出してしまえば、対外戦争の回避はより一層困難となる。場合によっては海防が整うまでの「計策」として通商を認めるぐらいの対応でなければ、戦争即亡国という事態にもつながりかねない、というのが、三奉行や海防掛勘定方の意見の基本であった。

これらの反対意見に直面した斉昭は、老中たちに対し、「御武備の根本ハ人気一定いたし候より大なるハ有之間敷」と唱え、あらためて大号令の発令を促す建議書を提出した。[*36] その中で、斉昭は特に【案1】の③に対する幕臣たちの意見に反論している。斉昭は、「如何様にも平和穏当に御申諭し、一年づゝも戦期を延候御扱ハ、兼々御相談之通り勿論」として、対外戦争の回避の重要性に一定の理解を示している。しかし、「如何程穏当に扱候而も彼より不法狼藉に及候節ハ御草案之通り心得候外有之間敷」として、外国側からの攻撃に際しては、打払の覚悟が必要であると唱えた。そもそも「近来異人ども横行いたし候も、畢竟乍恐御国威相衰候ゆへ」であり、ここで「一統覚悟の気合有之候へバ、異人共も存外横行も不致勢と奉存候」と述べ、日本側の戦争も辞さない強固な意志を示すことで、諸外国の接近・来航が減少する、と大号令の対外的な効果をも主張したのである。

この建議書をうけて、一〇月一四日、阿部はあらためて三奉行や海防掛たちに号令案に関する評議を命じた。[*37] しかし、再度の評議においても、「大小目付を除くの外は尚確く前説を執りて大号令を不可とし、已むことなくば文案を改作するの外なしとて、更に平穏姑息の文案を具して呈出」してきたという。[*38]

ここでいう「文案」とは、三奉行および海防掛勘定方が連名で出した上申に付された号令案のことを指している。[*39] 彼らはその上申書において、「彼より及不法候節ハ御国辱不相成様可取計ハ勿論の儀、右に付而ハ万一接戦と相成候共、其節不覚悟無之様仕度」と述べつつも、アメリカ、ロシアとの対応方針も定まっていない中で強硬な方針を示しては、実際の「御取計振、齟齬いたし候」ことも生じ得るとして、最初の大号令案を批判した。その上で、「別紙案の姿を以御達有之而も、士気御引立に於ゐて敢而差別も有之間敷哉」として、自ら作成した号令案を示したのである。その大号令の「別紙案」とは、次のような内容である。

【案2】

先達而亜墨利加合衆国より差出候書簡和解二冊相達候に付、願出候ヶ条、御聞届有無利害得失致建議候趣、達御聴候、然る処諸説異同ハ有之候へ共、詰り和戦の二字に帰宿いたし候、前文願の趣不容易儀、尚得と御熟考被遊候上、寛猛御取扱御治定追而可被仰出候、尤此方より何様平穏ニ為取計候而も浦賀より内海へ乗込、万一彼方より及乱妨候儀有之間敷とも難申、其節に至候而ハ無拠儀、差図次第打払、御国威相立候様可致候、右ニ付、何れも不覚悟有之候而ハ御国辱に相成候儀に付、防禦之御備相立、士気奮発勉励いたし候様厚心懸、毫髪も御国体を不汚様上下挙而心力を尽し、忠勤可被相励候事

この【案2】が、阿部と斉昭により作成された【案1】と大きく異なる点は、①通商を拒否し、鎖国を維持する、という方針が削除されている点である。幕府の方針（「寛猛御取扱」）は、「御治定」の後に追って仰せ出す、とされているだけで、長期的な方針としての鎖国維持が明示されていないのである。ここで示される方針は、平穏に取り計らい、回答を延期するという短期的な方針でしかない。

一方、アメリカ側が「乱妨」に及んだ際の「打払」という③の方針が残されている点は注目される。三奉行、海防掛勘定方ともに、「士気御引立」の必要性自体は認めており、そのために外国側からの武力行使に対する反撃措置を示しておくという斉昭の意見に歩み寄ったのであろう。

しかし、そもそも万一の場合における打払というのも、①の通商拒否という長期的方針とともに記されることではじめて意味をなす。【案1】では、通商拒否・鎖国維持に向けた幕府の強固な意志を補強するものとして、③万一の際の打払が位置づけられているのであるが、①がなければ、幕府はアメリカ側の態度に応じて、通商許可も含めた柔

軟な対応をとることが可能となる。そのため、アメリカ側から突発的に攻撃を仕掛けてくるという可能性も小さくなり、実際に打払を発動する事態も回避しやすい。大号令案は、【案2】により①通商拒否という原則が削られたことで、斉昭の本来の意図からは大きく逸脱したといえよう。

(3)　大号令の発令

こうした幕府の評議に対し、斉昭は深く失望することとなった。嘉永六年（一八五三）一〇月一九日、斉昭は海防参与の辞意を表明するのである。[*40]

斉昭の辞意をうけて、老中阿部正弘はすぐに彼の慰留に動いた。一〇月二五日、水戸藩家老に向けて、「海防御用に付御登城之義者御免被仰出候様御内願之趣、達御聴候処、委細被仰立之趣御尤之儀にハ候得共、今暫之内、是迄之通御登城被在之候様被仰出候」として、斉昭の海防参与辞任を認めないという台命が下されたのである。[*41]

一方で、阿部は少しでも斉昭の意向に沿うため、大号令発令の実行に乗り出した。同月二五日、まず斉昭に対し大号令の草案を示し、その添削を求めた。阿部が斉昭に示した号令案は、以下の通りである。[*42]

【案3】

先達而亜墨利加合衆国より差出候書翰和解《之儀に付》二冊相達候に付、願出候ヶ条御聞届有無利害得失夫々被尽思慮被致建議候趣、各遂熟覧参考之上、達御聴候、然る処諸説異同ハ有之候得共、詰り和戦の二字に帰宿いたし候、前文願之趣不容易義、尚得と御熟考可被遊候得共、面々被致建議候通り、当時近海を始諸海岸御備向未御手薄之儀に付、渠申立置候書翰の通弥来年致渡来候とも、御聞届之有無者不申聞、可成丈此方よりハ兵端を開不申様、平穏に為取計可申候得共、彼方より及乱妨候義有之間敷とも難申、其節に至候而ハ無拠儀、差図次第打払、闔国の力を尽し、御国威相立候様可致、右に付何れも不覚悟有之候而ハ御国辱にも相成候儀に付、防禦筋実用之御備、

精々相立士気奮発勉励いたし候様厚心懸、△毫髪も御国体を不汚様、上下挙て心力を尽し、忠勤可被相励候事

との「朱書上意」御諚に候

△面々忠憤を忍ひ、義勇を蓄へ、彼之動静熟察いたし、万一彼より兵端相開候ハヽ、一同奮発」

傍線およびその横の文字は斉昭による見消、訂正であり、また、△印は斉昭が書き加えた文言である。それぞれの修正の趣旨に関しては、斉昭の朱書による書込（引用中の「「朱書」の部分）があるので、それを引用しながらこの号令案の特徴について確認しておきたい。

まず、【案3】では、通商拒否・鎖国維持の方針が示されておらず、単に「尚得と御熟考可被遊候得共」としか記されていない。これを三奉行・海防掛勘定方による【案2】と比べると、阿部が彼らの案に基づいて【案3】を作成したことが分かるであろう。

斉昭はこの「御熟考」という部分の削除を求めた。それは、朱書によれば「御熟考中に候はゞ号令出し兼候訳にて、号令御出しに相成候からは御熟考の上、御決着御達に相成候事に候へば、御熟考と申は如何敷、且又熟考云々被仰出候はゞ、追々交易の御含抔と可奉推察候」という。つまり、大号令を出すからには、本来であれは熟考を経た上で通商拒否といった方針が「御決着」しているはずで、方針について「熟考」中としてしまえば、「追々交易」の可能性もあるのではないかと疑う者がいるかもしれない、というのである。

一方、斉昭自身により、「差図次第打払」の文言を削除していることは重要である。斉昭は、この点について「闔国御国威等、いづれも別段なる文面に候得共、其節に至り、俄に御達に相成候も可有之、あまり大そうに被仰出候へば追ての御励し方に御差支と奉存候間、少し差略致候」と朱書で述べている。つまり、アメリカ側から攻撃を仕掛けてきた場合には、その時に「俄に御達に相成候」こともあり、事前に「あまり大そうに」指示を出していては、諸大名が畏縮して却って海防の「御励し方」に支障が出るというのである。

先に記したように、斉昭は大号令の発令により限定的通商論を否定することを目指していた。しかし、阿部が示した【案3】は、通商拒否という方針が抹消されており、到底納得できるものではなかったであろう。万一の場合の打払という規定も、通商拒否という方針が確固として定まっていてこそ、海防強化の促進につながるのであり、回答延期しか方針がない中で打払の姿勢を示しても、説得力に欠ける。こうしたことから、斉昭は「差図次第打払」という文言を削除することにしたと考えられる。

以上の過程を経て、嘉永六年一一月一日、大号令が発令された。実際に出された大号令は、以下の通りである。[*43]

亜墨利加合衆国より差出候書翰之儀ニ付、夫々被致建議候趣、各遂熟覧集議参考之上、達　御聴候処、諸説異同者有之候得共、詰り和戦之二字ニ帰着致し候、然ル処面々被致建議候通り、当時近海を初、防禦筋等御全備ニ不相成候ニ付、渠申立置候書翰之通り、弥来年致渡来候共　御聞届之有無者不申聞、可成丈此方より者平穏ニ為取計可申候得共、彼より及乱妨候儀有之間敷共難申、其節ニ至、不覚悟有之候而者　御国辱にも相成候儀ニ付、防禦筋実用之御備精々心掛、面々忠憤を忍ひ、義勇を蓄へ彼之動静を致熟察、万々一彼より兵端を相開き候ハヽ、一同奮発、毫髪も御国体を不汚候様、上下挙而心力を尽し、忠勤可相励との　上意ニ候

実際に発令されたこの大号令を、最初に作成された【案1】と比較すると、まず①通商拒否という方針は完全に削除され、②「御聞届之有無者不申聞」という短期的方針が述べられているに過ぎない。また、斉昭自身により、③万一の場合には打ち払うという方針も削除されることとなった。最終的には、【案1】のうちの①、③が削除されたことで、三奉行や海防掛勘定方の意見により近い大号令になったと評価することができる。

なお、この大号令発令過程の中に、老中阿部正弘の政治姿勢に関する重要な特徴が示されている。斉昭は、一〇月一九日に海防参与の辞任を表明した頃に福井藩主松平慶永へ送った書簡の中で、幕閣内の様子について「阿閣抔ハ大に気振もよろしく、是ハ頼母しく候へ共、懸り〳〵一致に不相成迄ハ何事も出来兼候有様、実に指支申候」と述べて

いる。[*44]幕府内の評議がまとまらなければ「何事も」できない阿部の政策を批判しているのである。

実際、阿部は大号令を発令するに際し、一方で斉昭の大号令発令への期待に応えながらも、他方では三奉行や海防掛勘定方の意見も反映させるというかたちで、双方の「一致」を求め続けた。斉昭の提案から始まったにもかかわらず、斉昭の意向とは離れた文面の大号令が発令されることとなったのも、政権安定のため、特定の有司層との対立が表面化することを避けながら政策を進めていく阿部の「中道路線[*45]」の政治運営に起因していたのである。

4　大号令の政治史・外交史的意義

近年の研究においては、大号令の発令により、限定的通商論の可能性が排除されたと指摘されている。たとえば大号令の発令過程について検討を行った麓慎一は、同令の意義について、幕府が「交易の許可という方針を公式的には放棄せざるを得なかった」ことをあげている。[*46]

この点については、大号令が発令される直前の嘉永六年（一八五三）一〇月二九日、老中阿部正弘がロシアとの交渉のため長崎に向かう応接掛筒井政憲・川路聖謨に対し、ロシアとの国境確定および通信・通商は「此節難及挨拶廉を基本に」するよう指示を出したことがひとつの根拠となっている。[*47]阿部は、ロシアとの交渉に関して、通商の許容を禁止したのである。

しかし、「公式的に」通商の可能性が放棄されたということは、完全にその可能性が排除されたということと同義ではない、という点に留意する必要がある。そもそも最終的に出された大号令は、「一時之権道」を名目に限定的な通商を容認する三奉行、海防掛勘定方によって作成された【案2】に基づいており、それは鎖国を維持するという当初の文言が削られたものであった。

したがって、限定的通商論を抑え込む、という目的から考えれば、徳川斉昭の意向が前面に出された【案1】からは、大きく後退していた。斉昭は発令された大号令に関して、松平慶永への書簡の中で「早く申せハ交易御許容と被仰出候よりハ少々まさり可申歟」と述べている。[*48] ここで斉昭が述べているのは、通商を許すと公言するよりは「少々まさ」っている、ということであって、逆に言えば、限定的通商という可能性自体が否定されたわけではない、と斉昭自身が評価していたことを示しているのである。

実際、その後の幕府外交の展開を見ると、外交を担う幕臣たちのあいだで限定的な通商の可能性が排除されてはいなかったことが確認できる。ロシアとの交渉に関しては、安政元年（一八五四）一月八日、ロシア艦隊がクリミア戦争（一八五三～五六）の影響によりマニラに向かって出帆したため、国境画定や通商について具体的な交渉が進むことはなかった。[*49] しかし同月中旬に再び江戸湾に姿をあらわしたペリー艦隊に対しては、幕府のアメリカ応接掛たちの間で、相手の出方によっては通商を許さざるを得ないという判断がなされていた。一月二七日、アメリカ応接掛の儒者林大学頭復斎と町奉行井戸覚弘は、海防掛勘定奉行石河政平・松平近直へ宛てた書簡において、アメリカ人は「至而短気強暴之性質」であり、「詰りハ通商之試ミを始候約を致し候ゟ外ニ取扱方無御座候」と述べている。「通商之試み御許容」は「残念至極」であるが、「御武備御整無之」以上はやむを得ない、というのである。しかも、この件については、同じくアメリカ応接掛であった海防掛目付鵜殿長鋭も同意していたという。[*50] 1節で述べたように、鵜殿は嘉永六年のペリー来航に際し、大統領親書の受取拒否を唱えていた人物である。

この点から、アメリカ応接掛たちが、限定的な通商の可能性をも想定しながらアメリカとの交渉にあたっていたことが分かるであろう。したがって、もしペリーが強硬に通商を求めていたとすれば、日米和親条約の段階で通商規定を伴った条約が締結される可能性は十分にあったと考えられる。実際には、ペリー艦隊の主目的は蒸気船航路の確立を見据えた石炭補給地の獲得、および捕鯨船員の避難港の確保にあり、通商条約については、それらの目的を達した上での、将来的課題に据えられていた。[*51] ペリー自身も、和親条約の「文句の中に、通商に関して将来より拡大した規定を設けると云ふ意味が明かに含まれ」たことに満足していたのである。[*52] アメリカ応接掛は、ペリーたちとの交渉の中で、アメリカ側が通商を強く求めてこないことに気付き、そこではじめて「此度ハ通商交易等之義ハ約定ニ不及候共、相済可申哉」という感触を得るに至ったのであった。[*53]

したがって、大号令は必ずしも限定的通商論そのものを否定するものではなかったことが確認できるであろう。少なくとも、アメリカ応接掛が大号令によって限定的通商は不可であると認識していた形跡は見られない。彼らにとって、対外戦争を回避するための限定的な通商の認可は、十分に可能性のある選択肢であった。

それでは、大号令発令の最大の意義は、どこに求められるであろうか。それは、穏健な対応の徹底が確定されたという点であろう。嘉永六年一二月二九日、老中阿部は江戸湾防備を担う諸藩に対し、たとえアメリカ艦隊が「銘々持場乗越」えたとしても、それを「不法と相心得、此方ゟ無謀ニ兵端を開き候而ハ不容易後患」になるとして、持場を乗り越えられても「平和ニ候上者、銘々越度」ではない旨を通知した。アメリカ艦隊が江戸湾内に進入した場合には浦賀奉行により引き返させるとして、「彼ゟ戦争之機相起候迄ハ動揺不致、勇気を蓄置候様」に指示を出したのである。[*54]

しかし、このような達しを受けた大名側にとっては、一体どの段階で「戦争之機」を判断すればいいのか、判断がつかないであろう。そのため、たとえば嘉永六年一一月に相模海岸の防衛を命じられた長州藩は、安政元年一月一二日、「戦争之機」は「時勢」によって変化するもので、いつ開戦したかも分からず、「自然機会を失」うことにもなりかねないと訴え、あらかじめ「御廟算之旨趣」を教えてほしい、という願書を幕府に差し出した。しかしながら、それに対する幕府の指示は、「全く臨機之取計ニ有之、前以差図ニハ難及筋ニ候」として、一二月二九日の達しの通りに心得るように、というものに過ぎなかったのである。[*55]

ところで、一二月二九日の指示に先立ち、幕府内では同月九日、阿部より三奉行、海防掛、大目付・目付に対して、アメリカとの開戦の判断に関する諮問が行われている。[*56] もしアメリカ側に「違背之所業」があった場合に、「可打払機会ト可相心得段」を事前に江戸湾防備の諸藩に示さなければ、「其節ニ臨ミ、彼カ挙動乱妨之見極モ付兼、自然何事モ機会ヲ失ヒ、諸事此方後手ニ相成、藩屏之衛士鋭気ヲ折」くことになる、というのである。この諮問は、大号令発令以降も、少なくとも阿部の構想の中では、万一の事態における打払の実施が想定されていたことを示している。

残念ながらこの諮問に対する幕臣たちの答申は見当たらないのであるが、三奉行や海防掛勘定方の「権道」の措置を正当化するそれ以前の答申書の特徴から考えれば、彼らが万一の際の打払という行為自体に反対をし、「可打払機会」を事前に考案することはできない、と答申した可能性は高いであろう。したがって、一二月二九日に江戸湾防備諸藩に示された方針や、あるいは長州藩の伺いに対して出された「臨機之取計」という指示は、三奉行および海防掛勘定方の構想に基づいていた可能性も高いと考えられる。

つまり、嘉永六年のペリー来航以降、安政元年初頭にかけての幕府外交は、福地源一郎が推測したように、三奉行および海防掛の勘定方の政策構想に基づいていた。そして、日米和親条約が一切の武力衝突を見ることなく平和裡に締結されたひとつの要因として、「一時の権道」、「臨機の取計」による限定的な通商許可の可能性も視野に入れた柔軟な対応をアメリカ応接掛たちが基本方針にしていた、という点をあげることができるであろう。このように国内に向けても外国に対しても穏健な対応を明示する、いわば「内和外和」の外交方針は、大号令が発令される過程の中で、徳川斉昭流の「内戦外和」論が否定されることで定着していったのである。

小結

安政元年（一八五四）三月三日に日米和親条約が締結されてから約一か月経った四月九日、幕府から諸大名に対して、アメリカとの交渉結果が通達された。その中で、幕府は「船軍之御備向もいまた御整ニ不相成折柄、無余儀平穏之御処置ニ被成置、彼方志願之内、漂民撫恤、并航海来往之砌、薪水食料石炭等船中闕之品々被下度との儀、御聞届」をしたと説明している。[*57]「一時之権道」という語句そのものは用いられていないが、それと同じ論理で「漂民撫恤」および「薪水食料石炭等」の給与が正当化されていたことは明らかであろう。これ以降、幕府はイギリス（安政元年八月二三日）、ロシア（同年一二月二一日）、オランダ（安政二年一二月二三日）との間にも、同様の条約を締結していく。その際には、「権道」の措置としてアメリカとの間に締結した条約が先例となっていた。

幕府にとって、和親条約は「一時之権道」による対外的な譲歩の結果、締結された。したがって、和親条約締結以降の幕府の対外的な課題とは、「一時之権道」により新たに関係を有することとなったアメリカやイギリス、ロシアなどとの関係を解消して、再び厳格な鎖国体制、つまり限られた「通信」、「通商」関係しか国際関係を有さないという体制に復することにあった。そのためには、やはり早急の海防強化実現が重要となる。安政元年半ば以降、老中阿部正弘は江戸城内で幕臣たちに対し、「薪に臥、胆を嘗、上下一致いたし候而、十年之末には是非　御国力を復古いたし、御武威相立、攘夷狄尊　王室候と申　征夷府之　御職掌、明に相立候様仕度もの」と頻りに「厳敷垂誡」していたという。[*58]一方で和親条約により新たに生じた欧米諸国との関係を受け容れつつ、他方では将来的な鎖国維持を最終課題として、臥薪嘗胆を掲げながら海防強化を進めていく。これが、日米和親条約以降の幕府の基本政策であったといえるであろう。

しかし、海防強化を進めるといっても、一体どこまで防備を整えれば、欧米諸国との関係を解消できるのであろうか。その見通しが立たない限り、幕府は欧米諸国の要求に対し、「一時の権道」を繰り返して対外戦争の勃発を回避していくことしかできなかったといえよう。現に、このような幕府の対応に対しては、すでに嘉永六年八月七日、福井藩主松平慶永から次のような批判が出されていた[*59]。

別段御厳備之御待受も無之、臨時書翰御受取に相成候事故、一時之御権道とは乍申、有志之徒は甚以残念至極に存居候処、再御権道と被称、和親御約定等に相成候は丶、全く兵威に恐れ、彼か術中に落入候姿に候得は、奮励之士気も摧折に及ひ、御年限済に至り、俄に作新可致儀は一向無覚束次第と奉存候

海防も整っていない中での「一時之御権道」の措置は、「有志之徒」を失望させたという。このような状態で「再御権道」と称して、アメリカと「和親御約定」などの関係を結んでしまっては、「全く兵威に恐れ、彼か術中に落入候姿」となり、「士気」も挫かれるというのである。

このような慶永からの批判を受けながらも、幕府としては結局対外戦争の回避を優先し、穏健な対応に徹した結果、安政元年三月に「和親」の条約が結ばれることとなった[*60]。この点について、尾張藩主徳川慶勝は同年五月二〇日、老中首座阿部正弘に対し、昨年の大統領親書受取が「一時之権道」であるならば、条約の締結は「幾度之御権道」なのか、と皮肉を込めて詰問する書簡を出している[*61]。

しかし、対外戦争に耐え得るだけの武備も整ってはいない中で、幕府としては、戦争即亡国という危機だけは何とか回避しなければならない。だからこそ、阿部としても、臥薪嘗胆を掲げながら、対外的譲歩を繰り返すという措置をとらざるを得なかった。「一時の権道」を繰り返さなければならないが、それに対する国内の批判も強まりつつある、という状況こそが、幕府外交を行き詰まらせていったのである。安政二年（一八五五）に入り、幕臣たちは明確にその行き詰まりを認識することとなる。

註

＊1 福地源一郎『幕府衰亡論』（石塚裕道校注、平凡社、一九六七年）、三五～三六頁。

＊2 同右、三六頁。

＊3 「逸事史補」（『松平春嶽全集』一巻、原書房、一九七三年）、二七八頁。

＊4 石井孝『日本開国史』（吉川弘文館、一九七二年）、七六～七七頁。

＊5 守屋嘉美「阿部政権論」（青木美智男・河内八郎編『〈講座日本近世史七〉開国』有斐閣、一九八五年）、八二頁。

＊6 「海防愚存」については、『水戸藩史料』上編乾巻（吉川弘文館、一九一五年）、四七～五八頁（引用は四七・五二頁より）。

＊7 小西四郎『〈日本の歴史一九〉開国と攘夷』（中央公論社、一九七四年）、五〇頁。

＊8 石井前掲『日本開国史』、八三頁。

＊9 大号令発令に関する近年の成果として、麓慎一「日米和親条約期における幕府の対外方針について」（『歴史学研究』八一八号、二〇〇六年）、同『開国と条約締結』（吉川弘文館、二〇一四年）。本章は麓の研究成果に学んだところが多い。ただし、麓の考察は大号令が発令された嘉永六年を起点としており、ペリー来航以前からの幕府外交の展開過程の中で大号令発令の意義を考察する本章とは、視点が異なっている。

＊10 「原田氏蔵簡」（『大日本維新史料稿本』、東京大学史料編纂所所蔵、嘉永六年七月二三日条、KA〇四五―〇〇三八）。

＊11 『〈大日本古文書〉幕末外国関係文書』一巻（東京大学出版会、一九八四年）、二五七号、四五四～四五五頁。

＊12 藤田覚「江戸幕府の対外政策決定過程」（『近世後期政治史と対外関係』東京大学出版会、二〇〇五年）。

＊13 大石学編『江戸幕府大事典』（吉川弘文館、二〇〇九年）、八九五頁。

＊14 石井前掲『日本開国史』、三九四頁。

＊15 大石前掲『江戸幕府大事典』、九七八頁。

＊16 『幕末外国関係文書』一巻、二二一号、一四二頁。

＊17 以下、大統領親書受取をめぐる幕府内の評議については、『水戸藩史料』上編乾巻、七～八頁。

＊18 浦賀における書簡の受取とは、たとえば弘化三年（一八四六）閏五月のアメリカ東インド艦隊司令長官ビッドルの浦賀来航に際し、彼の書簡を受け取ったことなどを指すと考えられる（『通航一覧続輯』四巻、清文堂、一九七二年、一一七～一一八頁）。

＊19 土屋喬雄・玉城肇訳『ペルリ提督日本遠征記』二巻（岩波書店、一九四八年）、二四二頁。

＊20 『幕末外国関係文書』一巻、二六一号、四七四頁。
＊21 以下、六月一三日の川路、筒井、斉昭の対談については、『水戸藩史料』上編乾巻、一九～二一頁。
＊22 『幕末外国関係文書』一巻、三〇二号、六〇一頁。
＊23 同右、三〇三号、六〇九～六一二頁。
＊24 『湯蛮彙議』八（東京大学史料編纂所所蔵）、二六四～二六五丁。
＊25 以下、『幕末外国関係文書』二巻、四号、一五～一七頁。
＊26 「長崎港魯西亜船」（『大日本維新史料稿本』嘉永六年七月二八日条、ＫＡ〇四五―〇三〇九・〇三一三）。
＊27 『水戸藩史料』上編乾巻、四二頁。
＊28 『島津斉彬文書』下巻一（吉川弘文館、一九六九年）、五六六～五六七頁。
＊29 以上、『水戸藩史料』上編乾巻、五三頁。
＊30 同右、七三～七五頁。
＊31 麓前掲「日米和親条約期における幕府の対外方針について」、一六頁。
＊32 『水戸藩史料』上編乾巻、七六～七七頁。
＊33 同右、七九～八〇頁。
＊34 以下、特にことわりがない限り、大号令案に関する評議については、『浦賀港江亜墨利加合衆国ヨリ使節渡来ニ付号令案海防掛建議』（東京大学史料編纂所所蔵）。
＊35 『幕末外国関係文書』二巻、四九号、一四三～一四六頁。
＊36 以下、『水戸藩史料』上編乾巻、八五～八七頁。
＊37 同右、八七頁。
＊38 同右。
＊39 以下、三奉行と海防掛勘定方の上申書および号令案については、同右、八七～八九頁。
＊40 同右、九〇頁。
＊41 同右、九三頁。
＊42 同右、九三～九四頁。

＊43　『幕末外国関係文書』三巻、五五号、一二二頁。
＊44　『水戸藩史料』上編乾巻、九二頁。
＊45　佐藤昌介「弘化嘉永年間における幕府の対外政策の基調について」（石井孝編『幕末維新期の研究』吉川弘文館、一九七八年）、八七頁。
＊46　麓前掲「日米和親条約期における幕府の対外方針について」、一六頁。
＊47　『幕末外国関係文書』三巻、四一号、一三〇頁。
＊48　『水戸藩史料』上編乾巻、九六頁。
＊49　ロシア艦隊の動向については、和田春樹『開国—日露国境交渉』（日本放送出版協会、一九九一年）。
＊50　以上、『大日本維新史料』二編二巻（維新史料編纂事務局編、一九四三年）、四九〇〜四九三頁。
＊51　序章注37参照。
＊52　『ペルリ提督日本遠征記』三巻、二六〇頁。傍点は原文の記載通り。
＊53　『大日本維新史料』二編四巻、四一六頁。
＊54　『幕末外国関係文書』三巻、一八〇号、五一七頁。
＊55　長州藩の伺いと幕府の指示については、『幕末外国関係文書』四巻、六〇号、一二五〜一二六頁。
＊56　『幕末外国関係文書』三巻、一〇二号、二九四〜二九五頁。
＊57　『幕末外国関係文書』六巻、五六号、七四頁。
＊58　『川路聖謨文書』八巻（日本史籍協会叢書、一九六八年）、四七七頁。
＊59　『昨夢紀事』一巻（日本史籍協会叢書、一九二〇年）、六六頁。
＊60　先述の四月九日における大名への通達で、「一時之権道」といった語句が用いられなかった背景には、このような批判に配慮したということも考えられる。
＊61　「名古屋留記」四（『大日本維新史料稿本』安政元年五月是月条、ＡＮ〇一二一—一〇九四〜一〇九五）。

第Ⅱ部

転換期としての安政二年

第五章

通商政策への転換とその前提
——アメリカ北太平洋測量艦隊の来航と幕府外交

はじめに

福井藩士中根雪江は、安政二年（一八五五）四月頃の江戸の状況について、「都之光景、何となく騒然」であったと伝えている。「亜墨利加船、下田港に来りて日本海測量の事を願ひ、此儀を妨くる人あらハ合衆国ワシンテントの敵とすへしなと、容易ならさる筋の呈書を指置て出帆せるか、此末御返答を承りに来る時、御許容の有無ニよつてハ兵端にも及ふへき様に沙汰して、世の中静かならす」という事態が生じたためであるという。[*1] これは、同年三月二七日に、アメリカ合衆国の北太平洋測量艦隊が下田に来航し、日本近海の測量実施の許可を求めてきた事件のことを指している。

北太平洋測量艦隊に関しては、アラン・コールによる先駆的研究がある。[*2] コールは測量艦隊に関するアメリカ側の史料を多数紹介しており、この艦隊について言及のある場合、彼の研究は必ず引用されるといっても過言ではない。また、艦隊を指揮していたのは、アメリカ海軍のジョン・ロジャーズであるが、彼に関してはロバート・ジョンソンによる伝記があり、その中で、測量艦隊についても詳細な検討がなされている。[*3]

その後の研究としては、たとえば一八世紀以降の東アジア海域における欧米諸国の測量活動について総合的に検討した横山伊徳が、この測量艦隊に言及している。[*4] また、ウィリアム・マクオミーは、嘉永六年（一八五三）から安政二年における欧米諸国の対日政策を比較的に検討する中で、アメリカの対日政策における測量艦隊の役割についても検討している。マクオミーは、この測量艦隊を「もうひとつのアメリカによる対日遠征」と位置づけた上で、ペリー艦隊が日本の諸港を開いたのに対して、測量艦隊は「それら（の港）を中国からカリフォルニア間の海路の中に接続」させることに目的があったと述べている。[*5]

一方、北太平洋測量艦隊に対する徳川幕府の対応について、主に日本側の史料を用いて検討する研究も進められてきた。特に、羽賀祥二・守屋嘉美の研究は、測量艦隊の来航を幕府外交のひとつの転換点として位置づけており、幕末外交史を検討する上で非常に重要な論点を提起している。

まず羽賀は、日米和親条約締結前後の幕府外交の特質を論じる中で、この測量艦隊に関する幕府内の評議を通じて、「幕府の国家主権者としての地位」が「動揺」する事態が生じたと指摘する。つまり、アメリカの測量船が日本沿岸を測量してまわるということは、外国船が個別領主の領海にも進入するということを意味しており、「それ故幕府が外国に測量を許可することは、領主権の侵害あるいは領地侵略の前触として領主の反発を招くこと」が幕府内でも問題視されるようになったというのである。[*6]

また守屋は、測量艦隊の来航を「安政二年の重要な外交的、政治的問題」と位置づけた上で、測量艦隊の問題をめぐる様々な意見書の分析を行った。そして、この問題に関する評議を通じて、海防掛目付のように開国論を唱える幕臣が登場したと指摘する。測量艦隊をめぐる幕府内外の反応の中で、「安政期の重要な問題が次第にうかびあが」り、「安政期の外交問題を担う、諸有司のなかから」開国論へ転換する者が登場したことに、測量艦隊来航事件の重要な歴史的意義を認めているのである。[*7]

以上のように、測量艦隊の来航事件は、①「幕府の国家主権者」としての正当性を動揺させるとともに、②外交を担う有司層の中から開国論が出されるようになった、という二つの点で、幕府の政治・外交に大きな影響を与えたと評価できるであろう。

しかし、以上の先行研究には、次の問題点を指摘することができる。まず、アメリカ側の史料を用いた研究との接合の問題である。日本側の史料を用いて幕府の対応を検討した研究においては、測量艦隊の動向やジョン・ロジャーズの行動などが十分に踏まえられていない。しかし、測量艦隊の来航事件を幕末の政治・外交史の中に位置づけるためには、アメリカ側の動向も踏まえた上で、事件の全体的な経緯を明らかにする必要がある。

また、羽賀と守屋により提起された上記の二つの点を、当時の政治・外交史の文脈の中で総合的に捉えるという課題も残されている。まず、そもそもなぜ測量艦隊の来航が「国家主権者」としての地位の動揺を幕府に実感させることになったのか、あらためて幕府内の評議内容に基づいて分析する必要があるであろう。

さらに、「国家主権者」という地位の動揺と、海防掛目付のように開国論を唱える有司層が登場することとは、一体どのようにつながっているのであろうか。海防掛を主人公とする本書にとって、看過できない問題である。しかし、守屋の研究においては、彼らが安政二年の段階で開国論を唱えた政治・外交史的な背景までは言及されていない。「国家主権者」としての地位の動揺をもたらした測量艦隊の来航が、海防掛目付の開国論の登場へとつながる具体的な経緯を明らかにすることは、幕末外交史そのものの再検討にもつながるであろう。

以上の点を踏まえて、本章では、まず測量艦隊の来航事件の経緯について検討する。続いて、同事件に対する幕府側の対応を検討し、その内部での評議内容を分析する。これらの検討に基づいて、最後に測量艦隊の問題に関する幕府内の評議の中から、海防掛目付によって開国論が唱えられるようになる具体的な経緯を明らかにしたい。以上の検討を通じて、アメリカ北太平洋測量艦隊の来航事件が幕末の政治・外交史上に有した歴史的意義を解明することが本章の課題である。[*8]

1　アメリカ北太平洋測量艦隊の来航

(1)　アメリカによる北太平洋測量艦隊の派遣

まず、北太平洋測量艦隊が下田に来航するまでの経緯について概観したい。[*9] アメリカ海軍による北太平洋測量艦隊の派遣が議会で決まったのは、一八五二年八月三一日（以下、西暦表記）のことである。すでに派遣の決まっていたペリー提督の日本遠征艦隊に加えて、商業者たちの意見に促されるかたちで、「『日々重要性を増す』中国北方と日本の水路を測量するため」に測量艦隊が派遣されることとなった。[*10] 艦隊は、旗艦のヴィンセンス号と、艦隊の中で唯一の蒸気船であるジョン・ハンコック号、その他三艘の計五艘で編成され、中国近海を中心に、北太平洋海域の海図作成が目指されたのである。

最初に測量艦隊の司令長官に任命されたのは、アメリカ海軍のカドワレイダー・リンゴールドである。リンゴールドの指揮する測量艦隊は、ペリーの艦隊が浦賀に投錨する約一か月前の一八五三年六月一一日に出帆した。しかし、一八五四年三月にヴィンセンス号が香港に到着して以降、太平天国による中国情勢の混乱もあり、艦隊の士気は乱れたという。かつ、リンゴールド自身、断続的な高熱に襲われたため、同年八月、測量艦隊の司令長官を解任され、彼の職務は、ハンコック号の艦長であるジョン・ロジャーズに引き継がれることとなった。この司令長官の交替を指揮したのは、日米和親条約締結の後、香港に立ち寄っていたマシュー・C・ペリーである。[*11]

その後、測量艦隊は中国・日本近海で各艦にわかれて測量を実行し、ジョン・ロジャーズの乗る旗艦ヴィンセンス号は一八五四年一〇月に小笠原諸島、一一月には琉球を訪れた。琉球を去った後、ロジャーズはいよいよ日本に向かい、一二月二八日、つまり安政元年一一月九日（以下、和暦表記に復す）、鹿児島湾の山川に入港した。

海軍長官ジェームズ・ドビン宛の報告書によると、山川入港後、多くの小舟がヴィンセンス号の周囲に集まってきたという。さらに翌朝になると、「二〇人程の、それぞれ二本の刀を所持した者たちが集まってきて、手振りで、去れ、と伝えてきた」。[*12]

しかし、ロジャーズは測量を継続し、また、水一万ガロンを要求、さらに観測の必要から、Mount Horner（開聞岳）に登ることの許可を求めた。[*13] しかし、それに対する鹿児島側の返答はなかったという。そのため、期待していたように測量を実施することができず、ロジャーズは、外交に関しては江戸にのみその権限があると悟り、「最高政府に対して、私が任じられている職務について説明することが適切である」と判断した。[*14] ロジャーズは船上で日本政府の高官宛に日本近海および諸港での測量実施に関する書簡を認め、「鹿児島湾の山川で我々が直面した事態が繰り返されないよう、日本政府と会談」するため、下田に向かうことにしたのである。[*15]

以上が、測量艦隊が下田に来航することとなった直接的な理由である。逆にいえば、これはロジャーズが当初、幕府と特に交渉することなく、日本近海の測量を実行する予定であったことを示している。実際、測量艦隊は日本側との交渉を前提とした体制にはなっておらず、通訳も同乗していなかった。山川においても、「唯一のコミュニケーション手段」は英中辞書を用いて漢字を示すことであったという。[*16] 後述するように、ロジャーズはそもそも日本近海での測量を、日米和親条約で保証された当然の権利と認識しており、日本側の認可を得る必要はないと判断していた。しかし、鹿児島湾で思うように測量が実施できなかったことから、日本政府に事前にその実施を伝えることで、測量が円滑に進められるような条件を整えようとしたのである。

鹿児島湾を出た後、ロジャーズは一旦香港に戻った。香港でロジャーズは、弁務官代理ピーター・パーカーに頼み、先述の日本政府高官宛の書簡を中国語に翻訳した。[*17] また、物品を輸送する船を求め、ハンブルクから来航していたグレタ号と契約を結び、箱館まで必要品や石炭を運搬させることとなった。[*18] これらの準備を整えた上で、ロジャーズは測量艦隊の集合地を箱館と定め、ヴィンセンス号およびハンコック号の二艘を率いて日本列島の南側を測量しながら北進していくことにしたのである。

(2) 測量艦隊の下田来航

安政二年（一八五五）三月二七日、ヴィンセンス号およびハンコック号が下田に入港した。二艘の外国船の入港をうけて、下田奉行支配組与力たちが早速対応にあたっている。[*19] そして翌日の会談で、ロジャーズは彼らに鹿児島渡来後に準備した書簡を手渡した。[*20]

ロジャーズから「日本帝国江戸ニ於て外国之事を司る貴官」に宛てられた書簡は、次のような内容であった。[*21] まず、太平洋をはさんでアメリカと中国との間の交易が盛んになりつつある状況を説明し、「我国之船々、右両国之間にある日本海を通行せされ者不相叶（中略）右海路中ニ有之難所を量り、地図に顕ハさゝれ者、交易安全と云難し」とした上で、「其難所を秘するハ、好親之君ニ於而願ふ所なる乎」と述べる。つまり、太平洋航路を利用した交易のため日本近海の測量が必要であり、和親条約を結んだ以上、アメリカが日本の「難所」を測量することは正当な行為であると主張したのである。

ロジャーズが和親条約によって測量は認められていると解釈した根拠は、条約の第一〇条であった。第一〇条の和文は「合衆国の船、若し難風に逢さる時ハ、下田箱館の港之外、猥りに渡来不致候事」とあり、遭難時をのぞいて下田・箱館以外の港に入ることを禁じる内容であった。[*22] ロジャーズは、この規定を逆手にとって、「条約中第十个条ニ、我国之船、危難に逢ふ時者、日本港江乗入へき許容あり」と、条約一〇条は遭難時にはどこにでも入港できることを規定した条項であると主張した。その上で、遭難時に「近隣之港」に入港することを許しながら、「港之形勢を秘するハ、信義にあらす、虚偽に近し」として、日本近海の測量を当然の権利として正当化したのである。

さらにロジャーズは、もし日本政府がアメリカによる測量を拒否するならば、「合衆国之プレシデントに於て、日本政府の好意あるとハ思はさる事顕然」であると述べている。正当な権利である測量を拒否することは、アメリカ政府に対する敵対行為に相当するとして、強硬な姿勢を日本側に示したのである。

しかし、ロジャーズの主張は明らかに条約の拡大解釈であった。このような「極端」な解釈を導き出した要因として、ロバート・ジョンソンは、ロジャーズは「日本人を取り扱う上でのペリーの成功は、彼の強硬な策にあると考え、謙虚な側面を見せることで失敗しないように決心したのであろう」と述べている。[*23] ロジャーズは三月二九日の下田奉行支配組頭たちとの対談に際し、「一体政府之命令を請罷在候儀にて（中略）ペルリ始事を扱ひ候儀、皆是政府之命をもつて成す事ニ候、然る上者、私より差上候も政府ゟ差送り候も同様ニ御座候」として、自身がペリー同様にアメリカ政府を代表していることを強調した。[*24] 実際には日本との交渉に関してペリーと同等の権限など与えられていたわけではないが、ロジャーズがペリーの交渉術を意識していたことは明らかであろう。

ロジャーズから提出された書簡は、早速下田奉行側で翻訳され、四月一日、「申立之趣者不容易筋」として、江戸に送られることとなった。[*25] 江戸に届いたのは四日夕刻で、翌五日には、老中久世広周から評定所一座、海防掛、大目付・目付にロジャーズ書簡の邦訳が下げ渡され、「早々評議いたし、可申上旨」が命じられた。[*26]

ロジャーズの書簡が江戸に送られている間の四月二日、ロジャーズは下田奉行伊沢政義・都筑峰重と会談した中で、返答に時間がかかるのであれば、長く滞在することもできないので一旦退帆し、「五个月程」もすれば再来航すると述べた。[*27] この旨が江戸に伝えられたことにより、先の諮問を受けた幕臣たちの評議は、五か月後の来航までとりあえず回答を保留するという結論でまとまることとなった。[*28]

しかし、回答延引の指示が下田奉行に出されたのと同じ一三日、ロジャーズは下田を出帆し、艦隊の集合地点である箱館へ向かっていった。先述の通り、ロジャーズは日本側から測量の認可を得ることよりも、測量の実施を伝えて円滑にそれを進めていくことの方を重視していた。彼が長期滞在できないと下田奉行に告げたのは、「日本外交の遅延」により、測量計画全体が遅れていくという「難事」を防ぐためであった。[*29] ロジャーズは、日本側の回答の有無を問わず、最初から日本近海の測量を実施するつもりだったのであり、実際、ヴィンセンス号とハンコック号は下田出帆後、ボートを下ろして沿岸を走測しながら艦隊の集合地である箱館へと向かったのである。

そのため、ロジャーズが五か月後に回答を求めて再び来航するということはなかった。ロジャーズがどういう意図で五か月後の再来航を告げたのかは不明であるが、コールによると、ロジャーズはカムチャツカ~アリューシャン列島間の北方海域を測量してサンフランシスコへ一旦戻った後、さらにサンフランシスコ~上海間の三つの航路を測量するつもりであったが、すでに測量艦隊の費用は使い尽されており、それは実現されなかったという。[*30] ロジャーズは、おそらくこのサンフランシスコ~上海間の測量に際して日本へ再び寄港するつもりだったのであろう。

(3) 測量艦隊とアメリカ人の上陸・止宿問題

以上がアメリカ測量艦隊の下田来航から出帆までの経緯であるが、実はロジャーズはもうひとつ、重要な問題で日本側と交渉を持つこととなった。

下田に来航した際、ロジャーズは「大きな寺に居住していたアメリカ人たちに驚いた」という。[*31] 実はロジャーズが来航した当時、下田柿崎の玉泉寺には、一〇人のアメリカ人が滞在していたのである。滞在していたのは、日本で商店を開くために来航したアメリカ人リードやその家族たちである。リードたちが乗るカロライン・フート号（以下、CF号）は、測量艦隊が来航するちょうど二か月前の、安政二年（一八五五）一月二七日に下田に来航した。彼らは「日本で越冬することに同意した捕鯨船に対して、日本では調達できない品物を供給するため」、箱館に居住することを計画し、同地が開港される安政二年三月までの滞在先として下田に立ち寄ったのである。[*32]

しかし、下田に到着した当日、彼らは「ロシア帝国海軍のポシェット大佐と二人の士官の訪問を受け」ることとなった。[*33] 当時、前年一一月四日の大地震で生じた津波の影響で乗艦ディアナ号が沈没し、帰国の手段を失っていたロシア使節プチャーチンらが、下田および新しい船の建造地に指定された戸田に滞在していた。CF号の来航を知ったプチャーチンは、アメリカ人と契約を結び、同船でロシア士官らを帰国させることを計画したのである。[*34] 契約は成立し、CF号船長ダハティーは三回にわけてペトロパヴロフスクまでロシア人たちを運ぶこととなり、二月二五日に出帆した。[*35] しかし、ロシア人が同船を利用する間、ダハティー以外のアメリカ人たちは船を降りて下田に滞在せざるを得ない。ここで、彼らの下田滞在の可否をめぐる問題が生じたのである。

幕府側にとってアメリカ人の玉泉寺への滞在は、CF号の出航による、仕方のない結果であった。しかしリードたちは、自身の下田への上陸および滞在が、日米和親条約によって認められた当然の権利であると認識していた。三月六日、下田奉行支配組与力合原猪三郎たちと対談した中で、リードは自身の来航の目的を告げた上で、「殊更下田箱館止宿之儀ハ、条約書に記載有之候」として、条約によりアメリカ人の上陸・滞在は許されていると主張したのである。[*36]

リードが上陸・滞在は可能だと判断した根拠は、条約第四条と第五条であった。条約第四条の和文は「漂着或は渡来の人民、取扱之儀ハ、他国同様緩優に有之」とある。リードはこの規定から、外国でアメリカ人が自由に居住できるのと同様に、日本でもその権利が認められている、と解釈したのである。また、「合衆国の漂民、其他の者とも、当分下田箱館逗留中、長崎に於て、唐、和蘭人同様閉籠メ、窮屈の取扱無之」という条約第五条からも、長崎における中国人・オランダ人のような「窮屈の取扱」はないはずである、と他国同様の居住の権利を求めた。

しかし、幕府の条約第四、五条の解釈は、アメリカ人たちの解釈とは全く異なっていた。リードの主張を聞いた合原は、条約第四、五条は「漂民之儀」を想定したもので、「亜墨利加人共随意に上陸止宿之廉ニ無之」と反論したのである。[*37] 三月二一日には、合原は「今般止宿之儀者、全く無余儀場合を以、其侭差置候事ニ付、向後右を例と致し、止宿等申立候儀者難相成」と告げ、かつ箱館に滞在して商店を営むという目的についても、禁止事項であるとリードに伝えた。[*38]

このように下田奉行側とアメリカ人との間で条約第四、五条をめぐる議論が続けられる中で来航したのが、ロジャーズ率いる北太平洋測量艦隊であった。アメリカ人たちは早速ロジャーズに対し、下田奉行との往復書簡の写しを添え、「現在、苦情を申し立てるべきアメリカ領事も弁務官もいないので、我々は貴殿による保護を要請する」という書簡を送った。[*39]

この要請により、ロジャーズは図らずもアメリカ政府を代表した行動を求められることとなった。ロジャーズは四月五日、早速下田奉行に書簡を出し、条約第四、五条には「聢と合衆国土民下田箱館当分滞留とありて、其安全を計り、是を扶助するの意を示せり」として、リードたちの解釈が正当であると主張した。[*40] その上で、ロジャーズは米墨戦争（一八四六〜四八）の事例を持ちだした。メキシコにおいて「商業を営ミ、或者遊興の為メ、其地に滞在」するアメリカ人に対し、メキシコ側の「接待殊ニ正しからざる」ことから、条約を締結しようとした。しかし、「メキシコの政府、我趣意を容れすして、事端を開き、其正実の処置を索る意空しくして戦争を発せり」と、米墨戦争勃発の経緯が説明された。さらにロジャーズは、アメリカ側が「城郭を抜き、都府を取り、国中を従へ」ると、「メキシコ人、我土民ニ非分の遇接を尽せしを忍ひ、我等寛大にして罰せさりしを悟」り、「和議」が結ばれたと戦争の結末を伝えている。これは、ロジャーズが米墨戦争の事例により、日本側に圧力をかけようとしたことを示している。

ロジャーズは、箱館においても同様の主張を繰り返した。四月一二日にCF号が一旦下田へ戻ってくると、船長ダハティーは、ロシア人たちをペトロパヴロフスクまで連れて帰るという契約を放棄し、同月二〇日、当初の目的である商売を行うため、リードたちを乗せて箱館に向かっていった。[*41] 一方、CF号に先んじて四月二三日に箱館に入港していたロジャーズは、リードたちの意をうけて、五月二日、箱館奉行に書簡を送り、「条約の个条ニ基き、当分箱館に居住するため」に来航したアメリカ人の「当分居住するを許容あらむ事」を要求したのである。[*42]

この要求に対し、在勤の箱館奉行竹内保徳は「難船漂流之外、際限なく差置候儀者承届かたき旨、申達」した。[*43]しかし、ロジャーズは「其趣書面ニいたし可差進、夫を本国江被廻候ハヽ、軍船可差向」として、上陸・止宿が認められない場合、アメリカ本国からの軍艦の派遣もあり得ると威圧したという。[*44]

以上のように、ロジャーズは米墨戦争の事例を持ちだし、また、軍艦の派遣を示唆するなど、日本側に対して強硬な姿勢を貫いていた。こうしたロジャーズの軍事力を背景にした威圧的な交渉姿勢は、幕臣たちの危機意識を否応なく高めることとなった。

さらに、幕臣たちが抱いた危機意識は、アメリカの大艦隊が来航するという風説と結びつくことによって、一層刺激されたことと考えられる。安政二年四月二六日、玉泉寺に滞在していたロシア人の士官が、見廻りをしていた下田奉行組与力合原操蔵に対して、アメリカ船二〇艘が近々箱館に渡来し、すぐに下田にも廻航するであろうという情報を手振りにより伝えてきたのである。[*45]

結果的に見れば大艦隊の来航などはなかったのであり、アメリカ人リードから聞いた情報だとロシア士官は主張していたようであるが、実際は不明である。そもそもこの情報は身振り手振りと、片言の日本語で伝えられたものであって、二〇艘もの大艦隊の来航というのが、ロシア士官の伝えたいことであったのか定かではない。大艦隊の来航情報に対する幕府内外の反応も様々で、必ずしも全員が信じていたわけではない。たとえば老中阿部正弘は、福井藩主松平慶永に対し、「異船数艘渡来すへきとの風聞」は「跡形もなき事の様」であると述べており、証拠のないことだと疑っていた。[*46]

一方、現場でこの情報を聞いた下田奉行井上清直・伊沢政義は、この大艦隊の来航という情報を、確度の高いものとして認識していた。彼らは四月二八日に早速上申書を老中に送り、「時日之遅速、船数之多少者可有之候へとも、いつれ数艘渡来之義ハ相違も無之」という自身の判断を述べている。[*47]

井上・伊沢が大艦隊来航を確実と判断したのは、ロジャーズにより、北太平洋測量艦隊の五か月後の再来航が予告されていたからである。彼らは、大艦隊の来航と測量艦隊の再来航を結びつけて考えた。つまり、彼らはロジャーズが一旦帰国した際に「日本之処置等、政府江申立候上、再ひ出帆致し候歟」という可能性を想定していた。測量と、上陸・止宿という二つの問題に関する「押合応接等、不伏ニ心得候より、今一応軍艦差向、彼存寄通、存分ニ条約之趣意を可押付内含ニも可有之哉」として、アメリカ側の条約解釈を押しつけるために軍艦を派遣してくるという予測を立てたのである。

下田奉行からこの情報がもたらされると、幕府内では五月七日に早速評議にかけられている。[*48] 真偽はともかく、この情報は幕府内で共有されることとなった。幕臣たちは、五か月後には二〇数艘もの大艦隊が日本に来るかもしれない、という可能性をも想定しながら、測量問題を検討しなければならなかったのである。

2　北太平洋測量艦隊の来航と徳川幕府

(1)　日米和親条約をめぐる解釈の相違

以上、アメリカ北太平洋測量艦隊の来航事件、およびそれに前後して生じた上陸・止宿に関する問題の経緯を検討してきた。それでは、これらの一連の事件は、徳川幕府に対しどのような外交的課題を突きつけたのであろうか。

二つの事件に共通しているのは、日米間で和親条約の解釈に大きな相違があることを暴露した、という点である。ロジャーズの条約第一〇条をもとにした測量要求は、幕府にとって「不容易筋」であり、また、アメリカ商人たちが上陸・居住の権利の根拠とした第四、五条も、幕府の同条項に関する解釈とは大きく隔たっていた。

このような条文解釈の相違は、そもそも日米間で和親条約そのものの位置づけ方が大きく異なっていたことから生じていた。まず、アメリカ側にとって日米和親条約とは、幕府の長きにわたる鎖国政策を終焉させたという点に最大の意義が認められる条約であった。条約締結の当事者であるペリーは、海軍長官宛の報告書の中で「アメリカ政府は、これまで全ての対外関係を完全に排除することが権利であると主張していた国と、友好的で独自の関係を築いた最初の国という名誉」を得た、と自身の成果を誇っている。[*49]

条約締結の報をうけたアメリカのメディアも、同様にその成果を誇った。たとえば「タイムズ」紙は、「これまで何百年もの間、全世界に対して日本との交流を締め出してきた障壁」がアメリカによって打ち破られた、と報じている。さらに、同紙は「今回調印されたのは通商条約ではなく、友好親善条約だ」と述べつつ、「もっとも、同条約は同帝国の主要港の二つをアメリカ国民と対米貿易に対して開放し」たものであり、「両港とも、貿易目的のために不可欠な、あらゆる交流が許される」と伝えた。[*50] アメリカ人たちは、和親条約により日本の鎖国が解かれ、今後、日本との国交は通商条約の締結に向けて進んでいくであろうと、大きな期待を抱いていたのである。

ところが幕府にとってみれば、日米和親条約は決して鎖国の終焉を意味するものではなかった。当時の幕府は、鎖国を祖宗以来の歴法、つまり祖法と考えており、その維持を絶対的な外交課題に据えていた。この「鎖国祖法観」の下においては、朝鮮・琉球との「通信」、および中国・オランダとの「通商」という関係以外に新たな国際関係を結ぶことは、祖法への違背を意味していた。[*51] にもかかわらず、アメリカと条約を結ぶこととなった幕府は、「和親」の条約を「従来の『通信』『通商』と明確に識別しうる、できるだけ限定された内容の開港条約」と見なすことで、[*52] 鎖国祖法への違背という問題を回避し、原則としての鎖国政策を維持していたのである。

このような幕府の条約の位置づけ方は、次の史料からも明らかである。条約締結後の安政元年（一八五四）四月九日、幕府は諸大名に対し、アメリカとの交渉結果について「船軍之御備向もいまた御整ニ不相成折柄、無余儀平穏之御処置ニ被成置、彼方志願之内、漂民撫恤、幷航海来往之砌、薪水食料石炭等船中闕之品々被下度との儀、御聞届」と伝えた。[*53]「船軍之御備向」の整っていない状況で「無余儀平穏之御処置」をとり、「薪水食料石炭等」の供与を「御聞届」した結果が、日米和親条約だったのである。

このような認識は、幕府内での共通認識であった。条約締結から約一年が経った安政二年（一八五五）三月にリードたちと対談を行うこととなった下田奉行支配組与力合原猪三郎は、彼らに対し、「和親」とは「日本国元来外国人之渡来を禁し、一切其船々之入港を不許之処」、条約により薪水などの供給を「差免」じたことを指す、と主張した。[*54]彼の見解は、下田奉行支配組与力という、外国人との交渉を持つ末端の有司層にまで、「和親」の条約を「通信」や「通商」という従来の外交の枠組みとは明確に異なるものとして捉える認識が共有されていたことを示している。

以上のように、幕府は海防が整っていないための「平穏之御処置」として薪水給与を「御聞届」したのが和親条約であると考えていたのであり、この認識に基づいて、イギリス（安政元年八月）、ロシア（同年一二月）と順次同様の条約を結んでいくのである。しかし、測量艦隊の来航は、そのような条約の位置づけ方がアメリカ側のそれとは全く異なることを明らかにした。そのために幕府は、「無余儀平穏之御処置」というかたちで一旦は回避していた、鎖国祖法と欧米諸国の諸要求との衝突という問題にあらためて直面したのである。しかも、ロジャーズは正式回答を得るため五か月後に再び来航する、と宣告していた。幕府は、五か月という限られた時間内に外交方針を決断しなければならなかったのである。それは、必然的に鎖国祖法そのものの再検討をも伴うこととなった。

(2) 安政二年における幕府外交のジレンマ

測量艦隊の来航が幕府に突きつけた問題は、上記の問題にとどまらなかった。測量艦隊の来航という「外患」は、幕藩体制の矛盾から生じる「内憂」と結びつくことによって、幕府に深刻なジレンマを突きつけることとなる。それは、嘉永六年（一八五三）のペリー来航の時点で浦賀奉行井戸弘道が指摘したジレンマ（序章）よりも、さらに深刻なものであり、幕府外交の大きな転換の契機ともなる。

　測量艦隊の再来航に備えて評議が開始されたのは、同艦隊が下田を出帆した直後の安政二年（一八五五）四月一四日である。老中久世広周から評定所一座、海防掛、大目付・目付たちに対し、「五个月過渡来之節ハ、応接方甚六个敷事故、渡来迄之御為宜様、何れも無服蔵申談、早々評議」するよう、言い渡された。[*55]

　しかし、結論から先に述べれば、評議はその後結論の出ないまま繰り返されることとなった。これは、評議を行う幕臣たちの間で意見がまとまらなかったことに大きな要因がある。たとえば、諮問から一か月経った五月一五日の「大評議」においても、意見が「区々ニ而一決不致」という状態であった。[*56] そのため、老中も諸有司の上申書から適確な策を選択・採用することができず、七月の時点においても、「測量船モ二ヶ月之末、返答ト申事ニ相成居候処、荏苒過去候而已」と批判されるような状況が続いていた。[*57]

　このように評議が「荏苒過去」ることとなったのは、測量艦隊の来航によって生じたあるジレンマに対し、有効な対応策が構想され得なかったからである。ここで、評定所一座・海防掛勘定奉行・同掛勘定吟味役による五月付の上申書を引用したい。[*58] 彼らの上申は、幕府が直面したジレンマを最も端的に言い表している。

　今般之儀弥御断相成候ニ者、此後諸蛮を引受、戦争可被及御覚悟ニ而、万端御手配不被成置候而者難相成、万一右を御厭ひ、容易ニ御許容有之候ハ、日本周廻（遍カ）偏く測量可致（中略）領海中を右体自侭之所業および徘徊いたし候を見受候ハ、、士気衰弱之折柄と者乍申、遠境辺土之もの共者素より　皇国自然之風習ニて、憤りニ堪兼、何様之争論等可仕出哉も難計、左候迚、右を強而差押候ハ、、銘々不服を懐き、乍恐離叛之心を生し、遂ニ者不測之紛擾を生し候様之儀出来可致候間、今般之御所置者、外夷之戦争を被為避候得者　御国内之擾乱を可醸、実以御

大切之御挙動ニ有之

彼らは、アメリカ側の要求を「御断」するのであれば、アメリカをはじめ「此後諸蛮を引受、戦争」をするぐらいの覚悟が必要だと述べる。現に、測量艦隊司令長官ロジャーズは、米墨戦争の事例を引き合いに出し、また、軍艦の派遣を示唆するなど、強硬な姿勢を示していた。再来航した測量艦隊の要望を拒否した場合、対外戦争勃発の危険性が高いと彼らは判断していたのである。

しかし、だからといって測量を「容易ニ御許容」するわけにはいかなかった。アメリカに測量を許した場合、艦隊は幕領に限らず、諸藩の「領海中」をも「自侭之所業および徘徊」するようになる。評定所一座および海防掛勘定方は、そうなった場合に諸大名の間で「憤りニ堪兼、何様之争論等可仕出哉」という事態を懸念している。さらに、そうした議論を無理に抑え込もうとすれば、「離叛之心を生し、遂ニ者不測之紛擾」を招いてしまうというのである。

最初に紹介した羽賀祥二の指摘にある通り、外国船による測量を幕府が許可するという行為は、幕府による「領主権の侵害」と捉えられる危険性が高かった。たとえば、測量問題を注視していた宇和島藩主伊達宗城は、「官評（許カ）御座候上ニテハ不得止候得共、押而測量致候ハヽ、其侭ニハ不差置、尤上陸ハ決而不為致心得ニ御座候」と述べ、幕府の公認があったとしても、自領における測量をできる限り阻止する覚悟を示している。[*59]

また、ロジャーズの乗るヴィンセンス号が藩領の鹿児島湾に来航した薩摩藩は、幕府に対して領海への外国船の進入を防ぐことを求めていた。安政二年二月二六日、藩主島津斉彬の意向として、「何卒亜墨利加其外江入港御取極相成候外場所江者、一切渡来不致様、御約諸之国々江御達被成下候様可奉願」と幕府に願書が出されている。[*60] 薩摩藩にとって、幕府がアメリカと約したのは、下田・箱館という「御取極相成候」港のみへの入港許可であり、自藩の領海へ外国船が来航することは想定外であった。このような諸藩の動向を踏まえれば、測量許可によって領海への外国船の進入を幕府自らが公認するような対応をとった場合、諸大名の強い反発を招くことは十分に、かつ容易に予想されたのである。

この点から考えると、測量艦隊の要求とは、まさに幕藩体制の矛盾を突く要求であったといえよう。薩摩藩のように、諸大名は幕府に外交の責任主体、つまり日本という国家を代表した存在であることを期待していた。ところが、幕府は日本列島全域で排他的な領有権を持するというような性格の「国家」ではなく、藩の側も、外国船による藩領の測量を許容するという幕府の選択に従うとは限らなかった。幕府は、日本を代表する外交主体としての「責任」を期待されながら、藩領に関わる問題に関し自らの判断だけで方針を策定する「権力」を有してはいなかったのである。マーク・ラビナが指摘するように、こうした「権力と責任の奇妙なミスマッチ」こそ、幕藩制国家が抱えていた根本的な矛盾であった。[*61]

逆にいえば、測量艦隊が来航する以前、和親条約締結前後の日米交渉とは、あくまで幕府＝徳川家とアメリカとの外交であったとも評価できるであろう。開港地も、それが幕領である限り（箱館は条約締結後の安政元年六月に上知）、諸藩の意向をそこまで気にする必要はなかった。しかし測量艦隊は、幕領も藩領も関係ない、日本という国家全体の近海・港湾の測量を要求してきた。このような要求を前に、幕府の有司たちは、上記の「ミスマッチ」を強く認識せざるを得なかったのである。

対外戦争の危機がある限り測量拒否という方針も難しく、内乱の可能性がある限り測量を許すわけにもいかない。このような状況について、海防掛勘定方たちは、「外夷之戦争を被為避候得者　御国内之擾乱を可醸」と表現している。逆にいえば、「御国内之擾乱」を避ければ「外夷之戦争」に至るということでもある。嘉永六年の段階で危惧されていたのは、井戸の表現でいえば人心の「解体」である。しかし、安政二年の段階では、それ以上に「擾乱」の危険性さえ幕府の有司たちは危惧しなければならなかった。測量要求の許可／拒否にかかわらず、「国内之擾乱」か「外夷之戦争」か、いずれかの危機に陥るという、深刻なジレンマに幕府外交は直面したのである。

(3) 測量艦隊に対する幕府内の評議

それでは、対外戦争と内乱とのジレンマに直面する中で、幕臣たちはどのような対応策を講じていたのであろうか。海防掛目付たちの上申書に関しては次節で検討することにして、ここではそれ以外の諸有司の上申書について検討を行いたい。

まず、評定所一座・海防掛勘定方は、先に引用した上申書の結論部分で、幕府の採るべき方策として、「今般彼方申立候書面幷先般為御取替相成候条約御添、諸家へ御渡、面々存意御尋之上、銘々申上候見込を以、人心向背之様子得と御熟察被為在、御取計之儀者御決断御座候方可然哉」と述べている。[*62] つまり、ロジャーズからの書簡や、あるいはこれまでの条約書を諸大名に公開し、「人心向背之様子」を探った上で方針を決定すればいい、というのである。諸大名が幕府に求める方針を探り、それに見合った政策を採用することで、彼らの不満を回避することを目指したといえよう。[*63]

ここで評定所一座と海防掛勘定方が提起したのは、まさに日本という国家の意志を「御決断」するための方法である。彼らは幕府自らが主導して外交方針を策定するというのではなく、諸大名の「面々存意」から判断する、という方法を提起したのである。これは、決定の責任を幕府自らではなく、国内の「合意」に帰する方法であり、合意に基づく政策決定である以上、「国内之擾乱」の危険性は回避されることとなる。

しかしながら、他方でこれは幕府が全国の領主階級の「代弁者」となることを意味しており、政治・外交の主体性を自ら放棄することにつながりかねないという問題も含んでいた。彼らがこうした問題点にどこまで自覚的であったかは不明であるが、この国家意志の形成をめぐる問題は、以後の幕府外交において重要な論点となっていく。

一方、測量を拒否するべきだという意見も出されていた。五月二〇日付の上申書において、在府の浦賀奉行松平信武、長崎奉行川村修就、そして箱館奉行堀利熙は、「御要害測量等御聞済相成候者、不朽之御疵累」になるとして、測量拒否を唱えている。[*64] 彼らは、アメリカ側の条約解釈そのものを「全く御条約文意を推し広め」たものだと批判し、「和親之本旨」とは、「双方五分宛之あゆみ合」であると述べる。測量に関しても、アメリカの要求をそのまま受け容れるのではなく、議論を尽くして日本側の事情を説明することで、拒否するべきだというのである。その拒否の論理として、彼らは次の点をあげている。

封建郡県之差別相違候処ち、彼我風土人物好尚共相反し候訳柄、篤と相諭し、日本国法則之義ハ、天意人心ニ適従し、往古ち差定有之、大君之威権と雖、私ニ御改革難被成義理合有之趣、猶其国ニて其教法を守るニ同一理之訳合、巨細了解為致度、兼々究理之工夫を積ミ候国柄之義、右之主意徹底いたし候上者、存外承伏仕候義も可有之

日本は、「郡県」のアメリカとは異なり、幕府を頂点とした「封建」の国であるため、「法則」は「天意人心」に属しており、「大君之威権」であっても「私ニ御改革」できないと彼らは主張する。この説明により、アメリカも「存外承伏」するかもしれないというのである。しかし、「封建」を理由としたこの説明は、幕府（将軍）の「威権」の弱さを自ら告白するようなものであり、何よりこれでアメリカ側が「承伏」するとは限らないであろう。

以上のように、評定所一座や海防掛勘定方、遠国奉行たちの意見書は、いずれも幕府の国内外に対する権威を自ら落とすことになりかねない危険性を有していた。このような問題点を自覚していたのか、箱館奉行堀は、上記の連名での上申書とは別に、個人で上申書を出し、幕府主体で条約解釈の相違を埋めていく必要を唱えた。[*65]

堀はまず、日米間で条約解釈の相違が生じている原因について、「御条約之体裁」が「文表ニ者大綱を掲ケ」ただけの曖昧な条約であるという点を指摘している。また、堀はロジャーズが公式のアメリカ使節ではなく、したがって彼の条約解釈がアメリカ政府の公式のそれではないことを見抜いていた。ロジャーズが条約を知ったのは「唐国上海

辺」でのことであり、それから日本に「直様罷越」しているため、その主張は「一己之存寄」に過ぎないというのである。だからこそ、堀は日米間で再度条約の解釈に関して交渉を行う余地があると判断していた。堀は、「今一応議論を詰め、改て御加判有之候ら外、御取纏め方有之間敷と奉存候」として、再交渉の必要性を唱えたのである。

しかし一方で、アメリカの測量艦隊が再び来航するまで、五か月しか時間は残されていなかった。にもかかわらず、堀の意見は五か月後の具体的な対応策については何も触れていない。というより、根本的な問題解決のためには条約の再交渉しか「御取纏め方有之間敷」と考える堀にとって、五か月後の対応方針はそもそも想定できなかったのであろう。堀の主張は、条約認識の相違という問題に対しては有効な策であったが、五か月後の再来航という喫緊の課題に対する方策を提起したものではなかったのである。

以上のように、測量艦隊の問題をめぐり、五月中に様々な意見が出されることとなった。しかし、いずれの意見も、「外夷之戦争」か、「国内之擾乱」か、というジレンマを根本的に解決するような策ではなかったといえよう。

3　鎖国祖法の相対化と開国論の登場

(1)　古賀謹堂による鎖国祖法の否定

前節で見たように、測量問題に関する評議は、結論が見出されないまま続けられることとなった。しかし、この一連の評議の中で、有効な策が全く提示されなかったわけではない。目付方の上申書は、幕臣たちの中でも、対外戦争と内乱のジレンマを解決する、という点で最も有効な策を提起したものであった。さらに、その目付方の中から、海防掛目付一色直温・岩瀬忠震・大久保忠寛のように欧米諸国との通商を是認する開国論を唱える有司が登場する。以下、彼らの上申書を順に検討しながら、開国論が幕府内で唱えられるようになる経緯を考察していきたい。

ところで近年、眞壁仁[*66]や奈良勝司[*67]の研究により、安政期に外交を担っていた有司層の政策論に対し、昌平坂学問所儒者の古賀侗庵、および謹堂の父子が大きな思想的影響を与えていたという点が指摘されている。海防掛目付方の構成員には、岩瀬忠震など、学問吟味及第者が多く、彼らの議論には、古賀侗庵・謹堂の影響を受けた意見書が少なくないというのである。

侗庵は弘化四年（一八四七）に死去しており、測量艦隊の問題に関して意見書を残しているのは、その息謹堂の方である。謹堂は公式にこの問題に関する諮問を受けたわけではなかったが、林大学頭復斎から意見を求められたことから、上申書を提出することとなった。彼の上申書は、五月三日に林に提出され、さらに一五日には、浄書の上で老中阿部正弘に差し出された[*68]。

謹堂の上申書は、旧幕臣田辺太一が「ひとり識見の卓越、議論の剴切、当時としては珍しかった」と高く評価したこともあり[*69]、先行研究でも注目されてきた史料である。「識見の卓越」といわれるのは、謹堂がこの上申書を通じて、鎖国祖法を明確に否定したからである。眞壁は、このような謹堂の政策論が、海防掛目付方の開国論の形成に対して「間接的に、あるいは直接に思想的影響を与えている」と評価している[*70]。したがって、測量問題に関する古賀謹堂の外交構想を検討しておくことは、海防掛目付方の開国論の形成過程を検討する上でも必要な作業であろう。

まず、古賀は「宇内ノ時勢、不得已之運御洞察、条約御取結迄被為運候ハ、実以卓抜之御偉略」であるとして、和親条約の締結を「時勢」にかなった「卓抜之御偉略」と評価する[*71]。その上で、条約締結を「御国辱」のように捉えることは「目睫之論」、つまり視野の狭い論であると批判する。まして、「今更測量願位之儀」について「御国禁ト申事コト々々敷申唱」えても、「軽重不論、首尾不整」なものであり、「海岸之浅深」を秘匿したところで「却テ未練ノ嘲」を受けるだけだとして、測量の即時認可を主張したのである。

また、古賀はアメリカの測量願を「不幸ノ幸」とも捉えていた。彼は、技術的観点からも、また、幕領・藩領が「相錯リ」という国内の政治的状況からも、幕府が独力で日本中の測量を実施することは困難だと指摘する。このアメリカからの測量要求を利用し、「御伝《(役カ)》人衆」、および稽古のために五、六人をアメリカの測量船に同乗させて、同国から測量技術を習得しつつ、日本全域の測量を完遂するべきだというのである。

以上の論点に立つ古賀は、「外蕃ノ動静ハ心得度、我国内ノ事ハ一切不為知」という幕府の姿勢を「手前勝手」と批判し、「鎖国ノ積習」を打破する必要を主張した。この「積習」は「方今御国人ノ一僻」であり、従来はそれでも問題はなかったものの、「外蕃ノ来往頻繁」となった当時の国際情勢においては、「右様ノ僻習ヲ打破リ、人心ヲ引立、果断英邁ノ御規摸無之テハ、始終外蕃ノ嬲リ物」になってしまうと訴えたのである。

そもそも、欧米諸国との対外戦争の危険性が懸念されたのは、幕府の鎖国維持という政策課題と、日本との国交開始という欧米諸国の要求とが真っ向から衝突していたからである。幕府側が「外蕃ノ来往頻繁」という「時勢」に合わせて、鎖国祖法そのものを改変し、欧米諸国とむしろ積極的に交流を持とうとするならば、自ずと対外戦争の危険性はなくなるであろう。古賀は、近海測量はもちろんのこと、「使節御目見」や、「江戸並諸国城下見物、山岳高低ノ測量、書籍類ノ所望」、あるいは今回のリードたちのように「御国地居住」の要求が出たとしても、「既ニ通交来往ノ国」となった以上、「左マテ不筋ノ願事」とはいえず、「今更区々ノ小事」に拘泥することは「無益ノ至」であると述べる。彼は、まさに鎖国祖法の否定の上に、新たな国際関係を構築しようとしていたといえるであろう。

しかし、古賀の上申書が幕府の政策として採用されることはなかった。そのため、田辺太一は「このような正論も、因循偸安の輩の耳には入らなかった」と、当時の幕閣を批判している[*72]。しかし、「外夷之戦争」と「国内之擾乱」というジレンマの存在から考えれば、古賀の議論には次のような限界があったことも指摘しなければならないであろう。

つまり古賀の議論には、測量を許容し、かつ鎖国の「僻習」を放棄するにしても、諸大名に向けてそれをどのように説明するのか、という点に関する言及がないのである。評定所一座や海防掛勘定方が懸念していたのは、測量艦隊が領海に進入した場合の諸大名の反発である。古賀は「江戸並諸国城下見物」までも「左マテ不筋」ではないと述べるが、果たして、幕府は諸藩の意向を無視して、領海どころか「諸国城下」の見物をも外国に許すことなどできたであろうか。「鎖国ノ積習」を捨てて積極的に欧米諸国との関係を築いていくという方針だけでは、「外夷之戦争」を回避することはできても、「国内之擾乱」という危険性は依然として残されたままなのである。

ただし、古賀が鎖国祖法を「僻習」として否定的に捉えたこと自体は、決して無意味ではなかった。測量問題に関する評議が続く中、目付方が古賀の外交構想を昇華させるかたちで、「外夷之戦争」と「国内之擾乱」の双方を回避する政策論を形成していくのである。

(2) 目付方の上申書

測量艦隊の問題に関して、海防掛目付は二通の上申書を出している。最初の一通は、海防掛以外の大目付や目付も含めて、目付方全員によって出された上申書である。測量問題に関する評議が開始されて一か月が経った五月一五日に諸有司の間で「大評議」が開かれたことは先に確認したが、この評議の後に、海防掛も含む全ての目付方により上申書が提出された[*73]。まずは、この上申書について検討したい。

上申書において目付方は、「周海測量いたし候迄之事ニ而も　御国禁、元ゟ御聞済難被成儀」であるとして、測量拒否が原則であることをまず明言する。それは、アメリカ人が「測量ニ事寄せ、湊々幷海岸船附之場所々々えは必上陸止宿も仕、土人を誑」すという懸念があったからであるが、もうひとつ重要な理由として、彼らは先述の評定所一座たちと同じ点をあげている。つまり、「諸藩之内、御警衛御手薄之趣等、取々申成候ものも不少哉」という状況の中、「万一闔国沿岸は不及申、外河内河迄も遍く測量等仕候様ニ而は最早　御威光も失果、巨藩之内、如何様之不利を志候輩可有之も難計、左候而は土崩瓦解之勢、乍恐御挽回之程は万々無覚束」という点である。評定所一座や海防掛勘定方が測量を許容した場合の「国内之擾乱」を懸念したように、目付方もまた、測量の認可が「巨藩」の反発を生み、国内の「土崩瓦解」につながるということを強く懸念していたのである。

それでは、「土崩瓦解」を防ぐためにはどうすればいいのか。目付方は上申書の中で、「大小名之面々え別段惣出仕」を命じた上で、ロジャーズの書簡や条約書を公開し、「此度測量船之儀は彼方申立之趣、直様御手切レ之御扱ニ罷成候機会ニも有之間敷候間、猶又一時之権宜を以箇様々々ニも取計可申哉之段、御見込之条々、具サニ御示しニ相成、銘々異存無之上ニて御措置御座候は丶、先ツ　御国内瓦解之患を防き候御一端」にもなると述べている。諸大名を集め、「一時之権宜を以箇様々々ニも取計」という幕府の「御見込之条々」を示し、そこで大名たちの「異存」がないことを確認した上で「御措置」をとれば、「御国内瓦解之患」を防ぐことが出来るというのである。

目付方の考える「御見込之条々」とは、具体的には次のような方針であった。彼らは、五か月後の再来航時に「一応　御国法難相成段申達」し、それで「彼承引不致」という場合には「此方ゟ本国政府え使价差遣し、巨細之儀は政府え可及懸合旨申断、右談判済迄は有無とも相控候様申達」すべきだと主張する。つまり、アメリカに日本側から使節を派遣して交渉を行い、「双方の心取違ニも可相成廉々」について「附録書面等」を取り決めたい、と測量艦隊に伝えるべきだというのである。

しかし、それでも測量艦隊が早急の測量実施を求めてきた場合はどうするのか。目付方は、その場合の対応策も考案していた。彼らは、「是非共急速測量不仕候半而は難叶抔」とアメリカ側が主張してきた場合、「彼国之船ニ而沿岸測量いたし候而は、此方は封建之国柄、其領主々々之法度も有之、政府教令不行届内、意外之争端相起」るおそれもあると諭すべきだと述べている。つまり、「封建之国柄」である日本は、「其領主々々之法度」があり、諸領主の意向を無視して測量を許すわけにはいかない、と説得するべきだというのである。

この説得の論理は、在府遠国奉行たちの上申書と共通している。しかし、奉行たちと異なり、目付方はそれで測量拒否を押し通すことができるとは考えていなかった。彼らは、「御国ニ而浅深測量いたし候序を以、亜人之内、測量学心得候もの四、五輩限為乗組（中略）此方之者は多人数乗込、御取締為心得候様ニも為仕候は丶、強而御国体を損し候程之儀も有之間敷哉」と述べる。つまり、幕府主導で測量を実施し、そこに測量術を「心得」ているアメリカ人四、五人を同乗させれば、アメリカ側も納得し、かつ、「強而御国体を損し」るような事態にも至らないであろう、というのである。

先に紹介した評定所一座や海防掛勘定方、遠国奉行たちの上申書と比較すると、目付方の意見が、幕府外交の直面するジレンマに対するより論理的な解決策を提示していたことが分かる。評定所一座・海防掛勘定方の上申書では、ジレンマを解決する手段として、諸大名の意向を探った上で決定するという構想が示されていた。一方、目付方は諸大名の意向を探るという点では類似しながらも、あらかじめ定めておいた幕府の方針を諸大名に伝え、彼らの「異存」の有無を確認する、という点を重視していた。目付方の方策においては、幕府の主体性・主導性が重視されていたといえよう。

これも、いわば日本の国家意志を形成する方法の提起である。評定所一座や海防掛勘定方が、まず諸大名の意向を確認し、そこから外交方針の判断を下すべきだと唱えていたのに対し、目付方は幕府の外交方針をまず定め、それを諸大名に伝えて国内の統一を図る、という方法を提起している。この国家意志形成の方法に関する意見の相違が、安政期後半、実際に開国の是非をめぐって議論が争われる中で、最大の論点となっていく。その詳細については第八章で検討していきたい。

以上の目付方の意見書をまとめるならば、彼らは幕府の方針として、①測量を拒否することを前提に、条約の再交渉に関する使節を派遣する、②それで納得しない場合には、日本側で測量を実施する、という二段階の対応を想定していたといえよう。①は、測量を拒否することで諸大名の不満を抑えつつ、使節を派遣するという、アメリカ側も予想し得ないであろう提案によって、幕府の測量拒否に対する強い意志を示すという目的があったと考えられる。また、実際に使節を派遣することになっても、日米間で合意が形成されれば、今後、条約解釈の相違に基づいた対外問題の発生を防ぐことができるであろう。なお、条約の再交渉という点は、箱館奉行堀利熙も唱えていた点であるが、目付方の意見は五か月後の具体的な対応策をも構想していた点で、より説得的な意見書であったと評価できる。

一方、アメリカが強硬に測量の実施を求めてきた場合の②の対応は、まさに古賀謹堂の上申書から影響を受けてのものであろう。古賀も目付方も、日米共同での測量を構想していた。ただし、古賀が測量認可を前提に、アメリカ主導の測量を想定していたのに対し、目付方は、測量拒否を前提に、最終手段として幕府主導により測量を実施するということを想定していた。古賀と異なり、目付方は諸大名の不満の高まりによる「御国内之瓦解」の危険性を重視していた。そのため、彼らは対外戦争を回避するため、最終的には測量を認可せざるを得ないとしても、幕府がそれを主導し、あくまでも幕府による藩領の測量というかたちをとることで、諸大名の不満の醸成を極力抑えようとしたのである。

この目付方の上申書は、古賀の上申書から影響を受けつつも、内乱の危険性にも対応している点で、現実的な危機により一層見合った方策であったといえよう。しかし、この上申書にも、大きな問題点が残されていた。そもそも古賀がアメリカ主導の測量を唱えたのは、測量技術を同国から習得するためである。幕府は、独力で日本近海および港湾の測量を実施する技術も経験も、また、それを可能とする船艦も有してはいなかった。この点は、「御国地有来之船ニ而は急速測量等出来仕間敷」と目付方自身が認めていた点でもあった。こうした技術的な問題点を有していたためか、結局、目付方の意見も採用されることはなく、そのまま幕府内の評議が長引くこととなったのである。

(3) 海防掛目付の開国論

以上のように、幕府の方針が定まらないまま測量問題に関する評議が続けられる中で、六月から七月の交にかけて、海防掛目付一色直温・岩瀬忠震・大久保忠寛の三人が上申書を提出し、「外交に関する大英断を促し、使節を発し条約を更正すると同時に、公然三港の交易を許されんこと」を主張した。[*74]

その中で、まず彼らは、「元来測量の事たる我が国体に関するほどの重事に非れども、彼は条約文義を敷衍して許可を求め、我は条約文義に拠りて之を不可とす、同一文書にして斯の如く二様の解釈を生ずるは、畢竟条約の不完全なるに由る、是れ特に使節を発し、条約を更正せざる可らざる所以なり」と述べる。測量問題は、「畢竟条約の不完全なる」ために生じているのであり、その解決のためには、アメリカに使節を派遣し、条約を改正するしかない、というのである。条約に関する再交渉のために使節を派遣するという点は、五月の上申書と共通しているが、その前提として、「測量の事たる我が国体に関するほどの重事」ではないと、測量認可を前提とした議論になっている点が重要であろう。

このような前提に立つ彼らの議論は、測量の問題にとどまらなかった。彼らは条約の改正に関連して、次のように欧米諸国との通商の開始を提言したのである。

条約文に所謂欠乏品給与といふが如きは文字上名目の不明なるのみにて、実は交易と異なることなし、然るに名を避けて実を許し、之を曖昧に付せんとするは是れ世の耳目の許さざる所なり、幕府にして斯く摸稜の手段を取らば、其の弊や諸方に密交易を生じ、竟に防ぐ可ざるに至るべし、故に寧ろ出格の英断を以て公然三港に交易を開き、諸藩にも便宜三港の内に於て物産を輸出することを許し、公共の実益を得しむべし、斯の如くせば、利権を幕府に収攬して諸藩にも不平の声なく、内外政策の平穏を保つことを得べし

海防掛目付たちは、和親条約に規定される「欠乏品給与」が、もはや「交易と異なることなし」という状態になっ

ていることを指摘する。にもかかわらず、それを「曖昧に付せん」としていては、密貿易が生じかねない。そのため、「寧ろ出格の英断」により、箱館・下田・長崎の三港で交易を行うべきだと唱えたのである。

この上申書こそ、守屋嘉美が海防掛目付による最初の通商論と位置づけた上申書であるが、ここで重要となるのは、彼らがその論を唱えるに至った理由であろう。あらためて彼らの上申書を確認すると、通商開始の根拠として、「欠乏品給与」が「交易と異なることなし」という点が挙げられていることが分かる。実際、下田や箱館では、「欠乏品交易」ともいうべき交易の実態が、すでに存在していた。たとえばアメリカ商人のリードたちは、欠乏品という名義で様々な日本製品を入手し、原価六〇〇〇ドルの諸商品を、サンフランシスコにおいて二万七〇〇〇ドルで売却することができたといわれている[*76]。

こうした下田の現状が根拠になっている点から考えて、この論を主導したのは、おそらく下田取締掛としてこの上申の直前まで同地に赴任していた岩瀬忠震であろう。下田で岩瀬が目の当たりにしたのは、アメリカ人との間ですでに実質的な交易が行われている、という状況であり、五月一五日に帰府した岩瀬は[*77]、他の目付たちにこの実態を説き、それに合わせて通商を開始する必要性を唱えたと考えられる[*78]。

しかし、そもそも欧米諸国との通商は鎖国祖法の原則に違背する。彼らは、一体どのようにして鎖国祖法に反する通商開始を正当化していたのであろうか。

ここで重要となるのが、古賀謹堂の上申書である。海防掛目付の上申書と古賀の上申書を比べた場合、たとえば前者の「測量の事たる我が国体に関するほどの重事に非」ずという文言は、条約の締結や測量を「御国辱」と捉えることを「目睫之論」と批判した古賀の議論に共通するものがあるといえよう。したがって、海防掛目付が鎖国祖法を否定し、通商の開始を敢えて唱えた点についても、直接的には古賀の議論が理論的土台になっていたと推定することができる。

ただし、海防掛目付の開国論は、単に古賀謹堂の上申書にそのまま影響されて形成されたわけでは決してない。海防掛目付の上申書を眺めると、彼らが「外夷之戦争」と「国内之擾乱」というジレンマを解決する手段として通商を論理化していたことが注目される。

「測量の事たる我が国体に関するほどの重事に非」ざると述べる以上、測量を許すことは自明のことであった。測量認可にとどまらず、通商をも開始するならば、測量艦隊だけではなく、リードたちのようなアメリカ人全般の需要をも満たすことができるであろう。それは、当然、対外戦争の危険性がゼロに近くなるということでもある。それと同時に、彼らは通商を開いた際に、「諸藩にも便宜三港の内に於て物産を輸出することを許し、公共の実益を得しむべし」と主張している。幕府が通商の利益を独占するのではなく、諸大名にも通商に関与させることで、幕府に対する不満を鎮静できるというのである。つまり、海防掛目付にとって通商とは、「外夷之戦争」を回避すると同時に、「国内之擾乱」も避けることができるという、まさに「内外政策の平穏を保つ」策として位置づけられていたのである。

確かに鎖国祖法に反する通商を正当化したのは、古賀謹堂の理論であった。しかし、海防掛目付は、単に古賀の理論をそのまま取り入れたわけではない。たとえば五月に目付方全員で上申を行った際にも、日米共同による測量という点で古賀の意見から影響を受けていたと考えられるが、彼らは幕府主導による測量という形式をとることで諸大名の不満を抑える方策を構想した。同様に、今回の上申においても、「時勢」に合わなくなった鎖国祖法を改変するにしても、諸大名の通商への参入を許容することで、やはり彼らの不満の醸成を回避しようとしている。つまり海防掛目付は、鎖国祖法の限界が顕在化しつつある中で、その祖法により元来禁じられていた通商によって、対外的な危機だけではなく、国内的な危機をも同時に解決するという政策案を構想したのである。

もちろん、通商という行為自体に諸大名が反発する可能性も依然として残されており、この反発を如何にして回避するのか、ということが以後の開国論の展開過程において重要な課題となる。しかし、海防掛目付の開国論が、当時幕府外交が直面していたジレンマを解決する方法として位置づけられていた点に、彼らの開国論の画期性を見出すことができるであろう。

この点は、海防掛目付の提唱より以前に唱えられていた通商論がなぜ幕府の政策として採用されなかったのか、という点を考える上でも重要である。たとえばペリーが来航する嘉永六年（一八五三）六月の時点で明確な通商論を唱えていた幕臣として、序章で紹介した浦賀奉行井戸弘道のほかに、井戸の同僚戸田氏栄があげられる。しかし、当時戸田の意見は採用されることはなく、むしろその論の内容が、当時強硬な論を唱えていた海防掛目付方から警戒され（第六章）、安政元年（一八五四）のペリー艦隊の再来時には、アメリカとの交渉から外されることとなる。[*79]

嘉永六年の時点で戸田や井戸の開国論が採用されなかった理由について、単に当時の幕閣が固陋であったと結論づけてはならないであろう。重要な点は、日米和親条約締結前後の段階では、対外戦争と内乱という危機が結びついておらず、「無余儀平穏之御処置」、つまり「一時の権道」という論理によって、鎖国祖法を何とか守ることができていたという点である（第四章）。このような状況では、敢えて鎖国祖法を改変しなければならないという必然性も、幕閣内で共有される可能性は低かったであろう。

海防掛目付方の開国論は、安政期後半になって一定の影響力を有するようになる。それは、単に海防掛目付方が「開明的」であったという理由にとどまるわけではない。重要な点は、対外戦争と内乱という危機が密接に結びつき、鎖国祖法の限界が幕府内で認識されるという契機を経ていた、ということである。安政二年における測量艦隊の来航事件を通じて、幕府内において開国論が説得力を有する条件が整い始めたのである。

小結

行論を通じて、アメリカ北太平洋測量艦隊の来航から、海防掛目付が開国論を唱えるまでの経緯を検討してきた。開国期の数ある外国船や外国使節の来航の中で、先行研究が専ら着目してきたのは、ペリーであり、ハリスであり、あるいはロシア使節プチャーチンやイギリス海軍士官のスターリングの来航であった。しかし、本章で検討したように、幕府外交の転換の契機になったという点で、ジョン・ロジャーズ率いる測量艦隊の存在も、決して軽視することはできないであろう。

ロジャーズが求めた測量は、幕領・藩領に限らず、日本という「国家」の海を対象とした測量であった。ところが、幕府は日本列島全域において排他的な領有権を持するという性格の「国家」では決してなかった。各藩の意向を無視して、外国船に日本列島の測量を認可することは、幕府による諸大名の領主権力の侵害に相当する可能性があったのである。その意味で、ロジャーズの測量艦隊は、まさに幕藩体制が有する根本的な矛盾を突くものであったといえよう。

この矛盾は、同時に外交と内政との深刻な矛盾を引き起こすこととなった。それまで幕府は、幕府自身の判断で「一時の権道」による対外譲歩を繰り返していた。もちろん、それがすでに一部の有志大名から強い批判が出されていたことは第四章でも確認した。しかし、少なくともそれまでの外交に関しては、幕府（＝徳川家）と欧米諸国という関係で済む性格のものであり、幕府の判断だけで外交を進めることが何とか可能だったのである。

ところが測量の問題は、それが藩領にも深く関わるがゆえに、幕府だけの「一時の権道」で解決できる次元の問題ではなかった。安政二年（一八五五）の段階で、幕府の独断による「一時の権道」は、「国内之擾乱」を招く大きな危険性を伴うようになったのである。

このような深刻なジレンマに幕府が直面する中で、海防掛目付は、鎖国祖法自体を放棄し、通商により対外戦争と内乱の双方を回避するという方策を構想するに至った。対外問題と国内問題とが結合することによって生じた矛盾と、その矛盾を解決する策としての開国論の登場。この一連の経緯の中に、アメリカ北太平洋測量艦隊の来航事件が幕末外交史上に有する最大の歴史的意義を認めることができるであろう。

最後に、測量艦隊来航事件に関する幕府の決定とその後の動向について、簡単に確認しておきたい。安政二年八月一三日、老中阿部正弘により、ついに測量艦隊の再来航に備えた対応策が決定された。阿部は下田奉行に対し、「浦々暗礁等測量之儀、御許容難相成」ことを「精力を尽し如何様共申諭、承伏」させるよう、指示を出した。[*80] つまり、測量拒否という方針である。この方針は、諸大名にも伝えられた。[*81]

この決定は、海防掛目付の提唱した開国論が採用されなかった、ということを意味している。それでは、一体なぜ阿部はこのような決定を下したのであろうか。また、このような強硬路線を選択した幕府外交そのものが、どのようにして開国政策へと転換を遂げていくのであろうか。検討を進めていきたい。

註

＊1　『昨夢紀事』一巻（日本史籍協会叢書、一九二〇年）、二七二〜二七三頁。なお、「ワシンテント」とは、ワシントンDCとプレジデント（大統領）が混同されたものと思われる。

＊2　Allan B. Cole, *Yankee Surveyors in the Shogun's Seas* (Princeton: Princeton University Press, 1947).

＊3　Robert Johnson, *Rear Admiral John Rodgers, 1812–1882* (Annapolis: Naval Institute Press, 1967).

＊4　横山伊徳「一九世紀日本近海測量について」（黒田日出男ほか編『地図と絵図の政治文化史』東京大学出版会、二〇〇一年）。

＊5　William McOmie, *The Opening of Japan, 1853–1855* (Folkestone: Global Oriental, 2006), pp. 384, 396.

＊6　羽賀祥二「和親条約期の幕府外交について」（井上勝生編『〈幕末維新論集二〉開国』吉川弘文館、二〇〇一年〈初出一九八〇年〉）、三二・三四頁。

＊7　守屋嘉美「安政二年の米国測量願について」（『東北学院大学論集　歴史・地理学』二六号、一九九四年）、一〇六・一四八頁。

＊8　なお、測量艦隊に言及した近年の研究としては、嶋村元宏「横浜居留地成立の前提」（横浜開港資料館・横浜居留地研究会編『横浜居留地と異文化交流』山川出版社、一九九六年）、および麓慎一「日米和親条約締結後の幕府外交」（『歴史学研究』七四九号、二〇〇一年）があげられる。しかし、いずれも測量艦隊の来航事件そのものについて考察しているわけではなく、同事件が幕府の政治・外交に与えた影響までは特に検討されていない。

＊9　以下、本節の記述は、特にことわりがない限り、コールの解説による（Cole, *Yankee Surveyors*, pp. 3-20）。

＊10　*Ibid.*, p. 5.

＊11　なお、ペリー家とロジャーズ家は、婚姻を通じて縁戚関係にあった（Johnson, *Rear Admiral John Rodgers*, p. 4）。

＊12　Rodgers to Secretary of the Navy James C. Dobbin, 15 February 1855（Cole, *Yankee Surveyors*, p. 39）.

＊13　アメリカ国立公文書館には、測量艦隊によって作成された海図、および艦隊が参考のために持参していたと思われる海図が一〇〇点近く収蔵されている。その中の鹿児島湾の海図により、彼らの指す Mount Horner が開聞岳であることが判明する（U. S. North Pacific Surveying Expedition（Ringgold - Rodgers）, No. 1601, R37, 451.36, #14, Kagoshima Bay, South Coast of Kyushu）。これらの海図については、拙稿「アメリカ北太平洋測量艦隊（一八五三―一八五六）の海図とその目録」（『外邦図研究ニューズレター』一〇号、二〇一三年）で紹介した。

＊14　Rodgers to Dobbin, 15 February 1855（Cole, *Yankee Surveyors*, p. 40）.

＊15　Rodgers to Dobbin, 2 April 1855（*ibid.*, p. 54）.

＊16　Rodgers to Dobbin, 15 February 1855（*ibid.*, p. 42）.

＊17　Johnson, *Rear Admiral John Rodgers*, p. 123.

＊18　*Ibid.*, p. 124. また、グレタ号の日本来航時の記録として、『グレタ号日本通商記』（中村赳訳、雄松堂、一九八四年）。

＊19　『〈大日本古文書〉幕末外国関係文書』一〇巻（東京大学出版会、一九八五年）、七六号、一九三〜二〇〇頁。

＊20　同右、九一号、二二七頁。

＊21　以下、同右、九二号、二二八〜二三一頁。なお、ロジャーズが認めた英文については、Cole, *Yankee Surveyors*, pp. 49-52.

*22 『幕末外国関係文書』五巻、二四三号、四五四頁。以下、日米和親条約の和文については、全て同号文書による。

*23 Johnson, *Rear Admiral John Rodgers*, p. 123.

*24 『幕末外国関係文書』一〇巻、九一号、二二四頁。

*25 同右、一〇四号、二九六頁。

*26 「村垣淡路守公務日記」五（『幕末外国関係文書』附録三所収）、安政二年四月五日条、二一七頁。

*27 『幕末外国関係文書』一〇巻、一一六号、三一七頁。

*28 「村垣淡路守公務日記」五、安政二年四月八日条、二二〇～二二一頁。

*29 Rodgers to Dobbin, 23 June 1855（Cole, *Yankee Surveyors*, p. 128）.

*30 Cole, *Yankee Surveyors*, pp. 18–19.

*31 Johnson, *Rear Admiral John Rodgers*, p. 125.

*32 「ニューヨーク・タイムズ」一八五五年一〇月一五日付（国際ニュース事典出版委員会編『〈国際ニュース事典〉外国新聞に見る日本』①本編、毎日コミュニケーションズ、一九八九年）、七六頁。

*33 同右、七七頁。

*34 この間の経緯については、和田春樹『開国—日露国境交渉』（日本放送出版協会、一九九一年）、一四二～一七四頁。

*35 『幕末外国関係文書』九巻、一四一号、二九五頁。

*36 同右、二三〇号、五六七頁。

*37 同右、五六八頁。

*38 『幕末外国関係文書』一〇巻、四九号、一三五頁。

*39 Doty, etc. to Rodgers, 11 May 1855（Cole, *Yankee Surveyors*, p. 104）.

*40 以下、『幕末外国関係文書』一〇巻、一三八号、三六九～三七〇頁。

*41 ダハティーたちがロシア人らを運ぶ契約を一方的に放棄したのは、クリミア戦争の最中にロシア人を船に乗せることで、イギリス・フランス連合艦隊に拿捕されることを危惧したためと考えられる（McOmie, *The Opening of Japan*, p. 390）。

*42 『幕末外国関係文書』一一巻、八六号、二七八頁。

*43 同右、八四号、二七六頁。

＊44　同右。
＊45　『幕末外国関係文書』一一巻、五〇号、一五七頁。
＊46　『昨夢紀事』一巻、二七七〜二七八頁。
＊47　以下、『幕末外国関係文書』一一巻、五〇号、一五八〜一五九頁。
＊48　「村垣淡路守公務日記」五、安政二年五月七日条、二五五頁。
＊49　33rd Congress, 1st Session, Senate Executive Document, No.34, p. 148.
＊50　「タイムズ」一八五四年七月二九日付（『外国新聞に見る日本』①本編）、四九頁。
＊51　「鎖国祖法観」については、藤田覚『近世後期政治史と対外関係』（東京大学出版会、二〇〇五年）など、藤田による一連の研究を参照。
＊52　三谷博「限定的鎖国から積極的開国へ」（『明治維新とナショナリズム』山川出版社、一九九七年）、一四〇頁。
＊53　『幕末外国関係文書』六巻、五六号、七四頁。
＊54　『幕末外国関係文書』一〇巻、六九号、一七四頁。
＊55　「村垣淡路守公務日記」五、安政二年四月一四日条、二二九頁。
＊56　同右、安政二年五月一五日条、二六一頁。
＊57　安政二年七月二二日付、福井藩主松平慶永宛、宇和島藩主伊達宗城書簡（『稿本藍山公記』巻七〇、宇和島市伊達文化保存会所蔵、四〇丁）。
＊58　「長崎港和蘭陀船」（『大日本維新史料稿本』、東京大学史料編纂所所蔵、安政二年四月一三日条、ＡＮ〇三一―〇五一一〜〇五一二）。
＊59　安政二年七月二二日付、松平慶永宛、伊達宗城書簡（『稿本藍山公記』巻七〇、四〇丁）。
＊60　『幕末外国関係文書』九巻、一四六号、三〇九頁。
＊61　マーク・ラビナ〈浜野潔訳〉『「名君」の蹉跌』（ＮＴＴ出版、二〇〇四年）、三〇頁。
＊62　「長崎港和蘭陀船」（『大日本維新史料稿本』安政二年四月一三日条、ＡＮ〇三一―〇五一三）。
＊63　なお、本論からはやや外れるが、諸大名に対する諮問の問題に関して付言しておきたい。『幕末外国関係文書』一一巻、五七号史料には、「高麗環雑記」からの引用として、薩摩藩主島津斉彬や福岡藩主黒田斉溥をはじめ、計一三人の国持大名から出された測量

問題に関する上申書の要旨が載せられている。先行研究では、これらの国持大名の意見が幕府の測量問題に対する対応を規定したと評価されてきた（羽賀前掲「和親条約期の幕府外交について」、守屋前掲「安政二年の米国測量願について」を参照）。

しかし、果たしてこの諮問が実際に行われたものであるのか、疑問である。まず、「高麗環雑記」においては、国持大名に対する諮問は「卯四月朔日」に行われたと記されている。しかし、本章で検討したように、そもそも江戸にロジャーズの書簡が届いたのは四月四日のことであり、一日の時点で諮問が行われたということは考えられない。また、たとえ日付に関しては単なる誤記であったとしても、実際にこのような諮問が行われたのであれば、諸大名への諮問を提起した評定所一座たちの上申書の中に多少の言及があってもおかしくはないであろう。管見の限り、「高麗環雑記」所収の要旨以外に国持大名らの上申書は見当たらず、たとえば島津斉彬の当時の書簡などを『島津斉彬文書』上・中・下巻一（吉川弘文館、一九五八～六九年）や（『〈鹿児島県史料〉斉彬公史料』一～三巻（鹿児島県維新史料編纂所編、一九八一～八三年）、『昨夢紀事』などから眺めても、この諮問に関する言及が一切ない。全ての関係史料を調査したわけではないので、国持大名の上申書は偽書であると断定することは避けるが、今後これらの上申書を利用する際には、諮問自体の有無を含めて再検証することが必要であろう。

＊64 以下、『幕末外国関係文書』一一巻、一四〇号、四一九～四二一頁。
＊65 以下、同右、一四一号、四二三～四二四頁。
＊66 眞壁仁『徳川後期の学問と政治』（名古屋大学出版会、二〇〇七年）。
＊67 奈良勝司『明治維新と世界認識体系』（有志舎、二〇一〇年）。
＊68 眞壁前掲『徳川後期の学問と政治』、四七九頁。
＊69 田辺太一『幕末外交談』一巻（平凡社、一九六六年）、二九頁。
＊70 眞壁前掲『徳川後期の学問と政治』、四七七～四七八頁。
＊71 以下、古賀の上申書については、濱野章吉編『〈復刻〉懐旧紀事　阿部伊勢守事蹟』（芸備郷土誌刊行会、一九八二年）、附録一三一～一三五頁。
＊72 田辺前掲『幕末外交談』一巻、三五頁。
＊73 以下、『〈海舟全集一〉開国起源』上巻（改造社、一九二七年）、三九八～四〇〇頁。なお、この上申書には大目付・目付の署名しかないが、「村垣淡路守公務日記」五、安政二年五月一五日条、二六一頁から、海防掛も含めて目付方全員で上申されたものということが推定できる。また、上申書は「四月」付となっているが、同じく村垣の日記から、「四月」は誤記であり、五月一五日以降に

出された上申書であると判断した。
*74　以下、『水戸藩史料』上編乾巻（吉川弘文館、一九一五年）、六五二～六五三頁。原本は不明で、『水戸藩史料』の編者による要約でしかその内容は分からない。ただし、同書所収の他の史料の要旨とその原史料を見比べた場合、要旨はほぼ的確と言える。したがって、海防掛目付の上申書についても、要旨とはいえ十分に利用できると判断した。
*75　下田における「欠乏品交易」については、本庄栄治郎『〈本庄栄治郎著作集第九冊〉幕末維新の諸研究』（清文堂、一九七三年）、二一九～二六〇頁。
*76　『グレタ号日本通商記』、二三四頁。
*77　「村垣淡路守公務日記」五、安政二年五月一五日条、二六一頁。
*78　この点は、岩瀬忠震個人の通商論の形成過程という問題とも密接に関わっている。実は測量艦隊が下田を去ってすぐの頃、岩瀬は測量艦隊が許可なく海岸線に乗り入れてきた場合には「搦捕」って下田奉行に引き渡すよう諸大名に通達するべきだという、強硬な意見を唱えていた（『幕末外国関係文書』一一巻、二八号、一〇七頁）。
その岩瀬が通商論に至った具体的な経緯・理由を示す彼個人が綴った史料は見当たらないが、直接現場を見聞した経験が彼の外交構想の転換に大きく影響したと推測することが可能であろう。たとえば、海防掛目付鵜殿長鋭の場合、ペリーが一回目に来航した嘉永六年（一八五三）六月の時点では、アメリカ側の要求を「断然拒絶」し、「衆力を尽して打払ふべし」と唱えていた（『水戸藩史料』上編乾巻、八頁）。その鵜殿は、翌安政元年（一八五四）に入り、応接掛の一員としてペリーとの条約交渉に携わっている。その交渉が進められる中で、応接掛たちはアメリカが強硬に通商を要求してきた場合、通商認可もやむを得ないと考えていたが、鵜殿もその意見に同意していたという（『大日本維新史料』二編二巻、維新史料編纂事務局、一九四三年、四九三頁）。この事例は傍証ではあるが、実際の外交経験が個人的な外交構想の基本線を大きく変化させることがあり得る、ということを示している。
*79　戸田の上申書については、『懐旧記事』、附録二一～二六頁。
*80　『幕末外国関係文書』一二巻、一三一号、二九二頁。
*81　同右、一二八号、二八九頁。

第六章

海防掛目付方の開国論の形成過程
——「乙骨耐軒文書」を用いて

はじめに

前章において、海防掛目付方が開国論を唱えるにいたった経緯を、安政二年（一八五五）三月に来航したアメリカ北太平洋測量艦隊への対応に関する評議を通じて検討した。その結果、幕府外交が「外夷之戦争」と「国内之擾乱」という深刻なジレンマに直面し、それを解決する手段として、欧米諸国と通商を実施するという開国論が海防掛目付により唱えられたことが明らかとなった。

しかし、これだけで海防掛目付方の開国論の形成過程を明らかにし得たとはいえないであろう。安政二年の北太平洋測量艦隊の来航は、彼らの開国論の形成にとって、あくまでも「外在的」な要因に過ぎない。幕臣たちが等しく測量艦隊来航という危機に直面する中、他の幕臣の意見とは異なる開国論を海防掛目付が主張した要因については、彼らが「開明的」であったというような単純な理由で片付けるのではなく、その対外論の変遷過程をたどることによって「内在的」に探っていく、という作業が必要であろう。本章は、嘉永六年（一八五三）のペリー来航以降、海防掛目付方がどのような対外論を唱えていたのか、という点を検討し、その開国論の形成過程を、前章を補完するかたちでより明確にすることを課題としたい。

具体的な作業に入る前に、この課題に関連する先行研究をまとめておきたい。海防掛目付方の開国論に関しては、石井孝の「海防掛体制」論が重要である。石井は、目付方の中でも特に海防掛を勤めていた有司層が、「常にもっとも開明的な意見を吐き、幕府の開国政策の推進力」になったと述べている。しかし、彼らがなぜ開国政策の推進力、あるいは開国論の主導者となり得たのか、という点については、十分に説明がなされているわけではない。石井は、海防掛目付方の開国論について、安政元年（一八五四）に「岩瀬忠震・大久保忠寛など新鋭の人材が目付に加わった」ことにその淵源を求めているが、この説明は、岩瀬や大久保の「開明性」を前提としたものに過ぎない。[*1]

海防掛目付方の開国論を論じた研究として、近年では眞壁仁の研究があげられる。眞壁は「外国貿易の積極的な推進役をつとめていく目付系内部の政策論が、嘉永六年以降どの時点で自覚的にその方向性を明確にしたか、またそれが何に起因するのかが問題となる」と述べ、彼らの開国論の形成過程を検討している。[*2]しかし、眞壁の研究は海防掛目付方の政策論に対する昌平坂学問所の儒者（特に古賀侗庵・謹堂父子）や、彼らに先んじて開国論を唱えていた浦賀奉行戸田氏栄・井戸弘道からの影響を指摘するにとどまっており、彼らの開国論の形成過程を直接明らかにしているわけではない。

このように海防掛目付方の開国論の形成過程を論じる際に、彼らの意見書を逐一検討するという、単純ではあるが、最も適当な方法がとられてこなかった原因としては、史料の制約という根本的な問題があげられる。海防掛勘定方（勘定奉行・勘定吟味役）のものも含めて、海防掛の上申書は『堀田正睦外国掛中書類』という史料に最も多く収められている。[*3]しかし、堀田が外国掛老中を勤めるようになるのは、安政三年一〇月一七日以降のことであり、[*4]それ以前の海防掛目付方の上申書は、まとまった形では残されていない。この史料的な制約により、岩瀬忠震などの個々の幕臣の開明性を前提にして、海防掛目付方の開国論の形成過程が説明されてきたのである。

しかしこの制約は、現在においては克服することも不可能ではない。第一章で紹介したように、「乙骨耐軒文書」

の中には、従来数が少なく十分に検討することができなかった安政三年一〇月以前の海防掛目付方の上申書が、草案という形で多数残されている。本章では、この「乙骨耐軒文書」と、従来から知られてきた諸史料とを用いることによって、嘉永六年（一八五三）六月のペリー来航以降における彼らの上申書（案）の特徴を、時系列に沿って検討していきたい。

1　嘉永六年における海防掛目付方の対外論

嘉永六年の海防掛目付方は、安政期以降の「開明的」といった評価とは全く反対の評価がなされている。その根拠とされる史料が、同年八月に海防掛目付方が差し出した、アメリカ大統領親書への対応に関する上申書である。この上申書について、石井孝は「強硬論を吐き」ながらも、「しかし、その後の処置については、ただ海防の厳修を説いているだけ」であり、「一見するところ、その態度はきわめて強硬であるが、無責任な精神主義にすぎない」と批判している。[*5]

しかし、実は水戸前藩主徳川斉昭と同様（第四章）、当時の海防掛目付方は国内に対して「戦」の姿勢を示し、実際の外交交渉では「和」の対応もやむを得ないという「内戦外和」論を基調としていた。単純に「無責任」な対外論を展開していたわけではないのである。具体的に、その時の上申書を見ていきたい。[*6]

> 平穏之御扱ニ而致屈服候事ニ相成候得者此上もなき儀ニ可有之候得共、所詮左様之御所置者無之、御代々様御成法を被為守、御成敗ハ天意ニ被為任以外ニ御処置者有之間敷奉存候、御成法を被為守、人事を眼前ニ被画（尽カ）候と、御国法を被為犯、禍患を後日ニ被遺候と、御所置之御得失ハ瞭然之儀ニ可有之処、兎角交易御許容被為在候ハ、無事ニ相済可申哉と存候より御国禁を被弛候方可然抔申上候向も可有之哉、左様相成候ハ、全く彼等か術中ニ陥

り可申而已ならす、御別紙ニも御座候通、後々之禍患不測ニ可有之、依而熟考仕候所、必戦之御決心ニ而急度御拒絶有之、不可犯之御威厳相顕候ハ、不及戦して退縮仕候儀も可有之哉

海防掛目付方は「御代々様御成法」の遵守を優先し、交易の要求は「必戦之御決心ニ而急度御拒絶」する必要を唱えている。この点で、確かに彼らは強硬論者であった。

ただし、「必戦之御決心」とは言っても、即座の開戦まで容認していたわけではない。海防掛目付方は、「必戦之御決心」で拒否をして「不可犯之御威厳」を示せば、外国側は「不及戦して退縮」するであろうと述べている。「必戦」の覚悟で対応することにより鎖国維持に対する強固な意志を示し、外国側がその要求内容を縮小させることを彼らは期待していたのである。さらに、彼らは同じ上申書で次のように述べる。[*7]

勿論来船を待受、只今即刻御打払と申儀ニハ無之、御先見を右之如く御定置、夫々御経画被為在候様奉存候（中略）明年入船之所ハ御国務多端之由ニ而御謝絶可被為在候得共、其後之所ハ是非共有無之御挨拶ニ相成可申、夫迄ニ内海丈ケ之御備ハ不及申、豆相房総等之要害、是亦厳重之御手当御座候様奉存候、其余国々辺遇（隅カ）之所者御一戦御決心之所相徹候ハ、別段御沙汰ニ不及、一時ニ整勅可仕哉

すぐに打払を実行する、というのではなく、「必戦之御決心」といった「御先見」を定めることが重要である、と彼らは主張する。その一方で、来春の実際の交渉では「御国務多端」を理由に「御謝絶」し、その後の来航までに「内海丈ケ之御備ハ不及申、豆相房総等之要害」まで厳重な海防強化を施すべきだと述べている。そして「其余国々辺遇之所」は、「御一戦御決心」の姿勢を貫徹すれば自ずと防備も整うであろうというのである。つまり海防掛目付方にとって、「必戦之御決心」とは、外国側の要求を抑えると同時に、国内においては、危機意識を高めて海防強化を促進・実現させるための手段として位置付けられており、実際の開戦までを意味していたわけではないのである。

にもかかわらず、彼らが対外戦争の勃発の危険性を伴う「必戦」の覚悟を唱えたのは、当時幕府内で存在していた

通商論に強い警戒心を抱いていたからである。嘉永六年八月、浦賀奉行戸田氏栄がロシア船への対応に関する上申書において、諸外国との通商開始を主張するのであるが、[*8]この意見に対して、九月、海防掛目付方は「天下と通商之利を等しく被開可然との趣は以の外」と述べ、「要地御委任被成置候当職之もの」がこのような「存念」を抱いて外国と応接するようでは、「御不安心之儀」と戸田を強く批判した。[*9]そのほかにも、ペリー来航後には海防掛勘定方や三奉行、西丸留守居筒井政憲が、アメリカやロシアと時期を限って試験的に交易を行えばいいという意見を唱えていた(第四章)。先の戸田の論に対する批判の中で、海防掛目付方は「眼前之無事を計候所存に而、一旦交易御許容相成候は丶、都而如何様之弊患可生も難計」と述べているが、[*10]この言は、幕府内で生じていた限定的通商論一般を念頭に置いたものと考えられる。

ところで、海防掛目付方は「御代々様御成法」の遵守を持論にしていたようであるが、その遵守を主張する際において、彼らは鎖国の「御成法」とそれ以外の「御成法」とを区分して論じていた。ペリー来航以降、海防強化を実現するため、大船製造の禁という祖法の改変の可否が幕府内で議論される。[*11]実は海防掛目付方は、大船禁止の祖法の改変については、他の幕臣たちと同様に容認していたのである。先に引用したアメリカ大統領国書に対する上申書の中で、彼らは次のように述べている。[*12]

勿論万世不朽之御政治ニ候得ハ、時ニ取てハ御変更之品も可有と、直ニ大船之御制禁之如きハ、本々外交を可絶ため御定之所、只今大船無之而ハ防禦難届、外交難絶候得ハ、御改更有之御相当之御儀ニ可有之哉、鎖国之御法制ハ此例ニ無之、弥以御堅忍御遵守被為在候外有之間敷と奉存候

このように、海防掛目付方は同じ祖法であっても、「大船之御制禁」については「只今大船無之而ハ防禦難届」としてその改変を正当化している。その一方で、「鎖国之御法制」については「此例ニ無之」として、厳格に維持していくべきだと唱えていたのである。

しかし、大船製造の禁は改変してもよいと述べながら、鎖国祖法を維持しなくてはならない理由は特に明記されていない。遠山茂樹は、ペリー来航後の祖法認識について、「祖法が、祖法であるが故に絶対の権威をもつのではなく、外患への対策の価値の方が優先されてしまえば、この目的のために、祖法に勝手な解釈が加えられ、次々と変容・崩壊の歩が進むことに歯止めはかけられなくなった」と指摘している。[*13] 遠山の言の通り、どの祖法を改変すべきか、改変していいのか、といった問題は、論者の主観によって大きく左右される問題であった。海防掛目付方が何らかのかたちで「外患への対策の価値の方」を優先させた時、彼らの鎖国祖法の認識も「変容・崩壊の歩」を進むことになるであろう。

2 安政元年における海防掛目付方の対外論

前節で見たように、嘉永六年（一八五三）において海防掛目付方は、鎖国祖法の遵守を主張し、海防強化の達成のために敢えて国内に向けて対外戦争の決心を明示しようとするなど、強硬な政策論を唱えていた。しかし、こうした強硬論は、安政元年（一八五四）に入ると早くも変化することとなる。

安政元年一月一六日以降、ペリー率いるアメリカ艦隊の軍艦が続々と江戸湾に来航した。その後、幕府内では、もし艦隊が江戸湾内に進入したらどのように対応をするべきか、ということが評議にのぼる。この件に関して、二月一一日頃、海防掛目付方より次の上申書が出された。[*14]

応接方不行届候節、品川澳江乗入、兵威を示し候とも、彼より事を破り候而者名義ニ拘リ、積年之情願空敷罷成候儀ニ付、容易ニ兵端を開き候儀者有之間敷哉、只々暴慢無礼之所業をなし、忿を為発、此方より事を破り候様計策を施し可申哉も難計候へとも、彼に釣出され候而者勝利何とも無覚束（中略）先般被　仰出候　上意之趣、

> 得と熟思仕候へ者、いつれニも一先穏便ニ退帆為致、御備向相整候上者、御処置之品も可有御座候間、万一品川沖迄乗入候とも、更ニ動揺不仕、横浜表応接之意味合を以、穏ニ申諭し、其上ニも承伏不仕候ハヽ、彼レ食料薪水ニ竭候而退帆致し候を相待、心永ニ鋭気を養ひ、持久致し候を肝要と奉存候

この上申書の中で、海防掛目付方はアメリカ側から「容易ニ兵端を開き候儀」はないであろう、という想定に基づき、とにかく「一先穏便ニ退帆」させる必要を唱え、徹底した穏健策を求めている。国内に対して「必戦」の覚悟を示すべきだ、と唱えていた前年に比べると、政策論の基調に一定の変化があったことが分かるであろう。

この変化の要因として、次の二つをあげることができる。まず、岩瀬忠震の参入をはじめとする海防掛目付方の構成員の変化である。海防掛の構成員をまとめた表1―1をあらためて参照すると、嘉永六年中に海防掛目付方を勤めていた者の中で、大久保信弘は岩瀬と永井尚志の海防掛就任と同時に新番頭に転任している。また、戸川安鎮は病によりすでに政務から離れていたと考えられる[*15]。さらに、鵜殿長鋭はアメリカ使節の応接掛として派遣されており[*16]、しかもその交渉中、限定的な通商論にも同意するようになった（第四章）[*17]。嘉永六年中の海防掛目付方の構成員は、堀利熙をのぞいて大きく変化したのである。

こうした構成員の変化に加えて、幕府の対外政策をめぐる状況も、海防掛目付方の政策論の変化に影響していた。先の上申書の中で、彼らは「先般被仰出候上意之趣、得と熟思」した結果として穏健な対応の徹底を主張しているが、ここで言う「先般被　仰出候　上意之趣」とは、前年一一月一日に発令された「大号令」のことを指す。幕府はこの大号令の中で、海防の未整備を理由に、アメリカ艦隊が再来航してきても日本側は穏健な対応に徹する、ということを明示した（第四章）。したがって、前年八月の段階と異なって、「必戦之御決心」を下すような政策的余地は存在していなかったのである。安政元年における政策論の基調の変化は、大号令によって確立された穏健策の公式方針を背景に、構成員の変化などの要因が加わってもたらされたといえよう。

ところで石井孝は、安政元年の岩瀬の参入以降、海防掛目付方が幕府内で最も開明的になったと述べ、その根拠として、安政元年七月の彼らの上申書をあげている。[*18] この上申書は、老中阿部正弘が示した幕政改革案に対する上申書であるが[*19]、それについて石井は、海防掛目付方が「鎖国制度廃棄の必然性を明白に認識したうえで、議論を展開している」と、高く評価しているのである。[*20]

それでは、実際にその上申書を検討したい。[*21]

御治世以来　御代々様厚思召を以、時々御創制を被定、又ハ御旧制を被為復、昌平之風習放逸怠懈ニ流れ候を御懲戒、専人心御振作之御措置被為在、乍恐　神祖之《の》御遺績を万世御維持被遊、誠以難有儀ニ奉存候、然ル処、近年来洋夷互市之風熾ニ行ハれ、文物日々ニ相開候ゟ全世界之様子一変仕候付而ハ、於御国も時勢御斟酌之上、夷船御取扱振等、夫々御変革有之、辺海騒擾四海■《荼》毒之患ニ被為易候儀、時勢ニ被列《副》候御処置にて、即ち　御祖宗之思召に而、都而御旧制のミ御株守被為在候ハヽ、却而在天の尊霊にも被為悖候儀ニ可有之候

確かに「御旧制」に拘泥することの無意味さを指摘し、「夷船御取扱振」も含めて「時勢」に適した政策を行うべきだという、幕政改革を行う上で積極的な意見を述べていることは注目に値するであろう。「時勢」に適した政策を行うことこそが「御祖宗之思召」に叶った処置であり、「御旧制のミ御株守」しては「却而在天の尊霊にも被為悖」と、彼らは旧法を相対化して認識しているのである。

しかしその一方で、「夷船御取扱振」に関しても、この後の文章に具体的な方法が提示されているわけではなく、記されているのは、人材登用の必要性、冗官の削減、武器の改良、経費の節約といった、あくまでも阿部が示した改革案に対する意見ばかりである。眞壁仁が強調している通り、この海防掛目付方の上申というのは、あくまで「老中阿部の改革案三七ヶ条に対する答申であり、それゆえ改革自体が幕閣によって前提とされた上での諮問」に対するものであり、旧制の改革を唱えることは、当然といえば当然なのである。[*22]

この上申書を評価する上で重要な点は、彼らが「夷船御取扱振等」の変革を唱えた時に、そこで鎖国祖法の変革そのものが意識されていたのか否か、という点になるであろう。先述の通り、嘉永六年の段階で彼らは鎖国の祖法とそれ以外の祖法とを区分して論じていた。それでは、安政元年の時点で、彼らは「鎖国制度廃棄の必然性」を認識するまでに至っていたのであろうか。

残念ながら、この上申書を含めて、同年中の史料で海防掛目付方が鎖国祖法自体についてどのように考えていたのかを示すものは見当たらない。ただし、同時期の上申書の内容を検討することで、当時の彼らの鎖国認識を推定することは可能である。

安政元年七月、長崎奉行より、外国製品が漂着した場合の処置について伺書が出された。[*23] 奉行は、外国製品は寛政九年（一七九七）以来、全て焼却してきたが、今後は差し支えない品であれば会所にて売買させたい、と主張した。この伺いに対して、安政二年（一八五五）一月、海防掛目付方は、旧法通りに対処するべきという評定所一座の意見に反論するかたちで、次のように述べている。

別紙長崎奉行ゟ流寄取上候品取計方伺幷評定所一座評議共御下ケ熟覧勘考仕候処、元来異国之品焼捨之御趣意者、妖教御厳禁海上密売買等之端を塞キ、永久不取締無之様との御遠慮可有御座候処、近来異船引続渡来、且洋中通航之船も夥敷、寛政度時勢と者格別之相違ニ候得者、別而事実適当之御取締不相立候而者後害難計、然ル処一座評議之趣、平生売買ニ不持渡分者異国之品と見据、寛政度以来之仕来を以焼捨を主張仕候段、一応尤之筋ニ者御座候得共、右ニ而者向来之弊、流寄之品取匿、不届出様可相成歟、右子細者流寄品取上ケ、奉行役所江届出候迄者品々手数雑費も相懸り候処、役所江差出し候上者直様焼捨と心得、自然民情手数入費を厭ひ、且小利ニ趨り候ならひにて、右品不□□□（虫損）ならす、窃に売買仕間敷ものニも無御座（後略）

ここで海防掛目付方は、寛政期からの「時勢」の変化を理由に「別而事実適当之御取締」を立てるべきだと主張する。「異船引続渡来、且洋中通航之船も夥」しい状況の中、旧法通りに外国製品を焼却させようとしても、密貿易が横行するだけである。それを防ぐため、今後は奉行所で吟味の上、売買しても差支えないものであれば、会所での取引を認めるべきだ、というのが彼らの意見である。

重要な点は、ここで彼らが「事実適当」の対応を求めたのは、密貿易が横行しかねない、という危機意識に由来していた、という点である。その前提には、限定的で、かつ幕府の一元管理の下にあるオランダ・中国との通商関係を維持しなければならないという、鎖国祖法の原則に沿った認識があったと考えられる。したがって、ここでの漂着品に関する旧法を改変すべきだという主張と、嘉永六年の大船製造禁制の改変に関する主張は、鎖国祖法の維持を前提にしていた、という点で変わりはないといえよう。

彼らがこの時点でも鎖国祖法を重視していたということは、次の上申書からも推測できる。安政元年三月二三日にロシア使節プチャーチンが再び長崎に入港してきた際、ロシア応接掛たちは、国境問題のある蝦夷地へ直接回航されることを懸念して、幕府側からあらかじめ浦賀に招致すべきだと主張した。[*24] これに対して海防掛目付方は、五月付の上申書において、日本側から浦賀に外国船を招いては「態と御制度を涜候」ことになり、「此方ゟ渡来候場所を被指示候時ハ長崎之外ハ有之間敷」と反対した。[*25] この上申書は直接鎖国祖法について論じられたものではないが、外国との交渉を、幕府の公式的な対外窓口である長崎一港に限定しようとしている点は、鎖国祖法の枠組みの中で対外問題に対応しようという彼らの意図を示している。

さらに、同年八月に下田奉行が下田に来航・上陸するアメリカ人のために「休息所」を設ける可否について伺いを出した際、[*26] 海防掛目付方は、「華夷混淆之懸念」を表明し、「華夷分弁之立方等、猶巨細ニ」取調べるよう、下田奉行に命じるべきだと上申している。[*27] 「華夷」の区別を重視して外国人との接触を極力避けようという彼らの姿勢からは、自ら鎖国祖法を改変して外国との新たな通信・通商関係を築こう、という開国論に連なる方向性を見出すことは難しいであろう。安政元年の海防掛目付方は、「鎖国制度廃棄の必然性を明白に認識し」ていたわけではなく、あくまでも鎖国祖法の枠組みの中で対外政策の構想を練っていたと考えられるのである。

3　安政二年における開国論の形成

安政二年（一八五五）中に生じた外国船来航に関する事件の中で、最も大きな事件が、アメリカ北太平洋測量艦隊の来航事件である。事件の詳細については前章で説明したが、ここで簡単に再確認をしておきたい。[*28]

三月二七日、下田沖合に二艘の米国軍艦が来航した。艦隊の司令長官ジョン・ロジャーズは、その二日後の三月二九日、日本近海の測量許可を求める老中宛の書簡を提出してきた。四月二日には、ロジャーズと下田奉行伊沢政義・都筑峰重とが対談を行い、その席で、ロジャーズは返答に時間がかかる場合には、一旦出帆して五か月後に再来航する旨を告げた。ロジャーズの老中宛書簡和解と下田奉行の伺書が幕府に届いた後、四月五日には、測量船への対応について評定所一座や海防掛に諮問が行われた。この時の評議では、測量の許否については意見が分かれたものの、ロジャーズが五か月後に再来航すると自ら語ったこともあって、回答を延期して一旦出帆させるべきだという点では概ね共通していた。そして、四月一三日、測量は基本的に不可であるが、再び来航した際に正式に回答するとロジャーズへ伝えるよう、下田奉行に指示が出される。しかしロジャーズは、この回答を得ぬまま、下田を発ち、北方海域の測量に向かっていった。

測量艦隊出帆後の四月一四日、幕府内では五か月後の対応をめぐって早速評議が始まる。しかし、一か月経った五月一五日の「大評議」においても、議論は「区々ニ而一決」しなかった。[*29]評議は、その後も長引くこととなる。

そのような中、安政二年六月から七月にかけての時期に、海防掛目付一色直温・岩瀬忠震・大久保忠寛の三人が、

「外交に関する大英断を促し、使節を発し条約を更正すると同時に、公然三港の交易を許されんことを乞」う内容の上申書を出した。[*30] その内容については前章で引用したのでここでは繰り返さないが、この開国論は、「外夷之戦争」と「国内之擾乱」というジレンマの解決策として示されたものであった。「公然三港の交易」を開くことによって欧米諸国の要望に応えるとともに、諸大名にもその利益にあずからせることで、その不満を抑えようとしたのである。

しかしここで問題となるのは、「交易」という手段に至る契機である。オランダ・中国との通商は、鎖国祖法に対する明らかな違背となる。その通商を敢えて政策として提言するのであれば、少なくとも彼らの中で鎖国祖法の否定が論理化・正当化されていなければならないであろう。彼らの開国論の内容については、前章で古賀謹堂の影響を指摘したが、しかし、まずは彼らがその論理を受け容れることのできた前提条件が問われるべきである。なぜなら、安政元年（一八五四）の段階では、彼らはまだ鎖国祖法の枠組みの中で外交を構想していたからである。

それでは、海防掛目付たちは、どのようにして開国論へと「飛躍」したのであろうか。

まず、五月一五日の「大評議」の後に、海防掛も含めて大目付・目付全員により提出された意見書を確認したい。この意見書については前章でも詳細に検討したが、その中で、彼らは従来の外交について次のようにその問題点を指摘している。[*31]

一体是迄之御扱振、一応は御諭有之候とも、元々舌頭ニて夫是と談論相詰候迄之儀ニ付、遂ニは強て押付候様之始末ニ陥り、益御扱振之始終を見透し、一層々々と我慢之事とも申出、何様之儀申出候とも根強く申張候得は、外御処置方は無之、願意相遂候は必定と見括罷在候故、もし又此度も只々尋常之御挨拶御座候は丶、最早彼レ割地奉貢等之儀を可申上は必然ニ有之（中略）何レニも五ヶ月後渡来之節は一応　御国法難相成段申達、彼承引不致候は丶、兼而彼理《ペリー》と談判之趣も有之候ニ付、此方ゟ本国政府え使价差遣し、巨細之儀は政府え可及懸合旨申断、右談判済迄は有無とも相控候様申達従来の対応では、一旦は「御諭」をしても、結局は外国側より「強て押付」られることとなり、そのために外国はどんな要求でも「根強く申張」れば「願意相遂」げることができると「見括」っている、と述べる。こうした悪循環を断ち切るためにも、測量艦隊が再来航した際には「御国法難相成段」を伝え、それでも承知しなければ「此方ゟ本国政府江使价差遣し、巨細之儀は政府え可及懸合旨申断」るべきだというのである。

アメリカに使節を派遣する、という抜本的な政策を彼らが唱えたのは、もはやこのままではいかなる国法も維持できない、と認識していたからであろう。それは、外国からの贈物に関する次の上申書案に示されている。四月二日の会談に際して、ロジャーズは下田奉行へ贈物を渡したいと述べてきた。奉行は幕府からの指示がないことを理由に一旦は断るものの[*32]、結局、一一日にロジャーズと奉行との間で贈物の交換が行われた[*33]。おそらくこの直後に、今後の外国からの贈物の受取について下田奉行が伺書を出したのであろう。正確な日付は不明だが、海防掛目付方の上申書案が残っている[*34]。

元々使節《之》外ハ贈物受申間敷御法ニ候へ者、向後此度ジヨンロテール《(ジョン・ロジャーズ)》同様意味之夷人と應接候共、成丈御趣意相守候様之処置可有之候所、不得已節之変法を設け置キ、夫に而已泥ミ候様ニ而者、往々不都合之義ニ可有之、上陸為致候節、料理差遣候義、是亦預《(豫か)》定可仕訳ニハ有之間敷、可成丈厳格ニ相心得、兎角寛緩に流れさる様御仕向専要ニ奉存候へ共、更ニ臨機之取計難相成候而者、異《夷》人接待方差支可申哉候間、不得已之権宜者其場に当り而之決択に任セ可然義、既にシヨンロテール贈物之義ハ其節限之御沙汰も御座候間、都而《彼是》御治定之御下知無之方哉奉存候間、書面之趣者都而是迄之通相心得、無余義事情も有之候ハ、其節ニ可申上旨被仰渡可然奉存候、私共評議仕

御下ケ書面返上、此段申上候

海防掛目付方は、元来使節以外の外国人からの贈物は一切受け取らないのが「御法」であって、「可成丈厳格ニ相心得、兎角寛緩に流れさる様御仕向」ことが「専要」だと述べる。しかし、「臨機之取計」ができなくては「異《夷》人接

待方」にも差し支えるため、「不得已之権宜」は現場の判断に委ねるしかなく、「御治定之御下知」はない方がいい、というのである。

これでは、いかに国法を守ろうとしても、交渉の現場で国法が崩れることは防ぎようがないであろう。彼らは国法維持という政策課題と、現場における「臨機之取計」との矛盾に直面する中で、従来の対応では国法維持はできないという悲観的な認識を有するようになった。そのため、「御治定之御下知」に関して明確な方針を打ち出せなくなっていたのである。

この悲観的認識こそが、鎖国の祖法自体をも相対化し、その改変を試みようという議論、つまり開国論の登場につながることになったと考えられる。幕府内において測量艦隊の問題は、同年五月以降も結論が出ないまま議論が続いた。当初海防掛目付方はアメリカへの使節派遣によって測量拒否を図ろうと考えたのであるが、長引く議論の中で、対外方針そのものを抜本的に変容させることによって測量艦隊問題を解決しようと考えるようになった。それが、安政二年六月から七月にかけて、海防掛目付一色・岩瀬・大久保の三人が出した開国論だったのである。

この開国論を主導したのが、下田取締掛として同地に赴任していた岩瀬忠震であったことも、前章で指摘した通りである。彼が下田で目の当たりにしたのは、欠乏品給与の域を超えて実質的な交易が行われているという状況であった。同年五月三日、下田奉行都筑峰重・井上清直・伊沢政義と下田取締掛川路聖謨・水野忠徳・岩瀬忠震の六人は、外国人へ渡す欠乏品がもはや「欠乏之名義を失」っていることを指摘し、その現状に合わせて「強而差支ニ不相成品者、御渡ニ相成候方ニ可有之」として、外国船に渡してもいいであろう物品を詳細に書き上げた上申書を提出している。[*35]

岩瀬は五月一五日に他の下田取締掛とともに江戸に戻り、登城している。[*36] 帰府後、おそらく彼は他の海防掛目付方に如上の下田の状況を説明したであろう。そして、実情に合わせて公然と交易を開いた方がいい、という論も主張したと考えられる。

この岩瀬の主張が海防掛目付たちにすぐに受け容れられたのは、次の理由による。先にあげた下田奉行と下田取締掛の欠乏品に関する伺書に対する七月付の海防掛目付方の上申書案が「乙骨耐軒文書」の中に残されている。その上申書案で、彼らは次のように述べている。[*37]

下田表おゐて欠乏品渡し方之義ニ付、川路左衛門尉はしめ、一同談判取極候趣申上候書付《面》被成御下、一覧勘弁仕候処、開港以来時々渡し遣し候欠乏品之義者、無余義事情も有之候得共、渡し方之次第により民情直売買之姿に推移り候弊患も不少候ニ付、奉行等一同熟考申上候条々、いつれも事実穏当之取扱振にて其上《ニ相聞へ》不取締之筋も相見不申候ニ付（中略）都而申上候通相心得候様（中略）被仰渡可然奉存候

先の開国論はこの上申書案とほぼ同時期のものと考えられるが、ここで海防掛目付方は、「直売買之姿に推移」る「弊患」も少なくないという認識から、欠乏品の範囲を広げるべきだという下田取締掛たちの上申に同意している。この「直売買之姿」とならないように欠乏品の枠を拡大させようという論理が、逆に欠乏品という名称自体を廃して、実態に合わせて公然と交易を行うべきだという論理に転ずることは、それほど困難なことではなかったであろう。というのも、彼らは嘉永六年以降、鎖国祖法以外の祖法に関しては実態に合わせた対応の必要を唱えていた。そしてこの直前には、従来のままでは国法維持は困難だと認識していた。そのような彼らにとって、もはや鎖国祖法の原則に反し、欠乏品の枠を超えた実質的な交易（「直売買」）が行われている、という下田の状況は、鎖国祖法自体を変容させ、実態に合わせて公然と交易を行うべきだという開国論への転換をもたらす条件として十分であったと考えられるのである。

以上のように、安政二年の半ばになって、はじめて海防掛目付方の中から開国論が唱えられることとなった。しかしながら、これによって、海防掛目付方の内部が開国論で固まり、海防掛目付方全体が開国論者の集団になった、と

いうわけではない。実は、これ以降の海防掛目付方の政策論を検討すると、彼らの対外論の中に、「揺れ」が存在していたことが分かるのである。

4　海防掛目付方の対外政策構想の「揺れ」

前章で見たように、測量艦隊の問題が続く中、海防掛目付は「出格の英断」による三港での交易を主張するに至った。しかしながら、最終的に老中阿部正弘が下した決断は、「出格の英断」による開国ではなく、測量拒否という、交易開始とは程遠い国法遵守の方針であった。安政二年（一八五五）八月一三日、阿部は下田奉行に測量拒否の方針を達し[*38]、さらに同日、諸大名に対してもその方針を示したのである[*39]。

測量拒否の方針が定まって以降の海防掛目付方の上申書案を検討したい。九月三〇日、当時相模の海防を担っていた長州藩は、測量拒否の方針をうけて、もしアメリカ船が江戸湾、もしくは藩内の海岸を無理矢理測量してきた場合にはどう対応すべきか、という伺書を出した。長州藩は「万一渠より手荒之所行致し、人命江も相拘り候程之儀も有之節者、無拠儀ニ付、打払候様ニも可被仰付哉」として、万一の場合の打払の可否を尋ねたのである[*40]。

この伺いに対する海防掛目付方の上申書案が、「乙骨耐軒文書」の中に残されている。少し長くなるが、全文を引用したい[*41]。

松平大膳大夫（長州藩主毛利慶親）相伺候書面被成御下、一覧勘弁仕候処、亜墨利加船ゟ　御国海岸測量可致哉、就而者其心得罷在候様御書付を以被仰聞候趣御座候ニ付、同氏相模国御預り所幷防長領国近海江彼船渡来測量等可致様子相見候ハヽ、成丈穏便取扱可仕候得共、論談難徹底、押而測量可致も難計、猶又精々穏取計可申候共、手荒之所行人命に拘り候程之義も有之候節者、打払候様にも可被仰付哉、且又夷人上陸乱妨をも仕候ハヽ、搦置候而も可然哉との趣、掛念

之条々、実以〔尤相聞△〕打払に至り可申場合有之候共、私領海岸此口よりし而天下大郄〔釁〕之端、一端相発し、随而取纏め候手段者迚も難及訳目前に有之と申候迚、△申立之横行其儘〔之通ニ〕に手を束ね可罷在義者有之間敷者勿論候へ〔人命拘り候程之義有之候ハヽ、〕者、無拠次第、○所詮不惜身命之働、何様にも力を竭し神妙に〔○打払にも可及――又者如何様にも精力手段を以て〕押留、且重立候者、証に取捕置、御預所者相備（ママ）へも通達いたし、江戸表へ急速御届いたし候ハヽ、可然御差図可有之、国元之義者大坂御城代江注進いたし、江戸江相伺候様可致義奉存候、左候へ者書面測量船幷に上陸横行等之義者、〔臨機之次第候得とも、万一難■捨置場合ニも至り候ハヽ、伺之通相心得、可成丈穏ニ取計候様可致旨〕其海岸一口より打払之端相発し候而者、他港其外全海之響相成諸談判差妨出来不都合ニ付、打払と者難仰出候へ共、不法超過〔至極〕に及候節者、差当掛り合候者、忠精を抽て如何様にも〔打払にも可及相心得、又者如何様にも手段を以て乱妨者〕手段を以て押留、証人捕置相伺可申様可心得候段被仰達可然奉存候、御下書面者御勘定奉行江相廻し、私共評議仕此段申上候

この上申書案の訂正前の字句、つまり見消された部分をそのまま読むと、私領での武力行使が「諸談判差妨」となってしまうことを懸念して、打払は認可できない、と記されている。「如何様にも手段を以て押留」め、その上で幕府に処置を伺うように指示するべきだという。ところが、訂正後の字句では、一転して打払の措置が認可されている。できるだけ穏健に取り扱うということが前提ではあるが、万一の場合には「打払にも可及相心得」て「乱妨者」を取り押さえよ、という案に変わっているのである。この上申書案が、結局どのような内容で提出されたのかは不明であるが、この草案からは、藩領での打払の可否という重大な問題に関して揺れる海防掛目付方の姿を見て取ることができるであろう。

さらに同じ頃、尾張藩から、藩領に外国船が来航し、暴行を働いてきた場合には、どう対応すればいいか、という伺書が出された。この件に関する海防掛目付方の上申書案も、「乙骨耐軒文書」の中に残っている。これも、長くなるが全文引用したい。[*42]

尾張殿領分海岸之義被相伺候ニ付鈴木主殿ゟ差出候書面被成御下一覧勘弁仕候処、魯西亜、英咭唎、亜墨利加其

外、諸夷共渡来いたし、薪水食料等乞求候節、如何取計可申哉之段者、此程三港条約書写向々江御触達御座候上者、右に基、夫是斟酌可有之義候へ共、御問出之上者一応治定之御挨拶申上候方、相当之義と奉存候、且又上陸之異人横行挙動相募、人民手を為負、又者火を放チ、財を掠メ候次第にも至り候而者、捕押置可伺候共、夫も手余り候ハヽ、打払も仕候半歟、是以不容易とハ乍申、術計尽果候ハヽ、如何可仕との趣、(※)従来御親藩之義者　国家之休戚を御同一ニ思召入、何呉之御挙動も自然余他列藩之鎮圧に成り、且者標準を被為示候程之御威勢被為在御座度候処、伺面之通ニ而者前後怖惑之御見込相聞、夫而已ならす彼方不法超過に及ひ候迄夫是緩急寛厳之差引者、間不容髪候場合も可有之、旁以手続取極之上、筋々江申付置候而者、猶予之含意差起り、却而種々失誤之端を啓キ可申者必定、不都合之義と奉存候、左候へ者欠乏品之義、条約済之国ニ候共、私領海岸おゐて者、伺不申候而者渡方決而不相成趣、一向に申諭し、達而申立度候ハヽ、三港之内勝手之地所江相廻り候様可仕趣、是亦申渡、条約外之国々ニ而も渡し品断方者、前同様為相心得申立度義者、長崎湊江相廻り可申旨申諭し、横行之異人取扱振之義者其時々之宜に就而処置決断可有之義ニ而、兼而より之御指揮者被成置兼候義ニ有之、且此方平穏を以て主とし候共、彼弥暴戻に募り候節者夫迄之義、然所夫是取越候怖惑念慮可為御無益候段、御会得被為在、御国許筋々へも右廉合を以て筋々江示諭被為成置候様可申上旨被仰達可然奉存候、御下書面者御勘定奉行江相廻し、私共評議仕、此段申上候

この上申書案で、海防掛目付方は、外国船が藩の海岸に来航した場合の対応について、「旁以手続取極之上、筋々江申付」けては、「却而種々失誤之端」になると述べる。「横行之異人取扱振」については「其時々之宜」によるため、「兼而より之御指揮」はできないという。さらに、外国側が「暴戻」に及んだ場合には「夫迄之儀」であり、それについて事前に想定をするのは「御無益」とまで言い切っているのである。

数か月前には、海防掛目付方は使節を派遣して条約を改正することさえ主張していた。ところが、ここで彼らは条

約そのままの対応を主張し、その上、条約から想定される事態から外れたことに関しては、対策を検討することすら放棄しているのである。

しかし、この意見に関しても、海防掛目付方は揺れていた。実はこの上申書案には、もうひとつ別案が存在している。訂正字句も少なく、次の別案の方がより清書に近いものと考えられる。先の引用の（※）まではほぼ同文なので、それより後だけを引用する。[*43]

従来国家之休戚《国家欠字ノ「》を御同一ニ被遊候義ニ而、都而諸藩之標準を被為示候半而者、難相叶義ニ御座候処、御伺面被差出候様ニ而者御不都合之次第ニ相聞候間、御廟謨之御密策之程、御定決之上、御疑念無之様被仰上有之候様仕度奉存候、御下書面者御勘定奉行江相廻し、私共評議仕、此段申上候

この上申書案で海防掛目付方は、「国家之休戚」を同一にする尾張藩がこのような伺いを出しては不都合である、と述べながらも、「御廟謨之御密策」を決定するよう、幕府に促している。「御廟謨之御密策」が具体的にどのような策を指しているのかは不明であるが、いずれにせよ、先の案では万一の事態について事前の想定はできない、とまで述べていたのが、ここでは逆に幕府に対して政策方針の決定を促しているのである。

このような、上申書案に見られる海防掛目付方の意見の揺れは、安政三年（一八五六）に入っても続いていたようである。安政三年四月三〇日、土佐国幡多郡の越浦に、清朝の海南島の漁民たちが乗った船が漂着した。漂着船の船員は一一月に長崎に護送され、同地より帰国したという。[*44]その護送以前、この漂着船の帰国方法について、土佐藩は幕府に伺書を出した。中国の漂流民については、近世初頭以来、長崎に護送した上で帰国させることとなっていたが、[*45]土佐藩は、漂着した清朝の商人たちは航路も知っており、土佐から直接帰国させてはどうかと考えていた。月日は不明ながら、この土佐藩の伺いに対する海防掛目付鵜殿長鋭・一色直温・岩瀬忠震・大久保忠寛の上申書案が残されている。[*46]

前文略之、外国之船々漂着いたし候節ハ長崎表へ護送いたし、同所ニおいて尚取調之上、末々出帆為致候仕来ニ而、右者其場所々々ニおいて不取締無之ため、斯迄厳重御取扱相成候義ニ候、書面東京船之義も例之通取計可然義ニハ御座候へ共、尚古今自他形勢参考仕候処、沿海御取締向之義ハ是迄申上候趣も有之、実以当今御急務ニ候得ハ、いつれニも御制度被為相立候義ニ可有御座、左すれハ漂着船等之義者、事実相当之御処置ニ相成候方哉ニ而、なましい旧法古格を守、右ニ而御取締相立候義と上下安心仕候而者、却而御不取締之基ニも可相成、且者他向《見越候義ニ候へ共、諸国》之漂流船いつれも東京人之如く従《柔》順之もの而已ニハ決而無御座、右者其節一体両様之御取扱不相成様仕度、左すれ者事実相当之御処置之外無御座《有御座間敷》、事実相当を以御取扱相成候義ニ候ハヽ、此度之漂着ニおいて聊疑敷義も無之上ハ、土佐守（土佐藩主山内豊信）へ御委任被遊、伺之通御許容相成可然義と奉存候、若又漂着《いつれの地ニおゐても》之始末疑敷義も御座候《有之節者》ハヽ、長崎表へ差送候共、事宜（時カ）次第之義ニ而、尤条約国々ハ条約面之通取計、彼ニ《自他共》おいて異論無之筈、然上者書面伺之通可取計旨被可達可然義と奉存候云々

この上申書案の中で、海防掛目付たちは「事実相当」の処置を優先し、土佐藩の伺い通り直接帰国させればいい、と唱えている。「なましい旧法古格」を守ってそれで「上下安心」していては、「却而御不取締之基」となるというのである。

しかし、実はこの案にも別案が存在している。その別案は前掲の上申案の後ろに紙縒で添付されているものだが、先の案の冒頭と末尾がそれぞれ「前文略之」、「云々」となっていることから考えて、次の別案の方が先行して作成されたと考えられる[*47]。

松平土佐守領海江当辰四月唐船漂着仕候御届並右帰帆為致候《之義》ニ付伺共《「候書面》被成御下、一覧勘弁仕候処、船長五間計、乗組七人、東京之者共ニ而、漁具之外所持品無之、三月中出本国漂流之趣、外疑敷筋無之、薪水等相与候処、海路相弁候間、帰帆仕度旨申聞候ニ付、相許不苦候哉との趣、先達中秋月佐渡守（日向国高鍋藩主秋月種殷）ゟ異国船送出候方品々相伺候

内、唐船に寄海路弁罷在、直ニ帰帆仕度願候者帰帆為仕可申哉之条、私共評議仕候所、乗寄之場所ゟ直ニ本国江帰船為致候而者、自然不取締之弊出来可申も難計候ニ付、長崎表江引送可申旨被仰達可然趣申上候義有之、一体外国之船碇泊等願候節者最寄三港之内江相廻し可申筈ニも御座候得者、一ト通之唐人漁船ニ候共、長崎迄差送候方御締筋可然奉存候間、書面伺之趣者帰帆為致不苦、尤長崎表迄引送、船江相当之家来乗《同所奉行江引渡可申旨》組取締として差添遣可申旨被仰達、其段長崎奉行へも被仰渡候義と奉存候、被成御下候書類者《面弐通》御勘定奉行江相廻し、私共評議仕、此段申上候、以上

この別案では、前掲の案とは全く反対に、漂着地から直接帰帆させては「不取締之弊」が生じるため、長崎まで護送の上で帰国させるべきだと唱えている。漂流民らは、結局長崎に送られた上で帰国したのであるが、海防掛目付の意見は、「事実相当」の処置を優先して直接帰帆させるか、それともあくまでも従来通り長崎に護送させるべきか、という送還の方法をめぐって揺れていたのである。

以上のように安政二年後半から安政三年にかけて、海防掛目付方の意見は大きく揺れていた。長州藩からの伺いに対する草案に関しては、藩による打払の可否に関して二通りの案が作成されている。この上申書案は、必ずしも鎖国・開国の問題を直接取り扱っているわけではないが、たとえば嘉永六年（一八五三）の段階で「必戦」の論理が国内外に鎖国維持の姿勢を示すための手段として位置づけられていたように、藩による打払を認めるということは、鎖国維持の方向性を示唆するものでもあったといえよう。また、漂流民の送還方法に関しても、対外的な窓口をあくまでも長崎一港に限定しようというのは、安政元年（一八五四）のロシア使節の浦賀招致の問題と同様に、鎖国祖法の枠組みの中での議論であり、三港を開いて公然と通商を行おう、という論から見れば、鎖国論に「後退」したようにも見える。安政二年後半から翌年にかけての海防掛目付方は、一旦は「英断」による通商を唱えながらも、鎖国祖法の維持という政策課題から完全に脱していたわけではなかったのである。

このような意見の揺れは、海防掛目付方の内部において、意見の対立、あるいは対立とまではいわなくとも、意見の不一致があったということを示唆している。すでに第一章において、海防掛勘定吟味役村垣範正の日記を用いて海防掛の評議・上申過程を検討したが、それは、勘定方・目付方のいずれにおいても、まずは評議内容を踏まえた草案がそれぞれの支配向により作成され、その草案が回覧された上で清書が作られるという過程であった。その回覧の中で修正意見が出されることもあり、「乙骨耐軒文書」に見られる多くの見消は、海防掛目付方が清書の完成にいたるまで、意見の調整に真剣に取り組んでいたことを示している。

この評議・上申の過程から考えて、内容の相反する二通りの草案が作成されるということは、評議の結果を踏まえた当初の草案が回覧される間に、評議内容とは異なる修正意見が出されたことを意味しているといえよう。そして、その相反する意見がそれぞれ上申書案に反映されたことにより、海防掛目付方の意見の揺れが形として残されることになったのである。

小結

「乙骨耐軒文書」から判断すると、実は海防掛目付方の意見の揺れは、安政二年後半から安政三年にかけての時期に特有のことのように見受けられる。もちろん、字句の修正や多少の意見の変更はいずれの年代の上申書案にも見られるが、藩領での打払の可否といった、対外方針の根幹に関する問題において正反対の草案が見られるのは、この時期だけなのである。

たとえば「乙骨耐軒文書」の中には、アメリカ総領事ハリスの登城（安政四年一〇月二一日）に関連して、公式の使節ではない外国人が同様に登城を要求してきた場合にどう対応すべきか、という点に関する同年一〇月付の上申書案が残されている。その中で、海防掛目付方は「軍艦主将」などは使節でなくとも登城を許し、「万国江対し《海外迄も》言路を被為開」べきだと述べている。[*48]この上申書案についても、字句に関して多くの見消・修正が施されているが、趣旨そのものについての修正は見られない。

この上申書案で海防掛目付方は「万国江対し《海外迄も》言路を」開くという、積極的な海外交際を求める意見を述べている。安政四年の段階においては、海防掛目付方はまさに積極的な開国論者であった。彼らは安政期の後半には、通商を富国強兵の基と位置づけ、日本側からも海外に官吏を置くべきだと主張するなど、[*49]確かに幕府の中で開国政策を推進する主体となっていたのである。

それでは、一体なぜ安政二年後半から安政三年という時期に、海防掛目付方の意見に揺れが生じることになったのであろうか。この点を明らかにするためには、当時の幕閣中枢の政治史的動向が重要な鍵となるであろう。実は海防掛目付方の意見が揺れていた時期というのは、大きな幕閣改造が行われた時期と重なっているのである。それは、測量に関して是認の意見を唱えていた松平忠優・松平乗全という二人の老中の罷免、および水戸前藩主徳川斉昭の幕政参与就任（八月）、さらに阿部正弘から堀田正睦への老中首座交代（一〇月）、という一連の幕閣改造であった。この幕閣改造は、海防掛目付方に限らず、幕府内外に大きな衝撃を与えることとなる。

註

＊1　石井孝『日本開国史』（吉川弘文館、一九七二年）、一二一頁。

＊2　眞壁仁『徳川後期の学問と政治』（名古屋大学出版会、二〇〇七年）、四七一頁。

＊3　『千葉県史料近世編　堀田正睦外交文書』（千葉県、一九八一年）所収。なお、その史料のほとんどは、『〈大日本古文書〉幕末外国関係文書』（東京大学出版会）に引用されている。

＊4　『幕末外国関係文書』一五巻、七五号、一八二頁。

＊5　石井前掲『日本開国史』、八二頁。
＊6　『逷蛮彙議』一三巻（東京大学史料編纂所所蔵）、七～八丁。
＊7　同右、一三～一四丁。
＊8　『〈海舟全集一〉開国起源』上巻（改造社、一九二七年）、八三～八五頁。
＊9　同右、八六～八七頁。
＊10　同右、八六頁。
＊11　『水戸藩史料』上編乾巻（吉川弘文館、一九一五年）、一一二～一一五頁。
＊12　『逷蛮彙議』一三巻、一〇丁。
＊13　遠山茂樹「幕末外交と祖法概念」（『〈遠山茂樹著作集第二巻〉維新変革の諸相』岩波書店、一九九二年〈初出一九八四年〉）、一七六頁。
＊14　『大日本維新史料』二編四巻（維新史料編纂事務局編、一九四三年）、二頁。
＊15　木村芥舟「幕末名士小伝」（『〈復刻〉旧幕府』第一巻第二号、マツノ書店、二〇〇三年）、五一頁。
＊16　『幕末外国関係文書』四巻、一二六号、一八二頁。
＊17　『大日本維新史料』二編二巻、四九三頁。鵜殿が帰府の後に嘉永六年時のような強硬論を唱えた形跡は見られないが、それはアメリカとの実際の交渉に携わったという経験が影響していると考えられる。
＊18　石井前掲『日本開国史』、一二〇～一二一頁。
＊19　幕政改革案については、『水戸藩史料』上編乾巻、三九四～四〇一頁。
＊20　石井前掲『日本開国史』、一二〇頁。
＊21　「海防建議」一一（『大日本維新史料稿本』、東京大学史料編纂所所蔵、安政元年六月五日条、AN〇一三―〇二三四～〇二三五）。
＊22　眞壁前掲『徳川後期の学問と政治』、四七五頁。
＊23　長崎奉行の伺書ならびに次に掲げる海防掛目付方の上申については、「長崎近海にて流寄并取揚品取計方伺いとその評議書」（山梨県立文学館所蔵乙骨耐軒文書、目録番号五一六）。なお、この上申書は乙骨彦四郎が徒目付に就任する以前のものである。訂正の字句などもほとんどないことから、これは他の上申書を作成するための参考として乙骨が収集した上申書の写と考えられる。
＊24　『水戸藩史料』上編乾巻、四一七頁。

＊25『海防建議』三（東京大学史料編纂所所蔵、写真帳）、二八〜三〇丁。
＊26『幕末外国関係文書』七巻、一六二号、四七五〜四七七頁。
＊27 同右、二四一号、六四六〜六四七頁。
＊28 以下、本書第五章第1節を参照。
＊29「村垣淡路守公務日記」五（『幕末外国関係文書』附録三所収）、安政二年五月一五日条、二六一頁。
＊30『水戸藩史料』上編乾巻、六五二頁。
＊31『開国起源』上巻、三九九頁。なお、本書第五章注73も参照のこと。
＊32『幕末外国関係文書』一〇巻、一一六号、三二四頁。
＊33 同右、一八四号、四八〇〜四八二頁。
＊34「異人より贈物その他取計方に付下田奉行伺に対する評議書案」（乙骨耐軒文書、五二三）。以下、乙骨耐軒文書の引用につき、山梨県立文学館編『資料と研究』での翻刻の例に従って、見消は点線で示す。
＊35『幕末外国関係文書』一一巻、八八号、二八七頁。
＊36「村垣日記」五、安政二年五月一五日条、二六一頁。
＊37「下田表にて異国船中欠乏の品渡し方伺いに付評議書案」（乙骨耐軒文書、五二六）。なお、見消を示す四角囲みは原文のままである（以下同断）。この上申書案の署名者は、井戸弘道、筒井政憲、鵜殿長鋭、一色直温、岩瀬忠震、大久保忠寛であるが、岩瀬の名前は四角囲みで見消となっている。
＊38『幕末外国関係文書』一二巻、一三一号、二九二〜二九三頁。
＊39 同上、一二八号、二八九頁。
＊40『幕末外国関係文書』一三巻、二八号、五三頁。
＊41「亜墨利加船海岸測量強行時の処置の儀伺いに付評議書案」（乙骨耐軒文書、五〇八）。
＊42「異国船より薪・水・食料等要求の取計に付評議書案」（乙骨耐軒文書、四〇六）。見消による訂正が多くの箇所で施されているが、訂正後の文言は、次に引用する目録番号五一七の文書とほぼ同じなので、訂正前の字句のみを引用する。なお、大名に対して三条約が開示されたのは（文中の「此程三港条約書写向々江御触達御座候」）、安政二年八月一三日のことであり、この日以降の上申書案であることが分かる（『幕末外国関係文書』一二巻、一二五号、二八六〜二八七頁）。

＊43　「尾張殿よりの領分海岸にて異国船との交渉方伺いに付評議書」（乙骨耐軒文書、五一七）。
＊44　『土佐清水市史』上巻（土佐清水市史編纂委員会編、一九八〇年）、七〇一～七〇二頁。
＊45　荒野泰典『近世日本と東アジア』（東京大学出版会、一九八八年）、一四〇～一四八頁。
＊46　「松平土佐守領海へ漂着の唐船帰帆の儀伺いに付評議書案」（乙骨耐軒文書、四六〇）。
＊47　「前文略之」の部分は別案冒頭の「松平土佐守領海江当辰四月唐船漂着仕候御届（中略）帰帆仕度旨申聞候ニ付、相許不苦候哉との趣」に、「云々」の部分は別案末尾の「被成御下候書類者《面二通》御勘定奉行江相廻し、私共評議仕、此段申上候、以上」に相当すると考えられる。
＊48　「使節にこれなき外国人出府願出の処置伺いに付評議書案」（乙骨耐軒文書、四七六）。
＊49　たとえば『幕末外国関係文書』一五巻、二六五号、七〇〇～七〇五頁。詳細については、第八章で検討する。

第七章

安政二年における幕閣改造の政治・外交史的意義

はじめに

安政三年（一八五六）八月四日、老中阿部正弘は欧米諸国と通商を開始した場合の仕法について、海防掛など外交に携わる有司層に対し、諮問を行った。[*1] これは、幕府内ではじめて公式に通商の可能性が検討されたことを意味している。詳細は第八章で検討するが、安政三年以降の幕府外交は、開国政策に向けて本格的に動き出すこととなる。

しかし、その動きは、安政三年後半に入って突如として始まったわけではない。阿部正弘自身は、安政二年（一八五五）一二月の時点で、すでに通商の可能性を模索していたようである。一二月一一日、阿部は薩摩藩主島津斉彬と対談した際、斉彬に対して次のように述べているのである。[*2]

異国通信之義ハ　東照宮御代にハ頻に有之義にて、則編年集成にも南蛮船八十余艘長崎へ渡来、　神君御喜悦不斜とこれあり、　御三代に至つて御禁絶ありしは、　葡萄牙人の妖教を日本へ相伝せしより御停止となりし事候へハ、通信商儀ハ敢而神慮にも相背け申間敷

阿部は、初代将軍徳川家康の時代の外交を事例に、諸外国と通信・通商関係を新たに結んでも「神慮」には背かないと主張する。この発言は、阿部が当時幕政の中心的人物であったことを考えても、非常に重要であろう。

この阿部の発言を根拠に、「『開国』過程のポイントの一つ」として安政二年末の動向を重視したのが、麓慎一の研究である。[*3]ただし、麓の研究は考察対象を嘉永六年から安政三年に限定しているため、阿部の発言がペリー来航をはさむ開国期全体の幕府の政治・外交史においてどのような意義を有していたのか、という点については、十分に明らかにされているわけではない。

ところで、さらに時期をさかのぼって考えると、この阿部の発言は、彼の政策構想の「劇的」な変化のように捉えることができる。先の発言の約四か月前にあたる安政二年八月一四日、阿部は水戸前藩主徳川斉昭を「幕政参与」に任命し、幕政全般に携わらせることにした。[*4]「攘夷の巨魁」とも評される斉昭は、[*5]当時においても、強硬な対外論の持ち主として知られていた（第四章）。さらに、阿部は斉昭を登用しただけではなく、斉昭の対外論に批判的な見解を有していた老中松平忠優・松平乗全の二人を罷免するという措置にも出ている。[*6]これら一連の措置は、一見すると、阿部が強硬路線に基づいて幕閣改造を行ったようにも見えるであろう。それだけに、この幕閣改造と、安政二年一二月の発言との間に、大きな乖離を覚えるのである。

それでは、安政二年八月の幕閣改造から、同年一二月の発言にいたるまで、阿部の政策構想には一体どのような変化があったのであろうか。開国の〈経緯〉を主題とする本書にとって、安政二年の幕閣改造の政治史および外交史上における意義と、それがその後の幕府外交に与えた影響を考察することは、不可欠の課題であろう。

とはいえ、残念ながら阿部自身の政策構想の変化をたどることは非常に困難である。阿部は、自分自身の構想や心情を記した史料をほとんど残していない。[*7]そのため、阿部の政策構想の変化を考察するためには、当該期の政治史的状況を詳細にたどるとともに、その周辺史料から推定していくしかない。本章では、安政二年の幕閣改造が、当時の幕府の政治・外交にどのような影響を与えたのか、という点を検討しながら、それら一連の動向から、阿部の一見「劇的」に見える政策構想の変化の背景を明らかにしていきたい。

1　幕閣改造の断行

(1)　幕閣改造の背景

安政二年（一八五五）八月の幕閣改造を考える上で鍵となる人物が、水戸前藩主徳川斉昭である。同年三月末に来航したアメリカ北太平洋測量艦隊の問題をめぐり、斉昭は四月一八日、月番老中久世広周に次の書簡を出した。まず、「測量一条ニ至候而ハ、此上之所、実ニ心配いたし候、御備御手薄ゆへ戦期をのべ候儀、一時の御権道と八年申、万事をさし置、大船大砲等の御手当無之而ハ、始終御手後レニのミ相成候」と述べて、従来の「一時の御権道」に基づく外交をやむを得ない選択として追認しつつも、海防強化を早急に実現させなければ「始終御手後レ」になるとして、幕府に海防強化に向けた奮起を求めた。その上で、箱館・下田・長崎の三港以外においては、「一円ニ打払」という覚悟を内外に示すべきだと主張したのである。[*8]

また、四月末には、下田に滞在していたロシア人士官を通じて、二〇数艘からなるアメリカの大艦隊が近々来航するという風説が伝えられた（第五章）。この風説に対する反応はさまざまであり、全員が信じていたわけではないが、幕臣たちの危機意識を一層高めたことは確実であり、測量問題をめぐる議論もこの風説に規定されるところがあったと考えられる。

この風説に対して大きな危機意識を抱いたひとりが、徳川斉昭であった。五月六日に江戸城へ登城した斉昭は、「未来考」と題した建議書を提出し、たとえ大艦隊が来航しようとも、「墨夷申所御聞済」のないよう念を押している。[*9]斉昭は、こうした対外的な危機の高まりが、幕府の外国に対する譲歩策に結びつくことを警戒し、繰り返し幕府に強硬措置の必要性を唱えていた。

斉昭が対外的な譲歩として最も警戒していたのは、下田へのアメリカ官吏駐在の問題である。日米和親条約の第一一条には、条約締結から一八か月後の官吏駐在が規定されており、安政二年八月が、その一八か月後に相当していた（安政元年に閏月がある）。そのため、アメリカ側が近くその駐在を要求してくることが予想されていたのである。なお、和文では、官吏駐在には日米両国の合意が必要となっていたのに対し、英文では一方の国が必要と認めた場合に官吏を駐在させることができるとして、和文・英文で意味に大きな相違があり[*10]、安政三年（一八五六）七月のハリス来日時に大きな問題となった。当然のことながら、幕府側は和文に基づいて条約を解釈していたのである。

先の「未来考」において、斉昭が「墨夷申所」と想定したのも、官吏の駐在要求であった。斉昭は、「昨年応接之十八ヶ月といふも今年八月頃なれ共、彼は指を屈してまち居候半、是迄之義にて考るに、いつも申所ゟは彼早く来れは、八ヶ月と約しても六、七月の頃には渡来すべし」として、早急にこの問題に関して方針を定めておくよう求めた。もちろん、斉昭が求める対応とは、「右を聞候は丶外々の夷も同様追々願出可申哉」と警戒していることからも分かるように、官吏駐在を拒否する対応であった[*11]。

しかし、「未来考」を提出した同じ五月六日、斉昭は江戸城中で官吏駐在問題をめぐり老中松平忠優・松平乗全と討論し、幕閣がアメリカの要求の受諾に傾きかねないことを強く懸念することとなる。斉昭が老中たちに官吏駐在問題に関する「了簡」を尋ねたところ、松平忠優は「とても御備も不行届、今事出来候而ハとても利なし」と答え、また松平乗全は「なまなか一戦して其上にてゆるし候よりハ、却而今の中より済セ候調に致置候方、御威光もよろしく」と述べたという。斉昭は彼らに対し、下田への官吏駐在を許しては、要求がさらに増長し、「終にハ　御城へ迄も入見度抔と申」すであろうと反論した[*12]。

ここでの議論にも示されているように、松平忠優と松平乗全の二人は、外国からの要望に関して、海防が整っていない以上は容認するしかないという意見を有していた。特に松平忠優は、「外交問題でのその立場は、幕閣の大勢でもあった和平・穏便・開国論」であったともいわれている。[*13] このような立場の松平忠優が、徳川斉昭と良好な関係を構築することは不可能であった。現に嘉永六年（一八五三）六月のペリー来航直後、徳川斉昭の海防参与就任が議論された際、老中の中で一人反対をしたのが、忠優である。[*14] 斉昭と忠優は、まさに政敵の関係であったといえよう。

安政二年五月六日の江戸城中での出来事から一〇日後、斉昭はあらためて老中に建議書を提出し、「難為済儀ハ不相成よし申聞、彼より兵端開候ハヽ、無已儀、防禦被遊候より外有間敷哉」として、官吏駐在を認めてはならず、それにより戦争が生じた場合には仕方がないと述べ、あくまでも断固拒否の方針を定めるよう求めた。[*15]

斉昭がこのように頻りに幕府に対して強硬な措置を求めたのは、測量艦隊来航事件をはじめとする一連の外交問題の発生により、対外的な危機意識を一層強めたからにほかならないが、その危機意識は、幕閣の人事に関する直接的な容喙にもつながることとなった。六月三〇日、斉昭は阿部正弘に次の書簡を送り、外交方針を策定するためにも老中の人員を一新する必要があると唱えたのである（なお、文中に出る漢数字はそれぞれ、二＝第二席老中牧野忠雅、三＝第三席老中松平乗全、四＝第四席老中松平忠優を指している）。[*16]

過日於営中内々御相談有之候墨夷応接三ヶ条とも御断之儀、彼不奉承伏候はゞ本国へ御人可被遣儀、御注文之通にさへ参候へば、先々折衝禦侮之御処置とも可申、何分御同意に御座候、乍然国家の大患を身に引受、著実に考慮を尽し候人、乍憚御乏しく候間、只今之姿にては何程貴兄のみ著実に御建議有之候而も、御同列一致之儀、何共無思束、たとひ表向御同意申〈(候脱カ)〉而も、三奉行、応接懸り等より彼是姑息の論起候へば、御同列にて暗に右へ和し候も難計、つまり隙取居候内、墨夷渡来何事も間に合不申、自然苟且逡巡の御処置に落入可申哉と過憂いたし候、仍而はいよ〳〵右の儀御貫徹の御含に候はゞ、過日極密御咄有之候二、三は勿論、四迄云云表発が何よりの御急務と存候、右を表発の上にて墨夷断りは勿論、大御改正等も被行可申候、左も無之平々無事之中より非常の論御懸にては、毎度反故紙たまり候のみと恐入候、扨万々一、二三四云云一条表発御六ヶ敷位にては、乍憚貴兄

も御在職に相成間敷、愚老は勿論勇退の心得に候間、何分為宗社御担当、乍恐尊慮を御かための上、迅雷不及掩耳の御決断相祈申候

まずこの書簡からは、阿部と斉昭が「墨夷三ヶ条」について城中で内々に相談したことが示されている。「墨夷三ヶ条」とは、①アメリカ測量艦隊の問題と、②アメリカ官吏駐在問題、そして③下田に滞在していたアメリカ商人リードたちのように、今後上陸・滞在を外国人が求めてきた場合の対応、という三つの問題である。いずれも下田で生じた問題であることから、史料では「下田三ヶ条」と表記される場合もあり、本章ではこの名称に統一したい。重要な点は、この書簡に示されるように、阿部はこの三か条のいずれをも「御断」したいと考え、アメリカ側が承知しない場合には、アメリカ本国に使節を派遣して直接交渉する、という方針であったということである。[*17]

この阿部の方針に斉昭は「御同意」を示していたのであるが、現在の幕閣には、阿部のように「国家の大患を身に引受、著実に考慮を尽し候人、乍憚御乏しく」という状況である、と斉昭は嘆く。阿部だけが「著実に御建議」しても、老中（「御同列」）の間で意見が一致することは「何共無思束」という。しかも、三奉行などから「姑息の論」が上申されれば、老中たちはそれに流されるかもしれない。そうなると、結局アメリカ測量艦隊の来航までに有効な対応策も練られないまま、「苟且逡巡の御処置」をとらざるを得ないという事態に陥りかねないというのである。

斉昭は、下田三ヶ条の拒否という方針を「御貫徹」するためには、「過日極密御咄有之候二、三は勿論、四迄云云表発が何よりの御急務」と述べている。「表発」とは、つまり老中牧野忠雅・松平乗全・松平忠優の罷免ということである。当時、老中は阿部と上記三人、そして久世広周、内藤信親の六人から構成されていた。斉昭は、そのうちの半数を一挙に幕閣から追放すべきだというのである。しかも、この件は「過日」にも内密に阿部と斉昭の間で話があったようである。斉昭は、この幕閣改造さえ行えば、「墨夷断りは勿論、大御改正等」も可能となるが、それができなければ阿部自身の「御在職」さえ危うくなるとして、その断行を促した。

斉昭はさらに別紙を付して、詳細に幕閣改造の意義を唱えている。特に松平忠優に関しては確実に罷免するよう求めており、「此節下田三ヶ条之事、御建議に而も、四は必御同意申間敷、左すれは四は廟堂俗論の根元」と述べている。その上で、仮に牧野忠雅・松平乗全のみが罷免され、松平忠優が幕閣内にとどまるという事態になっては、「必牛角両派の勢をなし、溜初俗論家は向に可相成、左候へば天下之事不可奈何、臍をかみ候而も間に合申間敷候」と阿部に警告する。[*18]斉昭は、阿部と松平忠優が対峙するような事態になれば、溜詰の譜代大名をはじめとする「俗論家」が忠優側につき、「天下之事」は何もできなくなる、というのである。

なお、ここに示されているように、斉昭は、松平忠優とともに溜詰大名に対しても強い警戒心を抱いていた。それは、安政元年（一八五四）一月のペリー艦隊の再来にさかのぼる。同年一月二八日、江戸城内で斉昭は、井伊直弼など溜詰大名と外国船打払の可否に関して議論を交わした。この時、断固打払を主張する斉昭に対し、井伊は「長崎蘭人の例に因り仮りに交易を許すも不可なかるべし」と述べ、通商を是認するとともに、打払に反対したという。また、同じく溜詰の忍藩主松平忠国、溜詰格の佐倉藩主堀田正篤（睦）も「打払を不可とする意」を述べた。[*19]これが直接的な契機となって、斉昭は溜間の大名たちを警戒するようになったと考えられる。

そして、阿部自身もまた、幕閣内の不一致に対しては懸念を有していた。安政二年五月二三日に福井藩邸で藩主松平慶永と対談した阿部は、「兎角外寇よりハ内乱を恐れ候族多く、水戸の隠居《（徳川斉昭）》といせの守《（阿部正弘）》かいらさる事のミ主張せる故と後言せる状にて、同僚の内にさへも同し口気もありて、中々におもふ様なる事ハ露侍らす」と「大息」したという。[*20]斉昭と阿部が外交問題に関して「いらさる事のミ主張」していると陰口をたたかれる状況で、老中の中にも同じようなことを口にする者がおり、「おもふ様」に政策を進められないというのである。こうした幕閣内の不一致の情報は有志大名の共有するところとなり、さらに宇和島藩主伊達宗城によれば、当時、「此人ヨリ全洲之真武、失墜セリ」と阿部の外交責任を問う声が開港地下田でささやかれていたという。[*21]

このように、当時外交問題をめぐって老中間で意見の不一致が存在し、阿部個人に対する批判まで出されるようになっていた。こうした状況の中、下田三ヶ条の拒否という方針を貫き、幕閣内を安定させるためには、何らかのかたちでその改造を行わなければならない、と阿部は認識するようになっていったのである。

(2) 幕閣改造の実施

安政二年（一八五五）八月に入ると、阿部は下田三ヶ条に関する方針を定め、かつ幕閣内の人事を一新する挙に出た。まず八月一日、幕府内では、下田三ヶ条の拒否が定められた。同日、老中久世広周は、徳川斉昭に次のように伝えている。[*22]

亜船より申立候測量、官吏止宿等之条々、取計方之義過日御相談奉申上候処、思召之ほど無御伏蔵被仰下、其後打寄種々評議仕、猶当節打返一同談判仕候処、縦令彼より聊不法ヶ間敷義有之候とても、此方に而は精々断り之趣意穏に申談相断、万一不取用候はゝ亜国までも其段御人選に而御使被遣為及論断候方、行々の御為可然義と一同評議仕候得共、右は不容易儀に付、尚御相談旁申上候、思召之ほど、無御伏蔵被仰下候様奉願候

このように、久世は幕府内の評議が「此方に而は精々断り之趣意穏に申談相断、万一不取用候はゝ亜国までも其段御人選に而御使被遣為及論断」という方針で決定したと報じた。

そしてその三日後の八月四日、突如、老中松平忠優・松平乗全の二人が罷免された。海防掛勘定吟味役を勤めていた村垣範正は、その日の日記に「松平和泉守《（松平乗全）》殿、松平伊賀守《（松平忠優）》殿病気ニ付、願之通御役御免」と記している。[*23]「病気」による退任という形式ではあるが、如上の経緯を考えれば、明らかに罷免であったと考えられる。[*24]測量や官吏駐在に関して許容の意向を明確に示していた老中が、幕府内から排除されたのである。後任はすぐには任命されず、老中は阿部正弘・牧野忠雅・久世広周・内藤信親の四人体制となった。

その上で、八月一三日、下田三ヶ条の拒否が公式に表明された。まず、下田奉行に対して「当三月中、其地江渡来之亜米利加船ゟ申立候浦々暗礁等測量之儀、御許容難相成候間、御断之積相心得」て応接するよう命じ、「如何様申論し候而も、納得不致、申募候ハヽ、追而此方政府ゟ応接のもの彼国江差向、委細政府江可及掛合趣をも申談し、相断候様」に指示が出された。あわせて、「官吏差置候儀、幷異人上陸止宿之二ヶ条も、此方ニ而差支有之難相成候間、兼而其心得を以、応接談判及ひ候様可被致候」として、官吏駐在とアメリカ人の上陸・止宿の拒否の方針が伝えられたのである。[*25]

また、直臣および諸大名に対しても、「亜墨利加測量願出候処、御断相成候ニ付、彼之方より若此上如何様之儀申上候も難計ニ付、為心得相達候事」として測量拒否の方針が表明される。[*26] さらに、従来詳細な内容については公開していなかった日米和親条約をはじめとする諸条約も、直臣・大名に公開するという措置がとられた。[*27]

以上のように、八月に入り、幕閣内の人事が一新され、それにあわせて、阿部と斉昭で想定していた下田三ヶ条の拒否という方針が、幕府の公式の方針として採用されることとなったのである。

これらの一連の経緯には、次のような阿部の政治的意図があった。八月二八日に福井藩主松平慶永と対談した阿部は、測量拒否という方針を定めた理由について、日米和親条約に規定されていない測量を認めれば、「『アメリカ』条約も水上の泡と相成」ためであると述べている。[*28] また、その方針を諸大名にまで伝えたことについては、「未た調練始まらさる所」の大名の危機意識を高めて、「御醒覚」させるためだとその目的を語った。[*29] すでに松平慶永や尾張藩主徳川慶勝のように、幕府の「一時の権道」に基づく外交に不満を有する大名が存在したことは第四章で確認したが、阿部は日米和親条約に規定されていないことは今後一切認めない、という方針を示すことによって、今後の「一時の権道」の措置を否定し、彼ら一部の大名層の不満を鎮めようとしたと考えられる。それと同時に、測量をはじめとする諸要求の拒否により予想される対外戦争に備え、諸大名に海防強化の早期実現を求めたのであった。

この阿部の決意は、徳川斉昭とのさらなる連携強化というかたちでも示されることとなった。下田三ヶ条の拒否の方針が示された翌日の八月一四日、徳川斉昭に対し、「海岸防禦筋竝御軍制御改正等之儀」に限らず、「御政務筋の儀」について「彼是御相談」したいことがあるため、隔日登城をするように、という台命が下ったのである。[*30] 第四章で見たように、嘉永六年（一八五三）に徳川斉昭を海防参与として登用した際も、信望のあつい斉昭の登用によって、有志大名をはじめとする諸大名の支持を集めるという目的があった。ここでも、同様の目的があったと考えることができるであろう。[*31]

一方で、斉昭を幕府内に取り込むことは、「巧ニ之ヲ籠絡シ、只敬シテ而シテ遠ケ、遠ケ而シテ遂ニ能ク幕府ニ反抗シ騒擾ヲ惹起スルコトナカラシメタル」というように、一定の影響力・発言力を有する斉昭を「籠絡」し、彼自身の不満を鎮めておくという目的もあった。[*32] 幕府にとって斉昭をその内部に取り込むことは、斉昭の発言力をコントロール下に置くと同時に、外部に対して、外交問題に関して強硬措置も辞さないという強い覚悟を示すことができるという、二つの効果が期待されていたのである。

ただし、嘉永六年〜安政元年の時点では、海防や軍制改正に携わることになったとはいえ、自身が期待するほどの影響力を斉昭は発揮することができなかった。安政元年六月九日に伊達宗城と対談した斉昭は、自身が全くの「かゝし番」に過ぎず、幕府の外交政策に関知し得ない状況を嘆いている。[*33] しかし、安政二年八月一四日の幕政参与就任は、それまでとは大きく条件が異なっていた。村垣範正は、同日の日記に「是迄海防計之処、向後御政務御相談と申事ニ成ル由」と記している。[*34] 村垣が指摘するように、従来斉昭が携わることのできる範囲は、海防を含めた軍事関係に限定されていたのであるが、この時の台命により、斉昭は「御政務」全般に関与することが形式上は可能となったのである。こうした斉昭の幕政への参与は、江戸城内と、そして外交の前線に、大きな影響を与えることとなった。

2　幕閣改造の影響と幕府外交の行き詰まり

徳川斉昭の幕政参与就任について、嘉永六年（一八五三）以来、彼の幕閣入りを支持していた有志大名たちが歓迎したことは容易に想像できるであろう。福井藩主松平慶永は一〇月一六日付の書簡において、斉昭に対し、「天下之具瞻、万人之依頼」が斉昭に集まっている、と述べている。[*35] 実際には、後述するようにこの段階ではすでに斉昭自身がその影響力を発揮することは困難になりつつあったが、斉昭の幕政参与就任が、有志大名への政治的アピールという点では一定の功を奏していたことが分かる。

しかしながら、斉昭の幕政参与就任をはじめ、幕閣内の人事改革、そして下田三ヶ条の拒否という方針が、斉昭と対立する溜詰大名や、あるいは江戸湾の防備を担う大名に与えた影響は、より深刻なものであったといえる。

溜詰筆頭の彦根藩主井伊直弼は、松平忠優・松平乗全という二人の老中が罷免されたことを知り、国許に宛てた書簡において次のように述べている。[*36]

水戸の御隠居も一旦者大ニ御引ニ相成候処、又々勢ひ強く相成、二日目御登城、先達者海防之事はかりニ候処、此節ハ御政事向ニも御懸りニ相成、五千俵御拝領と申事、右之次第ニ而、水戸殿気ニ入らぬものハ忽チ善人も罪せらレ、悪人も御気ニ入候得者段々成上り候様子、すてニ和泉（松平乗全）、伊賀（松平忠優）抔も水戸隠居何とハなく御嫌ひ故ニ御役御免ニ相成候と申事、誠ニ右様ニ而者おそろしき事ニ而、薄氷ヲ踏ム心地ニ候、兼而案思候よりも六ヶ敷成りをり、此末如何哉と心配之事ニ候、夫ニ付而者指懸り候事ニも無之候得共、水府老公ニ者我等もにらまれ居候事ニ而、如何様之サイナン出来も難計、天下之御為者申ニ不及、呉々も心痛ニ付、何卒《天下ニ》異変無之様

井伊は、二人の老中の罷免の理由を、「水戸隠居何とハなく御嫌ひ故」と推定している。このように斉昭の好き嫌

いで老中が罷免される事態とは、「忽チ善人も罪セらレ、悪人も御気ニ入候得者段々成上り候」というようなものであり、すでに斉昭と打払の可否をめぐって反目した経験を有する井伊直弼としては、まさに「おそろしき事ニ而、薄氷ヲ踏ム心地」であったといえよう。実際、「水府老公ニ者我等もにらまれ居候事ニ而、如何様之サイナン出来も難計」と井伊は述べ、不安を吐露している。

斉昭の幕政参与就任に不安を覚えたのは、彼に嫌われていた溜詰大名だけではない。江戸湾防備を担っていた藩は、斉昭が幕政に関わることによって、打払も含む強硬な対応を求められるようになる、と考えたようである。たとえば、嘉永六年以来、相模国の海防を担当していた熊本藩は、浦賀留守居を浦賀奉行のもとに派遣し、奉行を通じて幕府の外交方針の確認に努めている。[*37]

安政二年（一八五五）八月二三日、浦賀留守居吉田平之助は、浦賀奉行松平信武を訪れ、測量拒否という方針に関して、「是迄之御取扱振と違、此節御断切之御評議ニ相成候儀者、近来水戸前中納言様隔日御登　城も被為蒙　仰たる御様子ニ付、全体之御模様打替り、此上願ヶ間敷儀者御許容無之、模様次第ニ者御打払之御決定ニも被為在候哉」と確認している。[*38]つまり、従来の穏健な対応と異なり、「模様次第ニ者御打払」という方針に変更になったのか、という点を確認しようとしたのである。

これに対し松平信武は、「近来士風益惰弱之風ニ陥り、寸斗実備ニ基兼候間、一ツハ士気御引立之御趣意とも被思召候」と述べ、幕府は測量拒否によって「士気御引立」を図っているのであろう、と答えている。その上で、「時宜次第ニ者強チ御免無之とも難申、畢竟当時之勢ニ而者必多物相募、際限も無之故、御押ニ相成候事ニ付、願振且心得方之模様等ニ而者、臨機応変之御処置相替儀も可有之哉（中略）此節御断切ニ相成候而も右之通事を分、御諭ニ相成候事故、急ニ者御打払と申埒ニ者至申間敷」と述べた。つまり、「時宜次第」によっては「臨機応変」の処置によりアメリカ側の要求を受け容れることもあり得るが、現状のままでは「際限」もないため、ひとまず「御押」の措置をとったと説明し、すぐに「御打払」を実行するわけではないと返答したのである。

このように、安政二年の幕閣改造とそれに伴う測量拒否の方針表明は、藩側にとってみれば、従来の幕府の方針とあまりにかけ離れたものであり、そのために諸藩の不安と混乱を招く原因となっていた。

また、熊本藩と同じく相模の防備を担っていた長州藩は、九月三〇日、江戸湾の防備地や藩領を外国船が無理に測量した場合の対応に関する伺いを出した。長州藩は「万一渠より手荒之所行致し、人命江も相拘り候程之儀も有之節者無拠儀ニ付、打払候様ニも可被仰付哉」として、万一の場合の打払の可否を尋ねたのである[*39]。測量拒否という方針を示された藩にとっては、その拒否の方針を実行に移していく方法もまた、気がかりな点であった。単に測量を拒否するというだけでは、対応の取りようがないのである。

しかし、実際には幕府側においても、その測量拒否の方法に関して十分な策が練られていたわけではなかった。長州藩に示されたのは、「平穏ニ申諭候而も不聞入、渠ゟ手荒之所行致し、人命ニも拘り候程之儀も有之候ハヽ、捕押候而も、時宜ニ寄臨機之取計有之候者勿論之儀ニ候得共、言語不通之異人行違等有之、彼より名と致し、彼是申種ニ不致様取計可申候事」というものであった[*40]。万一の場合の打払の可否については、「時宜ニ寄」って「臨機之取計」をなすべきとされつつも、藩に求められる対応とは、外国に「彼是申種」、つまり武力行使の口実を与えるような行為を避けるという穏健な方針だったのである。

測量をはじめ、アメリカからの諸要求を拒否するという一見強硬な外交方針を打ち出しつつも、幕府は結局、従来の「臨機之取計」に委ねる穏健な対応方針（第二章）しか、諸藩に指示することができなかった。浦賀奉行の熊本藩に対する返答も、結局、「時宜次第」により「臨機応変」の処置があり得るという、事実上測量認可の可能性を公言するようなものであった。

有志大名たちも、強硬な方針を打ち出した幕府外交に対して信を置いてはいなかった。安政二年一二月一六日に松平慶永と対談した島津斉彬は、測量拒否の方針について、「又一時の御権道とか申事になるへし」と述べている。[*41] 結局は「一時の御権道」という従来の方針通り、測量は許可されるであろう、と皮肉を込めて予想しているのである。

外見的な強硬方針と、実際の穏健策という矛盾は、幕府内部の評議にも確認することができる。前章で、先の長州藩の伺いに対する海防掛目付方の上申書案を紹介した。それは、まさに幕府外交の行き詰まりを示すものであったともいえるであろう。

史料そのものの紹介は前章に委ね、ここでは重要な点についてあらためて論じておきたい。[*42] 海防掛目付方の上申書案は、訂正前の字句を見ると私領での武力行使が「諸談判差妨」となってしまうことを懸念し、打払は認可できない、と記されている。ところが、訂正後の字句では、一転して打払の措置が認可されている。できるだけ穏健に取り扱うということが前提ではあるが、万一の場合には「打払にも可及相心得」て「乱妨者」を取り押さえよ、という案に変わっているのである。

安政二年六月頃に、アメリカ北太平洋測量艦隊の問題に関する評議において、欧米諸国との通商を唱えた目付一色直温・岩瀬忠震・大久保忠寛を擁する海防掛目付方が、ここでは打払という強硬方針さえ含んだ対応を視野に入れつつ、その判断にも迷いが見られる。このような海防掛目付方の「揺れ」の背景には、当時の幕閣改造が強く影響していたと考えられるであろう。

つまり、老中松平忠優・松平乗全の罷免は、麓慎一が指摘するように、「公然と攘夷論に反対する者は、老中といえども罷免されてしまう」ということを明確に示す結果となった。[*43] 井伊直弼が「おそろしき事ニ而、薄氷ヲ踏ム心地」と不安を吐露したように、斉昭に敵視されるということが、自身の政治生命の危機にもなり得るという不安が幕府内に生じたのである。

このような状況の中、明らかに斉昭の意向に反することとなる開国論に対し、慎重な意見が海防掛目付方内部で出されるようになったとしても不思議ではない。具体的に目付方内部の意見の分布状況を明らかにすることは不可能であるが、一方で通商開始をも視野に入れるようになった者（岩瀬忠震が中心か）と、それに対して慎重な姿勢を保つ者とに分かれたと考えられる。それでも海防掛目付方として一通の上申書を作成しようとしたことが、意見の「揺れ」を招いたのである。

以上のように、安政二年八月の幕閣改造は、幕府内外に大きな影響を与えることとなったが、これらの影響はいずれも、阿部正弘にとってみれば不本意な結果だったであろう。まず、江戸湾防備を担う大名層に関しては、期待していたような士気の高揚よりも、強硬方針に対する不安の声の方が強まった。また、徳川斉昭を幕政参与に就任させたことによって、阿部と溜詰大名との関係が悪化することになった。さらに、松平忠優・松平乗全の罷免という措置は、海防掛目付方のように、幕府内の有司の議論を畏縮させたと考えられる。

さらに、士気高揚をねらっても、そもそも測量拒否という対応を支えるような武備が整っていたわけではない。対外的な譲歩はしない、と公式に表明しながらも、それを貫徹するための方法が確立しておらず、結局は従来の外交方針通りの対応しか選択し得なかった。この点は、有志大名たちも見抜いていた。強硬な方針を示しても、有志大名の幕府外交に対する不信感は払拭されず、さらに実際に防備を担う藩の不安も高めてしまう。しかし、有志大名の反応を考えれば、もはや穏健な対応策を公然と掲げることも困難である。幕府外交は、幕閣改造を経てますます行き詰まったといえるであろう。

3　安政二年の第二次幕閣改造とその影響

(1) 第二次幕閣改造——老中首座の交代

安政二年（一八五五）一〇月九日、佐倉藩主で溜詰格の堀田正睦が勝手掛の老中として首座に任じられた[*44]。堀田は天保期にも老中を勤めた経験があるため、彼にとっては再任ということとなる。しかし、その再任は突然のことであった。一〇月二日に関東地方を襲った大地震の翌三日、「突如として閣老連署の召命」が届き、「震災の創痍、尚ほ癒えざるを以て、請ふに数日の猶予を以てし、越えて九日に至りて登営」したところ、将軍徳川家定より勝手掛老中に任じられたという[*45]。これに伴って、老中阿部正弘は第二席の老中となった。八月に続く、第二次幕閣改造といえるであろう。

この突然の老中首座の〈交代劇〉について、先行研究でよく指摘されるのが、この背後に「井伊直弼を筆頭とする溜間詰大名の保守的勢力」が存在していたという点である[*46]。実際、この点は当時においても堀田の老中首座就任の要因として語られていた点であり、たとえば薩摩藩主島津斉彬は、一〇月二六日の福井藩主松平慶永宛の書簡で、次のように述べている[*47]。

堀備《(堀田正睦)》之義云々、是亦不思議に御座候、此義ハ老公御承知之上と存候処、案外至極ニ御座候、閣中之様子内々承候得《(ママ)》へは、堀田出候而万事心配薄相成候と申向有之哉ニ承り申候（中略）堀田撰挙之儀、一向不相分候得共、矢張阿と牧との所存ニ而無之哉と存候、溜詰ゟ井等之内、閣中之義色々申候故、其為撰挙ニ而は無之哉と存候

斉彬は、堀田の老中首座就任は阿部と牧野忠雅による推挙であり、かつ、「溜詰ゟ井等」、つまり溜詰の井伊直弼たちが中心となって「閣中之義色々」申し立てたことが背景にある、と推測している。

阿部が堀田の起用により、溜詰大名との関係修復を図ったということは、十分に予想できる点であろう。斉昭の幕政参与就任に対して、井伊直弼をはじめとする溜詰大名の反発が強く、その緩和のためにも、堀田の起用には重要な政治的意図があった。しかし、堀田の起用は、そのような人間関係の修復という側面にとどまるものではない。その起用には、阿部自身の政治・外交上の重大な方針転換が存していたと考えるべきである。

島津斉彬は先の書簡で、「老公御承知」、つまり徳川斉昭が堀田の老中首座就任を当然知っているであろうと考えていたところ、実は斉昭はこの件に関与しておらず、「案外至極」であると述べている。実際、この件を斉昭が知ったのは、すでにその人事が発令された後のことであった。斉昭は、一〇月一七日、松平慶永に宛てた書簡において、「此度再勤之者抔ハ兼々ランペキ故と申、阿も不好、下官も不好候処、何レよりの建白ニて相成候哉、表発後、中納言咄ニて初て承り申候」と述べている。斉昭は堀田の老中就任について、それが「表発」された後に、息子である水戸藩主徳川慶篤（中納言）から聞かされたというのである。その上で、「細々たる事ハ格別、閣老抔ハ天下之御為御大切之職ニ候処、右さへ御相談も無之上ハ、全くの案山子ニ罷在候」と述べ、「御大切之職」に関して事前に相談がなかったことから、自身は「全くの案山子」に過ぎないと嘆いた[*48]。

ここで重要な点は、斉昭が堀田を「ランペキ」（蘭癖）と評し、嫌っていたという点である[*49]。安政元年（一八五四）一月に斉昭が溜詰大名と議論をした際に、斉昭の打払論に明確に反対を述べた一人が堀田であった。斉昭のいうように、阿部が堀田のことを好んでいなかったのか、という点までは確認できないものの、斉昭とは明らかにそりの合わない堀田を、阿部は敢えて斉昭に秘したまま登用したのである。

(2) 阿部正弘の政策転換

安政二年（一八五五）一〇月九日、阿部は堀田に老中首座を譲ったのであるが、吉田常吉が指摘するように、それにより阿部が急に幕政の第一線を退いたわけではない。「なおしばらくは阿部体制が続いた」のである。しかし、堀田の老中首座就任により、明らかに「斉昭の幕政への影響力は杜絶」することになった。[*50]

自身を「案山子」にたとえた斉昭は、堀田の老中首座就任という事態により、幕政に対して一定の距離をとらざるを得なくなった。安政三年（一八五六）七月にアメリカ総領事タウンゼント・ハリスが来日し、その二か月後の九月二一日、斉昭は松平慶永に対する書簡の中で、「正月以来、登城も不仕、異船之模様も不奉伺候処、墨夷も押かけ、下田へ官吏連来り候由ニて、指置候儀御免ニ相成候へハ心得候様ニと、先達て閣老より申参り、其後ハ何御沙汰も不伺候」と述べている。[*51] 安政三年一月以来、斉昭は登城しなくなり、幕府からも十分に情報が伝えられなくなっていたことが分かるであろう。

斉昭が登城しなくなったのは、当然のことながら、堀田との関係に起因している。四月二五日付の書簡で、宇和島藩主伊達宗城は松平慶永に、「元来堀田ニハ御不手合之処、帰職後も御逢之時、堀田をハ厳敷御きめ付被成、或ハ同人へ御挨拶無之儀も折々あるゆへ、堀田も甚不決《（快カ）》ニ存居、いろ〳〵心痛いたし候」と伝えている。[*52] 斉昭は、登城時には堀田に厳しく当たったり、あるいは挨拶もしないなど、あからさまな態度を示していたという。

一方、阿部自身も、徳川斉昭に対して距離をとるようになった。伊達宗城は、同じ書簡において、「阿閣も内実ハ老公最早御登営無之方を望み被申候様考候由（中略）阿、口気も据りなき説話に存申候、先ツうるさく被存候意に被察候」と述べる。[*53] 阿部はすでに斉昭の登城を望んではおらず、斉昭に関して「うるさく」思っているようだ、というのである。堀田との不仲に加えて、阿部が距離をとるようになったことが、斉昭の影響力の「杜絶」につながった。

それでは、阿部正弘は一体どの段階で斉昭との距離をとるようになったのであろうか。その時期を明確に特定することは困難であるが、実は安政二年八月の時点で、その兆しがあったことは見逃せないであろう。八月三〇日、鎖国祖法を「僻習」として公然と否定した儒者古賀謹堂が（第五章）、洋学所頭取に任命されたのである。[*54] 斉昭とは真反対ともいうべき外交構想を有する古賀を、洋学研究の中心に据えたことは、阿部が必ずしも本心から斉昭流の強硬な対外論に同調していたわけではなく、古賀の意見にも耳を傾けていたことを示唆している。「第一次」の幕閣改造が行われた八月の時点で、阿部が外交方針の転換の模索を開始していたとも考えられるであろう。

しかし、明らかに阿部が斉昭と距離をとり、斉昭流の強硬な外交構想に対し否定的見解を表明するようになったのは、一〇月の第二次幕閣改造以降である。そのひとつの現れが、松平慶永の「必戦」論に対する反応であろう。当時松平慶永は、阿部に対して繰り返し強硬な外交方針を建議しており、安政二年一一月六日には、「非常之御英断を以、銘々必戦之覚悟出来候様御仕向無御坐候而ハ、いつ迄も御実備に相成候事ハ決て有之間敷」と、「必戦之覚悟」を示すよう求めたのである。[*55] この建言は、嘉永六年（一八五三）の大号令発令に際して斉昭が唱えていた「内戦外和」論とまさに共通している（第四章）。そして大号令発令の時のように、かつて阿部は、国内に向けて「必戦之覚悟」を示し、海防強化を促進する有効性を認めていた。ところが、安政二年一〇月の幕閣改造後、阿部は松平慶永の建議に対し、その抑え込みを図ったのである。

一一月六日、島津斉彬は、阿部から次のような「御密書」を受け取った。阿部は斉彬を通じて慶永に意を伝えようとしたのであるが、その中で、慶永の議論について「中ニハ理屈計り而俗ニ申出来ない相談と申事も多有之」と述べている。その上で、そのまま建議書を老中堀田正睦にまで提出した場合には、「万一不都合之事共出来候而も如何と心痛いたし候」と述べる。「不都合之事」が何を指しているのかは明確にされていないものの、慶永に対する処分の可能性を示唆していると考えられる。そして、阿部は「必戦之理屈」に対して、「至極同意之訳にハ候得共、広く世界の有様を考候而は、差向キ金銀融通方等を初、人々一ト度安心之場ニ赴不申候而は何事も出来不申」と批判したのである。[*56]

この「御密書」では、阿部が「必戦之理屈」を「人々一ト度安心之場ニ赴」くような措置ではない、と捉えていたことが示されている。これは、下田三ヶ条拒否の方針を表明した後の諸大名や有司層の反応を踏まえてのことであろう。強硬方針は必ずしも士気高揚には結びつかず、むしろ彼らの不安を高める結果につながった。さらに、強硬な路線を打ち出したとしても、それに見合った海防が整っていない限り、結局は長州藩に対する指示のように、明確な方針を示すことができない。強硬外交の路線が、却って外交の行き詰まりを助長することが明らかとなったのである。

こうした要因が重なったことで、阿部は徳川斉昭流の外交路線の限界を強く認識し、斉昭や彼の意見に同調する有志大名たちと、一定の距離をとる必要性を実感するようになっていったのであろう。そして、そのために阿部が目につけたのが、堀田正睦の存在だったのである。

堀田は、外交構想では明らかに穏健論者に属する。罷免された松平忠優と同様、海防が整っていない段階での対外的な譲歩を容認していた。嘉永六年七月の全大名に対するアメリカ大統領親書の諮問において、堀田はアメリカに対する「勝算無之」ことから、「先交易御聞届」をして、一〇年程様子を見た上で、国益になるようであればそのまま継続すればいい、という限定的な通商論を唱えた[*57]。外交路線を大幅に転換していく上で、老中職の経験を有し、穏健な外交論を展開していた堀田は、まさに適任者であった。しかも、堀田は溜詰格の大名である。阿部は堀田を老中首座に据えることで、外交路線の転換と溜詰大名との関係修復、という「一石二鳥」の効果を期待していたのである。

しかし、そもそもなぜ阿部は、自分自身の手で外交路線の転換を図らず、堀田を老中首座に据えるという間接的な手段をとったのであろうか。この点については、次のような推測が可能であろう。阿部は従来、斉昭との連携強化を図りながら政治・外交を進めてきた。にもかかわらず、その関係を突如として断ち切り、自らの手で外交路線の転換を行えば、今度は斉昭や、彼を支持する有志大名たちとの関係を急速に悪化させ、彼らの幕府外交に対する批判の声を強めることになりかねない。そのため、阿部は形式的には堀田を幕政のトップに据えつつ、自身も幕閣内にとどまることによって、斉昭や有志大名たちからの批判を巧みに回避しながら慎重に外交路線の転換を図っていったと考えられるのである。

小結

行論において、安政二年（一八五五）八月以降の幕閣改造について検討を行ってきた。八月の強硬外交路線から、一〇月の老中首座の交代を経て、阿部は一二月一一日、島津斉彬に対し、はじめに、で引用したような通信・通商の可能性を示唆する発言を行った。これは、阿部が新たな外交政策の方針を模索していたことを意味している。それでは、このような阿部の政策構想の転換は、幕府外交にどのような影響を与えたのであろうか。

この点を検討する上で、阿部が島津斉彬に宛てた書簡の内容は非常に重要である。安政二年一二月一一日に斉彬と対談した阿部は、さらにその八日後の一九日、斉彬に対して次の書簡を送った。[*58]

有志之ものに而も、一昨年、昨年と当年、段々勘考ニ而、種々説之変し候儀も有之、まして海防筋之儀、外国之事情種々様々の事朝夕取扱居候身分ニ而ハ、中々当今容易之事ハ出来不申、去レハとて武備迄捨ると申義ニハ無之、武備ハ益盛強ニいたし度候へとも、取扱方ハ時勢を勘弁無之而ハ真の御為とは不被申様被考申候

阿部によれば、当時、「海防筋之儀、外国之事情種々様々の事朝夕取扱居候身分」の中で、外国船の「取扱方」を、「時勢を勘弁」した上で改変していくべきだと考える者が年々増えていたという。「時勢を勘弁」した外国船の「取扱方」が具体的にどのような対応を指すのか、明確に述べられてはいないが、「時勢」の変化は、古賀謹堂が鎖国祖法の放棄を正当化する際に用いていた論理的根拠でもある（第五章）。この点から考えれば、この安政二年末という段階で、幕府の外交を担う有司層（つまり海防掛も含む）の間で、開国政策に向けた議論が開始されていたことが想定できるであろう。

この阿部の書簡は、八日前の斉彬と対談した際に阿部が語った内容との関連で捉えるべきであろう。阿部は、対談や書簡を通じて、斉彬に対して幕府外交の転換を示唆した。その際に、通信・通商は祖宗の意には反しないという阿部自身の判断を示すと同時に、外交を担う多くの有司層によって支持されているということを示している。幕府全体が新しい外交路線の確立に向けて動き出していたことを伝えようとしたのであろう。

ただし、公式の上申書類を見る限り、この安政二年末頃という時期に諸有司から開国論が唱えられたという形跡は確認することができない。実際、海防掛目付方の上申書の草案を見ても、彼らの内部における意見の「揺れ」はまだ継続していた（第六章）。老中首座が堀田正睦となり、幕政参与である徳川斉昭の影響力が減退したとはいえ、松平忠優と松平乗全という二人の老中の罷免の影響は、なおも幕府内部に残存していたと考えられる。

それでも、阿部や外交を担う有司たちが新しい外交構想を模索し始めていたという事実は、幕府の開国政策への転換過程を考える上で重要であろう。序章で紹介したように、近年では、安政三年（一八五六）七月、イギリス香港総督の艦隊が通商を求めて来日するという情報がオランダからもたらされたことを契機に、「自ら進んで通商を始めては如何という意見が台頭」し、それが幕府の開国政策への転換につながったといわれている。*59

しかし、開国政策への転換の動きは、安政三年七月の香港総督の来日情報によって突如として始まったわけではない。本章で検討してきたように、「自ら進んで通商を始め」るという方向性は、安政二年末の時点ですでに醸成されていたのである。

公式の上申書類には開国論の形跡が見られないということもあり、従来、安政二年の一連の幕閣改造は、外交史とは独立した国内政治史の中でのみ議論されてきた。しかし、安政二年の幕閣改造を、当時の外交史的側面である開国政策への転換過程の中に位置づけるならば、次のようにまとめることが可能であろう。

幕府の開国政策への転換は、まず①海防掛目付により、通商によって対外問題と国内問題の矛盾を解決するという方策が提起されたことに始まる。②しかし、阿部は安政二年中頃の段階ではそのような政策を採用せず、徳川斉昭流の強硬外交路線で危機を乗り切ろうとした。③ところが、阿部の採った一連の幕閣改造は、幕府内外に不安と反発を生じさせることとなった。④そのため、阿部は自ら老中首座を退き、堀田をその地位に据えることで従来の政治・外交の路線転換を図ろうとした。⑤その結果、安政二年末の段階で、阿部や幕府の外交を担う有司層の間で、「時勢」に合わせた外交の模索が始まった。以上の段階を経て、⑥安政三年七月、イギリス香港総督の来日情報という直接的な契機がもたらされ、公式に通商の可能性が幕府内で検討されるようになった。

この①〜⑥の段階を経ることで、海防掛目付によって一旦唱えられた開国論が、幕府の公式の政策として採用され得る政治・外交史的な条件が整ったのである。安政三年以降、彼らは積極的な開国論によって幕府外交を進めていこうとする。その具体的な展開過程が、次なる検討課題である。

註

＊1 『〈大日本古文書〉幕末外国関係文書』一四巻（東京大学出版会、一九八五年）、二一三号、六五二〜六五三頁。

＊2 『昨夢紀事』一巻（日本史籍協会叢書、一九二〇年）、三七八〜三七九頁。

＊3 麓慎一『開国と条約締結』（吉川弘文館、二〇一四年）、六頁。

＊4 『水戸藩史料』上編乾巻（吉川弘文館、一九一五年）、六六七頁。

＊5 「逸事史補」（『松平春嶽全集』一巻、原書房、一九七三年）、二七八頁。

＊6 「村垣淡路守公務日記」六（『幕末外国関係文書』附録三所収）、安政二年八月四日条、三二八頁。

＊7 阿部の老中在職中の日記は、明治六年（一八七三）に焼失し、また、手記類なども安政四年（一八五七）六月の阿部の死去、もしくは彼の近臣の死に際し、燃やされたといわれている（濱野章吉編『〈復刻〉懐旧紀事　阿部伊勢守事蹟』芸備郷土誌刊行会、一九八二年、緒言三頁）。

＊8 「斉昭手書類纂」四（『大日本維新史料稿本』、東京大学史料編纂所所蔵、安政二年四月一六日条、AN〇三一―〇八七八〜

〇八七九)。

＊9　『川路聖謨文書』八巻(日本史籍協会叢書、一九六八年)、三五八頁。

＊10　日米和親条約第一一条の問題については、開国期を対象とする多くの研究で言及・検討がなされてきた。ここでは、通詞森山栄之助の「糊塗」「作為」とする説を提示した三谷博『ペリー来航』(吉川弘文館、二〇〇三年。引用は一七九頁)をあげておく。

＊11　『川路聖謨文書』八巻、三五八頁。

＊12　以上、『昨夢紀事』一巻、二七三〜二七四頁。

＊13　『松平氏史料集』(上田市立博物館、一九八五年)、九三頁。

＊14　『水戸藩史料』上編乾巻、三三頁。

＊15　「斉昭手書類纂」四(『大日本維新史料稿本』安政二年五月六日条、AN〇三三―〇二四四)。

＊16　『水戸藩史料』上編乾巻、六四九〜六五〇頁。

＊17　アメリカ人の上陸・止宿問題については、安政二年五月二一日に評定所一座、海防掛、アメリカ応接掛に対して評議が命じられている(「村垣淡路守公務日記」五、安政二年五月二二日条、二六七頁)。

＊18　『水戸藩史料』上編乾巻、六五一頁。

＊19　同右、二四五頁。

＊20　『昨夢紀事』一巻、二七九頁。

＊21　安政二年七月二二日付、松平慶永宛、伊達宗城書簡(『藍山公記』七〇巻、宇和島市伊達文化保存会所蔵、四一丁)。

＊22　『水戸藩史料』上編乾巻、六五四頁。

＊23　「村垣淡路守公務日記」六、安政二年八月四日条、三二八頁。

＊24　松平忠優は、公務日記を残している(ただし、登城の時刻や将軍への機嫌伺いなど、淡々とした事実経過のみ記し、心情の描写は皆無である)。この日記では、罷免される一〇日程前の、安政二年七月二四日までは特に何の支障もなく登城を続けていることが確認できる(『松平忠優日記草稿』安政二年七月、上田市立博物館所蔵松平家史料)。七月の日記は二四日で終わっており、その後の八月四日までの忠優の動向については不明である。

＊25　『幕末外国関係文書』一二巻、一三一号、二九二頁。

＊26　同右、一二八・一二九号、二八九〜二九〇頁。

＊27　同右、一二五・一二六号、二八六〜二八八頁。
＊28　『昨夢紀事』一巻、二八七頁。
＊29　同右、二九〇頁。
＊30　『水戸藩史料』上編乾巻、六六七頁。
＊31　なお、安政元年（一八五四）七月五日には、斉昭は軍制改正の参与も命じられている（同右、四二九頁）。
＊32　渡邊修二郎『阿部正弘事蹟』二巻（続日本史籍協会叢書、一九七八年）、四四三頁。
＊33　『昨夢紀事』一巻、二三一頁。
＊34　「村垣淡路守公務日記」六、安政二年八月一四日条、三三七頁。
＊35　『昨夢紀事』一巻、二九八頁。
＊36　『大日本維新史料類纂之部　井伊家史料』四巻（東京大学史料編纂所、一九六五年）、八二号、二〇五頁。
＊37　以下、熊本藩の事例については、麓慎一「日米和親条約締結後の幕府外交」（『歴史学研究』七四九号、二〇〇一年）、九頁。
＊38　以下、『肥後藩国事史料』一巻（細川家編纂所編、国書刊行会、一九七三年）、七五七〜七五八頁。
＊39　『幕末外国関係文書』一三巻、二八号、五三頁。
＊40　同右。
＊41　『昨夢紀事』一巻、三八三頁。
＊42　「亜墨利加船海岸測量強行時の処置の儀伺いに付評議書案」（山梨県立文学館所蔵乙骨耐軒文書、目録番号五〇八）。
＊43　麓前掲「日米和親条約締結後の幕府外交」、五一頁。
＊44　『幕末外国関係文書』一三巻、三九号、六八頁。
＊45　千葉県内務部『堀田正睦』（昭文堂、一九二二年）、第二章一一〜一二頁。
＊46　吉田常吉『安政の大獄』（吉川弘文館、一九九一年）、七五頁。
＊47　『昨夢紀事』一巻、三三六頁。
＊48　同右、三一七頁。
＊49　堀田は佐倉藩において蘭学、特に蘭方医学を奨励し、これが彼の「蘭癖」という評判につながった（土居良三『評伝堀田正睦』国書刊行会、二〇〇三年、五九〜六二頁）。

＊50　吉田前掲『安政の大獄』、七五頁。
＊51　『昨夢紀事』二巻、三頁。なお、斉昭が政治的影響力を失っていく経緯については、麓前掲「日米和親条約締結後の幕府外交」、一三～一四頁。
＊52　『昨夢紀事』一巻、四四〇頁。
＊53　同右。
＊54　『幕末外国関係文書』一二巻、一六〇号、三八五頁。
＊55　『昨夢紀事』一巻、三四〇頁。
＊56　同右、三四九～三五〇頁。
＊57　『幕末外国関係文書』三巻、一九七号、五九一～五九二頁。
＊58　『昨夢紀事』一巻、三八八頁。
＊59　三谷博「限定的開国から積極的開国へ」（『明治維新とナショナリズム』山川出版社、一九九七年）、一四四頁。

第Ⅲ部

開国政策の展開とその挫折

第八章

開国の方法――「衆議」と「英断」をめぐって

はじめに

安政三年（一八五六）七月八日、オランダ軍艦メデュサ号が長崎に来航した。同艦艦長のヘルハルドゥス・ファビウスは、その二日後、オランダ領事ドンケル・クルティウスとともに長崎奉行を訪れ、イギリス香港総督ジョン・バウリングが「別段条約為取結」ということを目的に「近々長崎江渡来」するであろう、という情報を伝えた。[*1] ファビウスは、来日前に香港に立ち寄った際、バウリング自身から「二年前にシャムの女王と締結した条約と同じような通商・友好関係のための条約を、さらに日本と締結できることを切望している」ことを聞いた。バウリングはその実現のため、「彼（バウリング）の派日は完全に平和を意図するもの」で、「イギリスは日本王国と友好関係を結べることをひたすら願っている」ことをオランダ領事と長崎奉行に伝えるよう、ファビウスに要請したのである。[*2]

結局、同年のアロー号事件の勃発により、バウリングの来日は実現しなかったものの、彼の来日情報が幕府に大きな影響を与えたことは、先行研究により指摘されている通りである。[*3] この情報を知った長崎奉行川村修就は、同地に在勤していた目付永井尚志・岡部長常と相談した結果として、「交易御免」をしなくては「迚も穏ニ者相済」まないであろう、としてイギリスをはじめとする欧米諸国との通商開始を提言した。[*4] 外交を担う有司層から出された開国論としては、前年中頃の海防掛目付の意見書に次ぐものであるが、この長崎奉行たちの上申を契機に、幕府内で欧米諸国との通商の可否がはじめて公式に検討されることとなる。安政三年八月四日、老中阿部正弘は、評定所一座、海防掛、大目付・目付、長崎・浦賀・下田・箱館各奉行に対し、「西洋諸州交易弥盛」という国際情勢の中で、通商を開始した場合に「如何様之仕法」をたてるべきか、評議するよう命じたのである。[*5]

このように、安政三年八月以降、幕府内においては欧米諸国との通商の可能性が本格的に検討されるようになる。翌安政四年（一八五七）八月二九日には、幕府側の草案に基づき、長崎・箱館での通商の規定を伴う日蘭追加条約が締結され、[*6]さらに九月七日にはロシアと同様の条約が結ばれることとなった。[*7]両条約で規定された通商とは、従来の長崎貿易のように会所における貿易形態をとるものであったが、幕府側から主体的に通商の範囲を拡大させたことは注目すべき事実である。[*8]

この通商仕法に関する問題とともに、もうひとつ、当時の幕府を大きく揺るがす事件が生じた。安政三年七月二一日、アメリカ総領事タウンゼント・ハリスが下田に来航したのである。[*9]これ以降、安政五年（一八五八）六月一九日の日米修好通商条約の締結に至るまで、幕府の有司層とハリスの間で頻繁に交渉が繰り返されることとなる。ただし、来日当初、ハリスはすぐに日本側に通商条約の締結を要求したわけではない。[*10]むしろ幕府が動揺したのは、安政三年九月二七日に江戸への出府と将軍への謁見の意向をハリスが伝達してきたことに起因している。[*11]同年後半以降、幕府内では欧米諸国との通商の可能性が模索されるとともに、ハリスの出府・登城の可否について評議が継続して行われることとなる。

このような状況の中で、海防掛目付方と海防掛勘定方は、それぞれに相反する意見を唱え、鋭く対立した。特にハリスの登城問題では、即許容を唱える目付方に対し、勘定方が一貫して登城に反対し続けた。この問題に関する議論が、今後欧米諸国に対して如何なる対応をとるべきか、という外交方針をめぐる議論にまで発展し、両者の外交構想の相違が一層明瞭となっていったのである。

海防掛目付方と勘定方の対立については、先行研究でもしばしば検討がなされてきた。その際、「鎖国の祖法に恋々たる勘定奉行」に対する、「開明的な大小目付」という構造で両者の対立が捉えられてきたといえる[12]。こうした対立構造を前提に、幕府の開国政策の展開過程は、「開国急進論の大小目付[13]」と勘定方とが対立しつつ、前者が後者を抑えて推進していくものとして描かれてきたのである。

しかし、こうした海防掛の目付方と勘定方の対立を前提とした研究には、次のような問題点が指摘できる。まず、政策論の検討が、目付方に偏ってきた点である。海防掛目付方に関しては、積極的な開国論者として高い評価が与えられ、それに応じて彼らの政策論も詳細に検討されてきた。それに対して勘定方の政策論は、相対的に低い評価が与えられるにとどまり、具体的な検討がほとんどなされてこなかったといえる。結局、目付方と勘定方の対立は、開国論対鎖国論といった印象が先行し、双方の政策論がそれぞれどういう点で具体的に対立をしていたのか、という重要な問題について、史料に基づいた十分な検討がなされていないのである。

こうした海防掛の目付方と勘定方の単純な対立の図式に対しては、すでに井上勝生[14]や小池喜明[15]から批判が出されている。特に井上は、欧米側の説く国際情勢について「協調的にすぎる」目付方に対して、「冷静かつ慎重な外交判断」を有していた勘定方の政策論を再評価する必要を提唱している[16]。

井上自身、その提言以降、海防掛勘定方の対外論に関する研究を進めている。そして、海防掛目付方の論を「急進開化論」、また、同掛勘定方の論を「穏健開化論」と位置づけ、両者は開国か鎖国か、という次元で争っていたわけではなく、開国を達成する上で、国内合意を重視するのか否か、つまり「『衆心一致』をつくり出す手順」の必要の有無をめぐって争っていたことを明らかにした[17]。

しかし、井上の研究は、安政期後半に海防掛目付方と勘定方が具体的に論争するようになって以降の検討にとどまっており、両者の対立がどのような経緯で生じたのか、といった点については十分に論じられていない。

そこで本章では、海防掛勘定方の政策論の変遷に特に重点を置きつつ、海防掛目付方のそれもあわせて検討することで、両者がなぜ対立するに至ったのか、という点について検討を進めていきたい。その上で、「開明的」な目付方とそれに対する勘定方という単純な図式を乗り越え、両者の論争が開国期の外交史上にもつ意義を明らかにすることが最大の課題である。

1　嘉永～安政期前半の海防掛の外交構想

まず本節では、前章までの検討結果を踏まえ、安政三年（一八五六）八月四日の通商に関する諮問が行われるまでに、海防掛勘定方と目付方の両者がそれぞれどのような外交構想にたどり着いていたのか、という点について確認をしておきたい。

(1)　日米和親条約締結期の海防掛

日米和親条約が締結される安政元年（一八五四）前後、両者の外交構想はどのようなものだったのであろうか。

海防掛目付方については、第六章で確認したように、嘉永六年（一八五三）の時点では「必戦」の覚悟を固める必要性を唱えるなど、強硬な対外論者であった。しかし、こうした論調は、安政元年に入る頃には変化していた。江戸湾に再来航したペリー艦隊への対応に関して、海防掛目付方は徹底した穏健策の必要を唱えた。彼らは、アメリカ船が「万一品川沖迄乗入候とも、更ニ動揺不仕、横浜表応接之意味合を以、穏ニ申諭」した上で、それでも「承伏」しなければ「彼レ食料薪水ニ竭候而退帆致し候を相待、心永ニ鋭気を養ひ、持久致し候を肝要」とすべきだ、と述べたのである。[18]

このような徹底的な穏健策という点では、海防掛勘定方も共通していた。海防掛勘定方は、ペリーが日本にもたらしたアメリカ大統領親書の要求（和親・通商・漂流民救助・薪水食料給与）に対してどのように対応すべきか、という点に関する嘉永六年八月の上申書において、アメリカ側の「御《志》願を裁て裁さる様、計策を以穏に彼を操り、一ヶ年も余計ニ可相成丈ヶ年を送」るべきだと唱えている。穏健な対応に徹して時間を稼ぎ、「其内いつれにも内海其外御守衛筋厳重ニ御取立、武備厚御引立、人心一定仕候程合を御見居」えた上で「御国法難改旨」を伝えるべきだ、と彼らは考えていた。[19]

しかし、単に穏健な対応に徹すれば外国側が納得する、と考えるほど楽観的だったわけではない。海防掛勘定方は、海防が整うまでの暫定的な処置であれば、外国側の要求をある程度受け入れることもやむを得ない、と判断していた（第四章）。嘉永六年八月付の上申書において、彼らは「武力充実と申儀、二年、三年ニ可行届と者万々不奉存候間、それ迄夷人共を如何様共取廻し、なつけ置申度ものニ御座候」と述べている。その上で、同年七月に長崎に来航したロシア艦隊に言及し、「外国ゟ参り不申候儀、魯西亜人受合候ハ、其廉を以年限を定め、交易之儀試ニ御免有之」と主張したのである。[20]

海防掛勘定方が、時期を限るとは言え、敢えて鎖国祖法にも抵触しかねない通商を唱えたのは、海防が十分整っていない段階で対外戦争が勃発してしまった場合、鎖国祖法どころか幕府そのものが崩壊しかねない、という危機感があったからである。同じ上申書の中で、彼らは戦争さえも辞さない強硬論を唱える者たちを念頭に、「一時之潔白を専と仕、俄ニ烈敷儀仕出し、御取返不相成事出来候而者、かさねかさね之御大功を、わつかの堪忍成兼候ゟ水之泡と仕候様」になる、と述べている。つまり、徳川家康以来の「御大功」が突発的に無に帰してしまわないための手段として限定的な通商を主張したのである。

こうした外交構想を、海防掛勘定方は「一時の権道」という言葉で正当化していた。日米和親条約の締結から約五か月経った安政元年閏七月、水戸前藩主徳川斉昭は、開港地である下田・箱館、および長崎の三港以外では打払を実施すべきだ、という建議書を老中牧野忠雅に提出した。[*21] この建議書に関して海防掛勘定方は、「いまた海岸向御守衛御全備ニも不相成」という状況の中で打払の方針を出したとしても、結局は「其度々此度限り抔と申、寛宥之御沙汰」を出さざるを得ず、そのために「却而　御国威ニも拘り可申」と懸念を示している。その上で、「海防御全備相成候迄者、一時之御権道を以、夷情おのつから屈し候様之御処置より外有之間敷」と主張した。海防が整っていない段階では、「一時之御権道」によって外国側の要求事項をうまく抑え込んでいくという対応しかできない、というのである。[*22]

以上が海防掛勘定方の政策論である。日米和親条約締結期において、海防掛勘定方は「権道」と称して暫定的な通商をも容認していたのであるが、それは、対外戦争を確実に回避し、将来的な鎖国維持を達成するための手段として位置づけられていた。その点で、鎖国祖法の否定の上に立つ開国論とは明確に異なっていた。一方、海防掛目付方に関しても、穏健な対応を基本方針とする点では、勘定方と合致していたといえるであろう。[*23] 両者の外交構想が決定的な分岐を迎えるのは、翌安政二年（一八五五）に入って以降のことである。

(2) アメリカ測量艦隊来航事件と海防掛

安政二年（一八五五）三月二七日、アメリカ北太平洋測量艦隊が下田に来航した。この事件に関しては、第五章で詳細に検討した。ここでは、この事件の評議を通じて、目付方と勘定方との間で大きな意見の相違が生じたことを確認しておきたい。

四月一四日、再来航を約して下田を去った測量艦隊の問題に関して、五か月後の正式回答の内容をめぐって早速評議が開始された。[*24] しかし、意見がなかなかまとまらず、評議が長引くこととなった。それでは、この容易に結論の出ない評議の中で、海防掛の勘定方と目付方は、それぞれどのような議論を展開していたのであろうか。

まず、海防掛勘定方の上申書を確認したい。安政二年年五月付で、海防掛勘定方は評定所一座と連名で上申書を出している。その詳細については第五章でも史料引用の上で説明をした。ここでは簡単にその内容を再確認したい。[*25]

まず彼らは、当時幕府が直面した深刻なジレンマを端的に指摘している。一方で領海を「自侭」に測量された場合、諸大名が「憤りニ堪兼」ねて、「何様之争論等可仕出哉」ということが予想され、さらには「離叛之心を生し、遂ニ者不測之紛擾を生」じるおそれがある。しかし、だからと言って測量を拒否すれば、今度はアメリカ側の怒りを招くことになる。アメリカ北太平洋測量艦隊の来航によって、幕府は「外夷之戦争を被為避候得者　御国内之擾乱を可醸」というジレンマに直面した。

こうした状況の中で、海防掛勘定方たちが出した結論が、大名への諮問であった。海防が整っていない以上は「誠以無御拠御場合」であるとして、従来と同様の論理で測量認可の不可避を述べているのであるが、一方、その決定以前に、ジョン・ロジャーズが示した書簡やこれまでの条約書を諸大名に渡し、「面々存意御尋之上、銘々申上候見込を以、人心向背之様子得と御熟察」をして決断するべきだ、というのである。つまり、幕府が自身の判断で政策決定を行うというよりも、諸大名の意見の大勢に従って政策決定すべきだというのが彼らの主張であった。

一方、諸大名の意見を重視する、という点では、海防掛目付方も同意見であった。彼らの上申書についても、第五章および第六章で紹介したが、上記の勘定方・評定所一座とほぼ同じ時期に出された上申書において、海防掛を含め、全目付方は「大小名之面々え別段惣出仕」を命じ、その場でアメリカ、イギリス、そしてロシアと結んだ和親条約や、ロジャーズの書簡などを示し、「是迄之御扱振等逐一御演説」をするべきだと唱えた。その上で、穏健な対応にのみ徹するわけにもいかないが、「乍去先ツ此度測量船之儀は彼方申立之趣、直様御手切レ之御扱ニ罷成候機会ニも有之間敷」という状況を説明すべきだという。目付方は、その場で「銘々異存無之」ことを確認した上で政策決定をすれば、「先ツ　御国内瓦解之患」を防ぐことができるというのである。[*26]

以上のように、諸大名に意見を聞く、という点で勘定方と目付方の意見は共通していたのであるが、その諮問の方法については、次のように大きな相違があった。つまり、勘定方が全ての大名から意見書を集めるということを重視していたのに対し、目付方は、意見を諮ることよりも、幕府の対応方針をあらかじめ説明し、異存のないことを確認する、ということを重視していた。そして、勘定方が幕府の対外方針を諸大名の意向に依拠して決定するということを想定していたのに対し、目付方は方針を幕府自らがまず決めた上で、それを諸大名に説明する、という政策決定過程を想定していたのである。

海防掛目付方が唱える幕府主導の政策決定は、彼らがはじめて開国論を唱えた際にも示されていた。彼らの開国論の形成過程に関しては第六章で検討したが、安政二年の六〜七月頃に、海防掛目付一色直温・大久保忠寛・岩瀬忠震は、次のように欧米諸国との通商開始を唱えたのである。[*27] つまり、彼らはすでに「欠乏品給与」が実質的に「交易と異なることなし」という状況であると述べる。その上で、「名を避けて実を許し、之を曖昧に付せん」とするような処置をとっては、「密交易を生じ」てしまうという。そのため、彼らは「寧ろ出格の英断を以て公然三港に交易を開き、諸藩にも便宜三港の内に於て物産を輸出することを許し、公共の実益を得しむべし」と唱えたのである。

この開国論が、当時幕府が直面していた「外夷之戦争」と「国内之擾乱」というジレンマを解決する手段として提示されたことは、第五章で見た通りである。ここで強調したいのは、「出格の英断を以て」という部分である。これは、海防掛目付が幕府＝将軍の主導による外交方針の策定を想定していたことを意味している。実質的には老中の決定であったとしても、将軍が「英断」を下したという形式で、欧米諸国との通商を決定すべきだという。彼らは、あくまでも幕府主導型の政策決定を重視していたのである。

以上のように、アメリカ測量艦隊来航事件に関する評議の中で、海防掛目付方は欧米諸国との通商の可能性を視野に入れるようになり、勘定方の政策論と明らかな相違が生じることとなった。勘定方も目付方も、諸大名の不満の声を背景にアメリカ測量艦隊への対応を考察していたのであるが、両者はそのジレンマを解決するための方法に関して、全く相異なる構想を思いつくに至ったのである。諸大名の「人心向背之様子」に即して政策決定を行うことで突破口を見出そうとする勘定方と、将軍の「英断」と、その明示により大名の不満を回避しようという目付方。こうした外交政策の策定方法に関する相違が、安政三年以降の両者の本格的な対立の基底をなすこととなる。

2　幕府外交の転換と海防掛

(1)　イギリス香港総督来航情報およびハリス登城問題の発生

先に述べたように、安政三年（一八五六）七月にもたらされたイギリス香港総督ジョン・バウリングの来日情報は、幕府内で欧米諸国との通商の可能性が本格的に検討される直接的な契機となった。また、同月に来日したアメリカ総領事タウンゼント・ハリスが、江戸への出府および将軍への謁見を要求したことで、その可否をめぐる問題もまた、幕府内で重要な検討課題となる。本節では、これまでの検討を踏まえて、八月四日の通商仕法に関する諮問以降、海防掛勘定方および目付方が、通商問題やハリスの登城問題に関して、どのような対応方針を構想していたのか、という点について確認していきたい。

まず、海防掛勘定方の上申書を検討する。彼らは、先の八月四日における交易仕法に関する諮問に対して、八月二六日、次の上申書を出した。[*28] まず、「近頃亜墨利加国と条約為御取替有之候以来、魯西亜国其外とも条約為御取替、御制度一変仕候」と、国際情勢が変化していることを指摘する。その上で、「世之盛衰強弱之変化有之候ニ付、時ニ取御仕向け方も変し不申候而者不相成」と述べる。この部分だけを読むと、鎖国祖法の抜本的な改変と交易の開始、という論に展開しそうにも思えるが、実際にはそうではない。彼らは「依而者条約丈之儀者、彼より申くさ無之様寛大に被成遣、此末条約外江者一寸も出し不申候様相守候儀、時に取第一之御取計歟と奉存候」と述べ、和親条約で取り決めたことは遵守する、という姿勢を示したのである。

これは、逆にいえば和親条約で決められていないことは一切許可しない、ということを意味している。海防掛勘定方は、欧米諸国との関係を和親条約の段階にとどめ、それ以上の関係に発展させないことを求めていた。さらに彼らは、和親条約による国際関係さえも、海防が整えば解消すべきものと考えていた。同じ上申書の中で、彼らは「何卒御国力御挽回し、速ニ相整候様仕度と奉存候、其意味薪に臥し、胆を嘗候も御同様ニ可有之哉」と述べる。勘定方は、現今の条約だけは遵守しながら武備充実を図り、将来的に鎖国体制を立て直していくという、まさに「臥薪嘗胆」の方針を目指していたのである。

この海防掛勘定方の外交構想については、従来の彼らの構想と比較することで、その重要性が理解できるであろう。嘉永六年（一八五三）以降、海防掛勘定方は「一時の権道」を名目に、対外譲歩を正当化する意見を唱え続けていた。海防が整っていない段階で、対外戦争が勃発することを優先的に回避するためである。ところが、安政二年（一八五五）の測量艦隊来航事件を契機として、このような「一時の権道」による対外的な譲歩が、国内の不満と反発を招き、内乱の勃発につながりかねないことが明らかとなった。こうした状況から、海防掛勘定方は、目付方のように鎖国祖法を否定するというのではなく、自らが唱えていた「一時の権道」という方針を否定し、和親条約の枠組みを超えて、それ以上に欧米諸国への譲歩を重ねてはならないと認識するようになったのである。

このような認識からいえば、海防掛勘定方にとって、ハリスの登城は当然拒否すべきものであった。翌安政四年（一八五七）一月の上申書において、次のようにハリス登城に反対したのである。[*29]

御目付方ニ而申上候通、元来戦争無之様いたし候上者、軍艦等乗込候節者、いか様なる事ニ而も御聞届無之候而者不相成、其節者只今御聞届よりも倍増なる儀御許容之訳ニ可相成、夫よりも此節あまり横行に無之内、御聞届可然と之論、尤なる筋ニ而、御備向相立不申候内者、手荒ニ被致候を厭ひ候間、何事も無御余儀御聞届と申訳に陥候筋ニ候得とも、其論ニ而推参候而者、遂ニ者各国之夷船琉球国江参り候而、品々自侭を働候上、終ニ者同国人差留候而も更ニ不聞入、押而入城致し候様なる事ニ而も御聞済無之候而者不相成、偖々当惑至極之儀と奉存候

ここで海防掛勘定方は、「御目付方ニ而申上候」という意見を批判している。勘定方は、目付方の意見について、軍艦等が乗り込んできた場合、結局「いか様なる事」でも許可するような状況となるため、「夫よりも此節あまり横行に無之内御聞届可然」という主張だと捉えていた。しかし彼らは、こうした対応を進めていけば、嘉永六年（一八五三）四月に琉球に来航したアメリカ使節が、「品々自侭を働」いた上に、琉球の首里城に無理矢理登城したような事態を招いてしまう、と批判する。[*30] この批判は、まさに海防掛勘定方自身の「一時の権道」に基づく従来の構想に対する自己批判という意味をも有していたであろう。

海防掛勘定方がハリスの登城拒否を唱えた背景には、アメリカ測量艦隊の事件の時と同様、国内の諸大名の反発に対する懸念があった。同じ上申書の中で、彼らはハリスが出府した場合には、「御府内所々遊歩等」まで求めてくるのは必然であり、かつ、「一旦右之通相成候上者、諸夷必同様之儀を可申立候、其節いつれも御聞済無之候而者不相成、殊ニ珍敷江戸江参府いたし候上者、一覧ニ不及場所迄も悉可参者勿論」である、と述べる。そうなった場合、「彼是と御差止」はできず、「右之通勝手に相成候而者、更ニ御武威と申もの者無之様に而、国持大名等之心之内、如何可有之哉」と懸念する。[*31] 欧米諸国の使節が江戸に来ること自体が「御武威」の失墜であり、その場合に「国持大名等」がどのような反応を示すかが、海防掛勘定方にとって重大な問題だったのである。

続いて、海防掛勘定方に批判されることとなった海防掛目付方の議論について確認したい。海防掛目付方は、ハリ

スの登城問題について、それを即座に許容するべきだと考えていた。勘定方が批判したのは、目付方による次の安政四年一月付の上申書である。[*32]

近来御旧例追々御改之上者、何事も公平切実之御処置ニ而、猥りニ夷人之怒を引出し不申様被成置候方、御長策と奉存候、尤眼前之都合ニ泥ミ、ひたすら御拒絶之儀申上候者可有之哉難計候得共、是迄迚も、一体之事柄、一時之都合を計り、御国之勝手而已考、公平切実ニ無之儀者、悉く遂ニ者彼れ強顔に被押付候儀、数々前轍も有之候間、深く後来之御為を謀り候而者、前書申上候御取扱之外有之間敷、厚御勘弁被為在、在住之官吏に限り、御召寄之方ニ御決定有之候様仕度、左候得者、兼而申立居候官吏者別段之御取扱之廉も相立、彼之情儀においても安心可申候間、海陸いつれニ候共、出府之儀者御許容相成候方と奉存候

海防掛目付方は、「近来御旧例」を次々と改変している中で、「公平切実之御処置」の必要を求めた。逆にいえば、従来の対応は「公平切実」ではないということであり、現に彼らは、「是迄迚も、一体之事柄、一時之都合を計り、御国之勝手而已考」えてきた結果、「公平切実」でない事項は全て欧米諸国側の「強顔」によって押しつけられてきた、と批判する。「後来之御為」を考えれば、ハリスの出府は当然認めるべきだというのである。

このように、従来の幕府の外交方針を「御国之勝手」と捉える海防掛目付方にとって、国際情勢にあわせて欧米諸国と通商を開いていくことも、当然の選択肢として想定されていた。残念ながら安政三年八月四日の諮問に対する彼らの上申書は確認できないが、安政四年二月の第二次アヘン戦争の情報以降、海防掛目付方は積極的な開国論を展開していくのである。

(2) 第二次アヘン戦争情報と海防掛

安政四年(一八五七)二月五日、オランダ商館長が長崎奉行に、清国において、アロー号事件を契機とした第二次

アヘン戦争（アロー号戦争）が勃発し、イギリスによって広東が焼き払われた、という情報を伝えた。[*33] イギリス香港総督ジョン・バウリングは、この戦争によって日本への来航を断念せざるを得なくなるのであるが、この情報は、前年の彼の来航情報に加えて、さらに幕府の開国への転換を促すこととなる。

二月二四日、老中堀田正睦は、評定所一座、海防掛、長崎・箱館・下田各奉行に対して、「英人広東を焼払候一条」を踏まえ、外国への対応方針の変更について諮問を行った。[*34] 堀田は「実ニ当時外国人御取扱振、事情ニ不応儀ハ、我国人ニも粗相分候程之義ニ付、漸々彼之怒を積候ハヽ、広東之覆轍を踏候も難計」と述べる。ここでは、従来の対応方針が現今の国際情勢に適しておらず、そのために「広東之覆轍」に陥る危険性が十分にある、という認識が明らかにされている。

その上で、「既ニ寛永以来之　御祖法を御変通被遊、和親御取結ニも相成候上ハ、寛永以前之御振合も有之、御扱方も亦随而御改革無之候而ハ相成間敷、然ルを兎角仕来ニ拘泥致し、瑣末之儀迄六ケ敷差拒、追年外夷之怒を醸し候ハ、無算之至り」である、と従来の対応が批判されている。すでに「寛永以来之　御祖法」を変革し、和親条約を諸外国と締結した以上、対外関係を「御改革」していくべきだという方針が、幕閣中枢の堀田によって当然視されていたことが理解できるであろう。こうした点から、堀田は「是迄之御法、早々御変革有之、其上之御取締相立候様取計候方、長策ニ可有之候間、右之心得を以、向来之御所置振等篤と勘弁熟慮」するよう、命じたのである。

さらに、三月二六日、堀田は海防掛に対して貿易仕法の早急の調査を促した。[*35] この時の諮問に際して堀田自らが作成したと考えられるのが、「海防掛等江可談大凡」と題された覚書である。この覚書の最初の一つ書きには、「外国御所置之大本旨趣」について、「隣国ニ交る道を以て可致哉、夷狄を処する道を以可致哉、此大本、掛りの人々見込一様ならすしてハ、取調向諸事行違可申間、得と討論決定いたし置度候事」と記されている。外国への対応方針について、そもそも対等の「隣国」として交際するのか、それとも、あくまでも「夷狄」として欧米諸国に対処するのか。

堀田の見解は当然前者にあったが、彼は海防掛の間でこの点に関して「見込一様」にしておく必要があると判断したのであろう。すでに通商やハリスの登城問題をめぐって、海防掛勘定方と目付方の間で意見の相違が顕著になっていた。堀田は新しい外交政策を構築していくにあたり、事実上幕府外交の中心的位置にいた海防掛の影響力に鑑み、彼らの見解の一致を図ったのである。

安政三年七月のイギリス香港総督の来航、さらに安政四年二月のイギリスと清朝の間における第二次アヘン戦争という、いずれもオランダからもたらされた一連の情報に対し、阿部正弘、および堀田正睦は、通商の開始というかたちで開国の方向性を示していった。「寛永以来之　御祖法」の否定の上に、新たな外交政策を築いていくという方針は、幕府の中で既定路線になっていたといえよう。奈良勝司が述べるように、安政四年の段階では、「すでに論点は外国との接触の可否それ自体に」あるのではなかった。論点となっていたのは、「四年近くにわたって積み上げてきた各国への対応を、外交体系としてどう位置づけるか」ということにあったのである。[*36]

このような中で、海防掛目付方は「寛永以来之　御祖法」を否定し、欧米諸国との積極的な交際の中に幕府の進むべき方向を探ろうとしていた。彼らは安政二年（一八五五）中頃に一旦開国論を唱えていたが、その後の幕閣改造の動向が、彼らの対外論に「揺れ」を生じさせていた（第六章）。しかし、安政三年八月四日の通商仕法に関する諮問以降、幕府全体が、新たな外交体系の確立に向かって動き出すと、彼らは再び開国論を積極的に展開し、開国政策に則した幕府外交を求めていくのである。

三月二六日の堀田からの諮問をうけて、海防掛目付方は四月付の上申書において、次のように欧米諸国との通商の必要を唱えた。[*37]

何れニも遠からず外夷来航、交易其外積年見込之廉々強願及へき者必然ニ有之、其節ニ至り、右貿易筋之義被仰出候而者、全く彼ニ押伏られ候姿との一筋ニ相聞、折角御英断を以時勢御見透之詮も無之様罷成、天下一般の気配も如何可有之哉と深く痛心仕候、畢竟此程も御沙汰之通、祖宗之御遺法御改革相成候上者、速ニ右ニ応し候御変通之御処置無之候而者難相叶との御趣意、御尤至極ニて、只今天下之人心貿易御開之儀を実者企望罷在、弐ツニ者、疑弐猶予を懐き候折柄、速ニ貿易御開可相成段、御沙汰被仰出候方、都而御国地御取締、其外富国強兵之本源を御立被遊候御手段と奉存候

海防掛目付方は、「外夷来航」が頻繁化する中、外国が強く通商を求めてくるのは必然で、その時になって通商を開いては「全く彼ニ押伏られ候姿」になると述べる。それでは、「折角御英断を以時勢」を察知したとしても、その「詮」がないという。その上で、海防掛目付方は、通商を「御国地御取締、其外富国強兵之本源」になるものと位置づけた。つまり、彼らは通商を、単に欧米諸国の要求事項ではなく、幕府自らが「富国強兵」を達成するための手段として捉えたのである。

一方、幕府が新しい外交体系の確立を目指していく中、海防掛勘定方もまた、通商の可能性を模索するようになった。彼らは、安政三年八月の諮問の段階では、和親条約で定められたこと以上の譲歩をしてはならない、と通商に否定的だったのであるが、三谷博が指摘するように、「第二次アヘン戦争勃発の情報」を得たことで、通商に対して「消極的態度を持しながらも許容論」を唱えるようになったのである。[*38]

ただし、通商を許容したといっても、海防掛勘定方は鎖国祖法の否定にまでは至らなかった。三月二六日の諮問に対し、海防掛勘定奉行松平近直・川路聖謨・水野忠徳の三人は四月、次のような上申書を出した。この上申書からは、通商は避けられないが、祖法の重みからも完全には抜け出せない、という彼らの苦渋を読み取ることが出来る。[*39]

御国者万国ニ比類無之富饒、且質朴なる風俗にて、瘠地不毛之国なから、花美を好候諸蛮とハ別段ニ而、殊ニ第一者邪宗伝染之患、尤以不容易候処、諸蛮と親ミ候へ者、おのづから其風ニ染ミ候様なり行候ニ付、いにしへ鎖国之御制度をも御立有之候儀にて、墨夷内海へ乗込候一条無之候へ者、いかに申候とも、諸蛮と交易等可然と申

ものハ有之間敷、これ則　御国人情之本体かと奉存候、依而者、猾虜共ハ其船を破り、其人を誅候而、御武力を可被示筋ニ候へ共、①世之変化、時之盛衰いたし方なく、諸蛮と親睦和親之御沙汰ニも被及候義ニ付、三百年ニ近く、至治太平之天下ニ干戈を動し、不可言之変事を引出候ニ換候貿易と申義を忘れ不申候而、猾虜共之望ニ応し、条約之通ニハ成被置、彼ニ名といたし候事無之様厚心附、御取計有之ながら、御主意ニおゐてハ従来之御制度を根さしと被思召候方可然哉（中略）元来之　御国風ハ、ともかくも、既ニ御国に漢様之風俗を被移、或ハ郡県をも封建之御制度ニ御改、か丶る大事さへ、時ニ取候而者御改無之候而者不相成、まして近来諸蛮之体ニ而、御仕来ニ御因循者不可然との議論も可有之、是亦尤之筋ニ候へ共、②譬へハ御制度を家作之如く、其時之好ミニ寄、一わたり之造作を改め候分ハ、さして家之痛にも相成不申候へ共、棟木を取替、柱石を改候様之義をいたし、それより弱ミを生じ、大敗壊に至り候と同事ニ而、棟梁柱石と相成居候制度を御変候ハヽ、必意外之弱ミを引出し可申候、其上に昔より大改革を仕遂候者、必創業之力有之候君主之心ゟ出候義ニ付、人々之承服も別段ニ而、勿論意外之事出来候而も自在ニ可有之候へ共、　御治世打続、諸事衆評之上ニ而被仰出候義ニ付、③御代々様之御制度を上下打寄、大切ニ守り行ひ候義、御預り被成候も同様ニ付、従来之御制度に被為従候而、格別之義者不被為成候ハヽ、六ヶ敷ながらも其敗れ遅候、新法ニて御仕損候ハヽ、其敗れ速ニ可有之歟

まず海防掛勘定方は、①の傍線部において、「世之変化、時之盛衰いたし方」のない中で、通商は避けられないと述べている。ただし、それは外国との通商自体を是とした主張ではない。通商は、三〇〇年近く続く「至治太平之天下」を守り、「不可言之変事」を避けるためのやむを得ない方法として位置づけられている。実際には交易を行いながらも、「御主意ニおゐてハ従来之御制度」、つまり鎖国体制を根本に据えておくべきだ、というのである。

　こうした考えは、傍線②のような認識に支えられていた。つまり、国の「御制度」を「家作」にたとえるならば、海防掛勘定方にとって「鎖国之御制度」とは「棟梁柱石と相成居候制度」に相当し、その改変は、「必意外之弱ミ」

を招くものだったのである。そのため、海防掛勘定方は、通商を開始するとしても、徹底して漸進的に実施していくべきだと考えていた。傍線③にあるように、「新法」を実施して失敗した場合、日本という国そのものの「敗れ」(破れ)がすぐにもたらされるというのである。そのため、彼らは貿易の開始について、上申書の結論部分で「御益之多少よりも只々無余儀ニ出候と申義を根さしと被思召候而、先ツ長崎にて格別際立候義無之様勘弁いたし候而御開き、下田、箱館之闕乏品を相渡候」という程度で「漸々ニ被極候ハヽ、人も驚き不申、穏ニ行届、先ツ者可宜哉」と述べている。[*40] 彼らは、通商を「御益之多少よりも只々無余儀ニ出候」措置であることを根本に据えなければならない、と繰り返す。その上で、通商の開始は「格別際立候義無之様」に取り計らい、「漸々」に実施していくことを求めたのである。

以上のように、海防掛目付方と海防掛勘定方は、通商自体は避けられない、という点では共通した見解を有するに至っていた。しかしながら、その通商の位置づけに関しては、全く異なっていた。「一時の権道」を否定し、和親条約の段階で欧米諸国との関係を止めようと考えていた海防掛勘定方にとって、通商は第二次アヘン戦争の勃発という事態を前に、仕方なく採用する方策に過ぎなかった。その一方で、海防掛目付方は、国内の取締や富国強兵の手段として、積極的に通商を位置づけていたのである。

このような通商の位置づけ方の差に、なぜ老中堀田正睦が海防掛目付方の政策を採用し、また海防掛目付方が開国政策の推進者となり得たのか、という理由がある。安政四年二月二五日の松平慶永宛の書簡において、伊達宗城は、同年一月中旬頃、幕府内において堀田が「当時之諸有司心入不宜、総而当坐姑息之思慮を以夷人を取扱候故、当時御威光を取失候様相至候」と述べ、「公事を大切ニ不存」という点で勘定方も目付方も「心懸不宜」と批判した、ということを伝えている。堀田は、「以来右様之者有之候ハヽ、無用捨退黜可被仰付」として、今後「姑息之思慮」で外交にあたろうという者は罷免も辞さないという強い姿勢を示したというのである。[*41] どこまで堀田の実際の発言を反映しているのかは不明であるが、その一か月後、堀田は第二次アヘン戦争の情報を契機に新たな外交方針の確立を提言した。このような経緯から考えれば、鎖国祖法を精神的には維持するという海防掛勘定方の政策論は、堀田の政策構想からは明らかに乖離したものだったであろう。新たな外交方針を確立しようという堀田が率いる幕閣内部の動向において、説得力を有し得たのは明らかに海防掛目付方の開国論だったのである。

3　ハリスの「重大事件」演説と海防掛

安政三年（一八五六）九月末以降、ハリスの登城問題については、約一〇か月にわたって評議が続けられることとなった。少なくとも翌年六月までの段階では、出府・登城を許容しようという側と拒否するべきだという側で幕閣内が二分され、なかなか結論に至らなかったのである。ハリスの登城許可を唱えていたのは、老中首座堀田正睦と海防掛目付方である。一方、それに否定的な態度を示し続けていたのが、海防掛勘定方と、そして老中阿部正弘であった。[*42] 幕閣中枢の堀田と阿部は、通商の開始という点では確かに構想が合致していたのであるが、ハリス登城問題においては、意見が割れていたのである。堀田が、外国人の江戸城登城まで含めて、外国との交際の方法を新しく一から構築しようとしていたのに対し、阿部はあくまで漸進的に旧来の外交を転換させ、通商政策に移行していくことを目指していたと考えられる。

ハリスの登城問題を進展させたのは、皮肉にも、老中阿部正弘の突然の死去であった。過労が原因ともいわれているが、安政四年（一八五七）閏五月の段階で「御病気軽からぬ」状態であり、六月一六日の朝に倒れてから容態が一変し、翌一七日に亡くなった。[*43] 福井藩士中根雪江は、「いセ殿《阿部正弘》ハ初より外国人を江戸へハ」入れさせないと考えていたが、彼の死により、「今ハ備中殿《堀田正睦》の思すま丶」になったと述べている。[*44]

ただし、堀田は阿部の死去後に突如として登城認可に動き出したわけではない。六月一八日には、将軍徳川家定への上申書の中で、堀田は登城認可を唱える「大目付、御目付、箱館奉所《（マヽ）》見込之方可然筋ニ相見候得共、何分ニも二百年余之旧習を被改候儀、甚以至難之御処置」であるため、まずは「今一応御勘定奉行評議」に従い、下田奉行が交渉を行い、将軍に申し立てたいという「重大之事件」の内容をハリスから聞き出す方針にする、と報告した。[*45]「二百年余之旧習」にかかわる問題であるからこそ、堀田は慎重な姿勢で対応しようとしていたのである。

こうした堀田の慎重な姿勢を崩す直接の契機となったのは、同年七月一九日のアメリカ軍艦ポーツマス号の来航であった。同艦のアンドリュー・H・フート艦長は、ハリス宛の手紙と新聞を届けにきたのであるが、[*46]下田奉行はすぐにこの軍艦の来航を幕府に報じ、登城の可否に関する「決答及遅々候ハヽ、直ニ乗組出府可致旨、切迫いたし可申立」として、ハリスがポーツマス号に乗艦して江戸に進行してくる危険性を訴えた。[*47]この下田奉行からの報告が決め手となり、老中堀田は七月二四日、海防掛に対してハリスの登城認可の方針を伝えたのである。[*48]

これ以降、ハリスの登城に向けた準備が進み、安政四年一〇月二一日、いよいよハリスの登城と将軍徳川家定への謁見が実現されることとなった。[*49]その後、同月二六日には、老中堀田正睦邸で、ハリスによるいわゆる「重大事件」の演説がなされる。

「重大事件」とは、出府・登城を要求して以降、ハリスが一貫して将軍に直接言上したいと要望していたことであり、幕府はその内容を将軍ではなく何とか下田奉行に伝えるよう、交渉を続けていた。しかし結果的に、その「重大事件」は、老中およびハリスの出府取扱掛（構成員については表1―3）の前で披露されることとなった。それは、「スチーム（蒸気―原注）の利用によって世界の情勢が一変した」という内容から始まり、現今の国際社会の中で外交を結ばない国はないこと、もしアメリカと条約を締結すれば、イギリスやフランスが来航してもアメリカが間に立って調停することなど、当時の日本を取り巻く国際情勢と有効な外交策を説くとともに、「一、江戸に外国の公使を迎えて居住させること。二、幕府の役人の仲介なしに、自由に日本人と貿易させること。三、開港場の数を増加すること」という「三つの大きな問題」を提起する演説であり、「二時間以上におよ」ぶものであったという。[*50]

このハリスの重大事件の演説に衝撃をうけた老中堀田は、早速一〇月二八日、評定所一座、海防掛、長崎・浦賀・下田・箱館各奉行らに諮問を行った。[*51]これらの問題に関して、海防掛勘定方と目付方は再び鋭く対立をするのである。

ただし、この時の対立の争点は、ハリスの要求を受け容れるか否か、といった問題ではない。前節で見たように、欧米諸国との通商開始はもはや避けられない、という点で両者は一致しており、現に安政四年八月二九日、九月七日にはそれぞれオランダ、ロシアと会所貿易の規定を伴う条約を結んでいた。ここで最も大きな問題となったのは、ハリスの要求を受け容れることを前提に、その受け容れをどのようにして決定するのか、という政策決定過程をめぐる問題だったのである。

アメリカ測量艦隊をめぐる両者の意見書で確認したように、政策決定過程に関して、海防掛勘定方は諸大名の意向を勘案した上での政策決定を重視していた。一方、目付方は将軍の「英断」による政策決定を求めていた。この見解の相違が、ハリスの重大事件をめぐる対立においても繰り返されるのである。

まず、海防掛勘定方の上申書を確認したい。先のハリスの重大事件演説に関する諮問に対し、一一月四日頃の上申書において、海防掛勘定方は評定所一座と連名で次のように述べ、諸大名の意向を重視する必要を唱えた。[*52]

彼方志願者アゲント《エージェント》を都下江差置候と、国々之もの勝手ニ商売いたし候と之二个条ニ而、其主意之基き候所者、西洋各国ニ而者世界一族ニ相成候様いたし度と之趣ニ相聞、渠申立ニ任候得者、遂ニ者諸蛮一般之風習ニ押移り、邪教御制禁者勿論、都而御制度廃弛いたし候様成行可申者顕然ニ而、左候迚、申立之趣御拒絶相成候得者戦争之端ニ罷成、何れに従候ても不容易次第柄ニ候得共、当今之形勢、兎ニ角穏便之御所置御座候より外有之間敷候得共、右体御制度不相立次第ニ付、諸家之家格国制等ニ拘り候儀も不少、御国内不服之ものも出来可致御義ニ付、御三家方初諸大名江も御尋之上、御治定有之候方ニ可有之、尤右御治定之趣被為達　叡聞候方哉と奉存候

彼らはハリスの要求事項に対して、それを認めては「諸蛮一般之風習」になり「御制度廃弛」につながる、と懸念を示している。しかし、だからといって「申立之趣」を拒んでは「戦争之端」にもなり、現今の形勢では結局「穏便之御所置」しかないという。その上で、傍線にあるように、「御国内不服之もの」が出ないように「御三家方初諸大名江も御尋之上、御治定」すべきだと主張した。さらに、その決定事項を朝廷にも通知するべきだと唱えている。

諸大名の意向を尋ね、かつ朝廷にもその結果を通知しようと唱えるなど、海防掛勘定方が重視したのは、諸大名と朝廷をも含む、国内全体における「衆心一致」という状況の形成であった。同年一一月一〇日の上申書において、海防掛勘定方はあらためて水戸・尾張・紀伊の三家をはじめとする諸大名に諮問した上でなければ、方針を「御治定」することはできない、と述べる。「衆心一致仕候上ニ而御許ニ相成候ハヽ、　御国内之治り方ニも宜可有之哉」として、「衆心一致」による決定を求めたのである。「衆心一致」という既成事実さえ形成されれば、「たとひ戦争等之論を発し候者、中ニ者有之候とも、衆議ニ寄被決候間、聊御懸念之筋も有之間敷」という効果が期待されていた。[*53] つまり、たとえ幕府の方針に不服で「戦争等之論」を唱える大名がいたとしても、「衆議」を名目にそれを抑え込むことができるというのである。海防掛勘定方は、幕府が政策決定を行うに際して、「衆心一致」という状況にその正当性を置こうとしていたといえるであろう。

一方、海防掛目付方も大名の意見に配慮する必要性は認めていた。しかし、目付方の意見が勘定方と異なるのは、政策決定過程の中で、全大名への諮問までは想定していなかったという点である。これも、安政二年の測量艦隊来航に関する評議と共通している点であるが、彼らは各大名の意見を聞くのではなく、幕府の方針に異論がないことを確認する、ということを重視していたのである。

安政四年一一月四日頃の上申書の中で、海防掛目付方は林復斎、筒井政憲らと連名で、「銘々存寄りをも御尋可被成哉ニ者候得共、たとひ異存之者有之候共、詰り不被差置候半而者相成間敷儀御坐候間、中立之趣者溜詰国持初へ一覧被仰付、　御城又者御宅ニ而も時勢変革之次第、一同篤と納得仕候様、精々御懇ニ御説諭被成、可成丈早々御決定之御挨拶被仰達候方可然奉存候」と述べている。[*54] 彼らは、たとえ「異存之者」がいたとしても、すぐに政策決定をしなければならないという状況においては、全ての大名の意見に配慮する時間的余裕などない、と判断していた。そのため、溜詰大名や国持大名など、有力な大名に限定してハリスの重大事件の内容を一覧させ、「時勢変革之次第」について彼らが納得するよう、「精々御懇ニ御説諭」すべきだと主張したのである。

このように、海防掛目付方は幕府の主体的な政策決定を重視していた。それは、ハリスの登城問題においても共通している。同問題の評議が続いていた安政四年六月七日、彼らは「御英断を以、御三代様已前之御遺意ニ被復、登城拝謁も被仰付」べきだとして、「御英断」による登城許可の必要を唱えている。[*55] 海防掛目付方は幕府主導型の政策決定を求めており、将軍による「英断」に、政策決定の正当性を置こうとしていたのである。

それでは、一体なぜ海防掛勘定方と目付方とで、政策決定の過程をめぐってこのような大きな相違と対立が生じることとなったのであろうか。

この対立の淵源に関しては、両者の国内認識と対外認識の二つの相違に求めることができるであろう。まず、両者は欧米諸国との通商をめぐる国内の意見に関して、それぞれ異なる判断を下していた。前節で引用した安政四年四月付の上申書の中で、海防掛勘定方は「いにしへ鎖国之御制度をも御立有之候儀にて、墨夷内海へ乗込候一条無之候へ者、いかに申候とも、諸蛮と交易等可然と申ものハ有之間敷」と述べていた。[*56] 「鎖国之御制度」が長く続いてきた中で、嘉永六年（一八五三）にペリー率いるアメリカ艦隊が江戸湾内に進入する、という事態が生じていなければ、日本国内に「諸蛮と交易等可然と申もの」などいなかったであろう、というのである。したがって、国内の者が望んでいない通商を幕府が独断で開始することは、勘定方にとって危険性の高い政策にほかならなかった。諸大名の意向に反するおそれのある通商の開始を決定する場合には、不服の大名が出ないよう、入念に「衆心一致」という状況を整える必要がある、と彼らは判断していたのである。

それに対して目付方は、同じく前掲の安政四年四月付の上申書の中で、「祖宗之御遺法御改革相成候上者、速ニ右ニ応し候御変通之御処置無之候而者難相叶との御趣意、御尤至極ニて、只今天下之人心貿易御開之儀を実者企望罷在」と述べている。[*57] すでに「祖宗之御遺法御改革」をした以上は、速やかにそれに応じて「御変通」の処置が必要だと唱えた上で、「天下之人心」は、実は通商の開始を希望しているというのである。したがって、諸大名が望んでいる以上、たとえ幕府が通商の開始を専決したとしても何ら問題はない、と彼らは判断していた。むしろ、「英断」により幕府が明確な主導権を発揮して通商を開始した方が、幕府の権威が上昇すると考えていたのである。

以上の国内認識の相違に加えて、国際情勢、特にハリスの説いた重大事件に対しても、両者の判断は全く異なっていた。井上勝生が述べるように、海防掛目付方はハリスの説く国際情勢に対して「協調的」であった。[*58] 先に引用した安政四年一一月四日頃の上申書において、彼らは「天ニ誓申立候得者、是以虚談ニ者有之間敷、たとひ虚談ニ候共、此方ニ而者偏ニ其言葉を踏へ、義理を以て相詰候ハヽ、人心有之者ハ幾重ニも御国之為骨折不申候半而者相成間敷候間、旁申立之趣御取用被成」べきであると述べている。[*59] ハリスは「天ニ誓」って国際情勢を説いているのであるから、彼の演説に「虚談」は混じっていないと述べ、「たとひ虚談」であったとしても、幕府側が「義理を以て相詰」ていけば、ハリスも「幾重ニも御国之為骨折」であろうという。海防掛目付方が、ハリスの演説にほとんど疑念を抱いていなかったことが分かるであろう。

一方、海防掛勘定方はハリスの演説に対して懐疑的であった。安政四年一一月五日、彼らはハリスの重大事件演説に対して、「西洋之事蹟を記し候諸書、幷和蘭人申立候風説書其外見合可相成書類等」を用いて詳細に検討を行い、老中堀田に上申を行った。[*60] 彼らはハリスの演説書を検討した結果、「不審之廉有之、容易ニ御信用者難相成筋哉」という結論に達したとして、ハリスの演説書の写しに逐一疑問点を書き記した下ケ札を添付して、堀田に差し出したのである。[*61]

こうした国内認識および対外認識の違いが、両者の政策決定過程をめぐる対立につながることとなった。目付方は、ハリスの説く国際情勢を前提に、国内にも通商開始を是とする意見が多いであろう、という判断の下、幕府が主体的に通商開始を決定することを求めた。それに対し、勘定方は、ハリスが説いた国際情勢に疑念を抱く一方、通商開始は避けられないと判断する中、「衆心一致」という状況から幕府の進むべき方向性を見出そうとしたのである。

小結

ハリスの重大事件演説の後、幕府はアメリカとの通商条約の締結に向けて動き始めることとなった。安政四年（一八五七）一二月四日、ハリスと、交渉の全権に任じられた海防掛目付岩瀬忠震・下田奉行井上清直との間で、通商条約の締結に向けた交渉が開始された。[*62] その一方で、幕府は一二月一五日に諸大名に対して条約草案を示し、通商の規定を含む条約締結に関して諮問を行った。[*63] 三家や溜詰、大廊下詰の大名などに対しては、すでにそれ以前の一一月一一日にハリスの演説書を示していたが、[*64] 形としては、この一二月一五日の諮問により、全ての大名に意見が諮られたことになる。これは、一見すれば、海防掛勘定方の意見に則した処置のように見えるであろう。

しかし、実際には幕府はそれ以前にすでに朝廷側にハリスの要求を基本的に認める方針であることを伝えていた。[*65] そして一月八日には、老中堀田正睦自ら京都にのぼって、勅許獲得を目指すことが正式に決まった。[*66] 幕府は、一方で諸大名に意見を諮るという形式をとりながらも、その意見が集約される以前に、勅許の獲得による通商条約の締結に向けて、本格的に動き始めたのである。
幕府が敢えて勅許の獲得を目指した理由については、三谷博の推定が最も説得的であろう。[*67] 三谷は、三家やその他の有力大名からハリスの要求を拒絶すべきだという意見書が出され、彼らの他の大名への影響を懸念した幕府が、朝廷の勅許により三家大名らの批判を抑え込もうとした、と推定している。実際、安政四年一一月一八日には、尾張藩から「今般相願候条々、願之通相成候ハヽ、往々　皇国の保たれ方御難儀」になるとして、「公辺十全之御所置」を求める願書が出され[*68]、同月一三日には、水戸藩から、「万々一　征夷之御名目を被廃候事ニも至り候ハヽ、　天朝よりも御沙汰有之間敷者ニも無之」として、字義通り、「征夷」の職責を全うすべきだという意見が出された。[*69]
しかし、海防掛目付方たちが述べていたように、こうした反対意見に対し、それらを説得していくという時間的な余裕はなかった。そのため、堀田は勅許獲得により、幕府の通商条約締結を正当化し、諸大名の反対を抑え込もうとしたのである。実際、通商条約の交渉が一通りまとまった安政五年（一八五八）一月四日、ハリスは岩瀬忠震と井上清直から、「閣老会議の一員が京都の『精神的皇帝への特使』として赴いて、皇帝の認可を得ることができるまで、彼らが条約の調印を延期しようと欲していること。その認可があり次第、大名たちはその反対を撤回するに相違ないこと」を聞かされている。[*70]
大名の意見を集約する以前に勅許を獲得し、彼らの反対意見を抑えるという堀田の判断の背景にも、海防掛目付方の意見の影響があったことを想定することが可能である。安政四年一〇月、日蘭追加条約締結に伴う通商仕法に関する評議において、海防掛目付方は通商開始に伴う「人気揺動」を防ぐための手段として、「先以京師へ被　仰遣、時機を過さす、早々諸向へ御触達」すべきだと述べている。[*71] この提言は、現にアメリカとの通商条約締結の段階にいたって、三家などの一部の大大名が反対意見を示したことにより、手っ取り早く彼らの反対意見を抑え込む方法として採用されることとなったのである。

ところが、安政五年三月二〇日に出された沙汰書は勅許拒否を記したもので、その内容は「猶三家以下諸大名江も被下　台命、再応衆議之上、可有言上被　仰出候事」という、まさに大名の「衆心一致」を求めるものであった。[*72]諸大名の「衆議」を抜きにした幕府の政策決定自体が、朝廷により事実上否定されるという事態に陥ったのである。

以上の〈経緯〉とは、まさに「開国への軟着陸」が「失敗」していく〈経緯〉といえるであろう。幕府外交は、「衆心一致」という合意形成よりも、「英断」という形で通商条約の締結へと向かっていった。その推進者として、海防掛目付方の開国論があった。彼らは、国内の大名たちも通商を求めている、という判断のもと、速やかな政策決定を遂行しようとしたのである。

三家などの大大名から出されたハリスの演説や条約草案に関する答申書を分析した三谷博によると、二八人の大大名の中で、要求拒絶論が九、許容論が一七で、条約締結を許容する大名の方が多かったという。[*73]また、安政期の前半には強硬な対外論を唱えていた福井藩主松平慶永も、この頃には藩士橋本左内や横井小楠の影響によって、開国を是認する意見に転換していた。[*74]その点で、海防掛目付方が大名は通商を望んでいる、と判断していたこともあながち間違いではなかった。しかし、条約勅許拒否の勅答が「衆心一致」による政策決定を求めたように、安政四〜五年という段階においては、海防掛目付方たちが想定していた以上に、「衆心一致」という国内の合意を形成して政策を決定することが重視されていたのである。

この点から考えると、「衆心一致」を求めた海防掛勘定方の外交構想を単に「非開明的」な議論としてかたづけることはできないであろう。大名が通商など求めているわけではないという判断から考えて、彼らがどこまで国内の状況を的確に認識していたのか、という点は別に検討しなければならないが、少なくとも、「積極的開国論を唱える海防掛目付方」対「鎖国に拘泥する海防掛勘定方」という構図に終始していては、海防掛目付方と勘定方の対立の歴史的な意義をも見誤ることとなる。

それでは、海防掛目付方と勘定方との対立とは、一体どのような歴史的意義を有していたのであろうか。嘉永六年（一八五三）六月のペリー来航以降、幕府は、欧米諸国との間に「国交」を結んでいくこととなる。従来の朝鮮・琉球との「通信」関係とは異なり、対等な主権国家間の交渉を前提とする欧米型の近代外交の秩序下において、幕府は、幕府（＝将軍）の意志ではなく、あくまでも「日本」という国家としての意志を示さなければならなかった。この「国家意志」をどのように決定するのか、という点が、ひとつの大きな政治的争点となる。

この状況の中で、海防掛目付方と勘定方は対立をすることとなった。両者の対立の本質は、開国か鎖国か、という次元にあったわけではない。両者の対立とは、まさに国家意志の確立の方法をめぐる対立を意味していた。つまり、海防掛目付方は、「英断」という名目の下、幕府（＝将軍）の意志と国家の意志を同一のものとして示そうとしたのに対し、勘定方は、藩を含めた領主階級全体の合意として、日本の国家意志を形成させようとしたのである。そして、それが開国に向けての国家意志の形成をめぐる問題であったために、それは「開国の方法」をめぐる論争となったのである。

最終的に、幕府が選択した「開国の方法」とは、通商条約を締結する、という方針を諸大名に納得させて、実施にうつしていく、という方法であった。諸大名の政治意思よりも、幕府の選択こそが重要であった。しかし、その選択に反発する大名も現にいる。

そこで幕府は、彼らの反発を抑えるために、天皇からの勅許獲得という方法を採用することとなる。これも、早急の政策決定を求める海防掛目付方の意見に基づいていた。安政五年一月四日、アメリカ応接掛の岩瀬忠震・井上清直は、天皇の勅許獲得まで条約の締結を延期したいとハリスに伝える中で、「幕府はミカドからの如何なる反対をも受けつけぬことに決定している」とも述べている。[*75] 勅許獲得という行動の背景には、朝廷はすぐに勅許を下すだろうという政治的判断があった。

しかし、事態は幕府の予想を超え、勅許獲得という選択が、「開国への軟着陸」を頓挫させる直接的な原因となった。着陸に向けて「着陸態勢」に入っていた幕府外交は、勅許拒否という意想外の「突風」によって、「滑走路」を見失ってしまったのである。

こうした勅許獲得の失敗という事態の直後に登場したのが、安政五年四月に大老に就任した彦根藩主井伊直弼であった。周知のように井伊政権の下、六月一九日に幕府は無勅許のまま日米修好通商条約に調印し、朝廷（孝明天皇）の怒りを買うこととなった。この事態に対して、井伊率いる幕府は幕政を批判する者や反対派に対して徹底的な弾圧（安政の大獄）を加える一方で、孝明天皇に対しては、調印はあくまでも「一時之御計策」であったと弁明し、将来的な鎖国体制の復帰を約束することで事態を鎮めなければならなくなった。[*76]この将来的な鎖国体制復帰という朝廷に対する公約が、その後の幕府外交にとって大きな障害となり、また、外交の「混乱」につながっていくこととなる。

しかし、この「軟着陸」の失敗の〈経緯〉をたどってみると、そもそもなぜ岩瀬や井上をはじめ、幕府の有司層は条約の勅許がすぐに下されると判断したのであろうか、という問題につきあたる。この点は、従来は孝明天皇の「外国人嫌い」によって説明づけられてきた。しかし、開国期における幕府外交の特質を通時的・構造的に探るのであれば、より根源的な説明、つまり開国期における朝幕関係のあり方そのものが問われなければならないであろう。幕府外交にとって、いわば「突風」の原因となった朝幕関係を検討することは、開国の〈経緯〉をたどる本書にとって避けることのできない課題である。

註

＊1　『〈大日本古文書〉幕末外国関係文書』一四巻（東京大学出版会、一九八五年）、一四六号、四二五頁。

＊2　『海国日本の夜明け』（フォス美弥子編訳、思文閣出版、二〇〇〇年）、三〇五頁。なお、シャムと締結した条約というのは、

一八五五年四月（西暦）に締結されたイギリスとシャムとの修好通商条約のことを指す。この条約は、「領事裁判権、三%従価輸入関税、最恵国条項などの諸条件を含むいわゆる不平等条約」であった（小泉順子「朝貢からの『離脱』」、和田春樹ほか編『〈岩波講座東アジア近現代通史一〉東アジア世界の近代』岩波書店、二〇一〇年、一九七頁）。

＊3　バウリングの動向については、嶋村元宏「日本の開国と香港総督」（明治維新史学会編『明治維新とアジア』吉川弘文館、二〇〇一年）。

＊4　『幕末外国関係文書』一四巻、一六〇号、四四六～四四七頁。

＊5　同右、二一三号、六五二～六五三頁。

＊6　『幕末外国関係文書』一七巻、一二六号、三九六～四二四頁。

＊7　同右、一九五号、六六五～七〇二頁。

＊8　以上、三谷博「限定的開国から積極的開国へ」（『明治維新とナショナリズム』山川出版社、一九九七年〈初出一九八八年〉）、同『ペリー来航』（吉川弘文館、二〇〇三年）、嶋村元宏「幕末通商外交政策の転換」（『神奈川県立博物館研究報告　人文学』二〇号、一九九四年）。

＊9　坂田精一訳『ハリス日本滞在記』中巻（岩波書店、一九五四年）、七～八頁。

＊10　来日後のハリスの動向については、嶋村元宏「下田におけるハリスの政策」（横浜開港資料館・横浜近世史研究会編『一九世紀の世界と横浜』山川出版社、一九九三年）。

＊11　『幕末外国関係文書』一五巻、四一号、九二～九五頁。

＊12　石井孝『日本開国史』（吉川弘文館、一九七二年）、一八九頁。

＊13　三谷前掲「限定的開国から積極的開国へ」、一四九頁。

＊14　井上勝生『〈日本の歴史一八〉開国と幕末変革』（講談社、二〇〇二年）、『〈日本近現代史一〉幕末・維新』（岩波書店、二〇〇六年）。

＊15　小池喜明『武士と開国』（ぺりかん社、二〇〇八年）。

＊16　井上前掲『開国と幕末変革』、二二二～二二三頁。

＊17　井上勝生「幕末・維新変革とアジア」（趙景達・須田努編『比較史的にみた近世日本』東京堂出版、二〇一一年）、二一〇～二一一頁。

＊18　『大日本維新史料』二編四巻（維新史料編纂事務局、一九四三年）、二頁。

＊19 『遐蛮彙議』八（東京大学史料編纂所所蔵）、二六四丁。
＊20 以下、『幕末外国関係文書』二巻、四号、一五～一七頁。
＊21 「斉昭手書類纂」二（『大日本維新史料稿本』、東京大学史料編纂所所蔵、安政元年七月二七日条、AN〇一六―〇六八八～〇六九〇）。
＊22 「海防建議」二（同右、安政元年八月一七日条、AN〇一七―〇三七三～〇三七四）。
＊23 ただし、それは両者の対立自体が全くなかったという意味ではない。国内改革に関しては、阿部正弘が安政元年六月に示した幕政改革案に対し、目付方は賛成し、勘定方は多忙を理由に否定的な態度を示すなど、両者の構想の対立が確認できる（「海防建議」二、同右、安政元年六月五日条、AN〇一三―〇一九三～〇二四五）。
＊24 『幕末外国関係文書』一一巻、七号、一五頁。
＊25 「長崎港和蘭陀船」（『大日本維新史料稿本』安政二年四月一三日条、AN〇三一―〇五一一～〇五一三）。
＊26 『〈海舟全集一〉開国起源』上巻（改造社、一九二七年）、三九九頁。
＊27 『水戸藩史料』上編乾巻（吉川弘文館、一九一五年）、六五二～六五三頁。
＊28 以下、『幕末外国関係文書』一四巻、二七八号、七九九～八〇一頁。
＊29 『幕末外国関係文書』一五巻、一八九号、四六九頁。
＊30 アメリカ使節ペリーの首里城登城については、金井圓訳『ペリー日本遠征日記』（雄松堂、一九八五年）、一一三～一一六頁。
＊31 『幕末外国関係文書』一五巻、一八九号、四六八～四六九頁。
＊32 同右、一八八号、四六六～四六七頁。
＊33 同右、一九五号、四八一～四八二頁。
＊34 以下、同右、二一六号、五六七～五六八頁。
＊35 以下、同右、二五六号、六六九～六七一頁。
＊36 奈良勝司『明治維新と世界認識体系』（有志舎、二〇一〇年）、八八頁。なお、傍点は原文の記載通り。
＊37 『幕末外国関係文書』一五巻、三一七号、八二二～八二三頁。
＊38 三谷前掲「限定的開国から積極的開国へ」、一四八頁。
＊39 『幕末外国関係文書』一五巻、三一八号、八二五～八二六頁。

＊40　同右、八二七頁。
＊41　『昨夢紀事』二巻、一〇三頁。
＊42　『水戸藩史料』上編乾巻、七八一頁。
＊43　『昨夢紀事』二巻、一二八〜一三一頁。
＊44　同右、一三二〜一三三頁。
＊45　『幕末外国関係文書』一六巻、一三三号、四四〇頁。なお、箱館奉行竹内保徳は安政四年六月付の上申書において、ハリスの登城は「御国害」とはならないとして即時の登城認可を主張した（同上、一八〇号、六四〇〜六四二頁）。
＊46　『ハリス日本滞在記』中巻、二九二〜二九三頁。
＊47　『幕末外国関係文書』一六巻、二五〇号、八八五頁。
＊48　『幕末外国関係文書』一七巻、一九号、七三〜七四頁。
＊49　『幕末外国関係文書』一八巻、三五号、七二〜九三頁。
＊50　『ハリス日本滞在記』下巻、八七〜八八頁。なお、日本側の記録としては、『幕末外国関係文書』一八巻、四四号、一〇四〜一二五頁。
＊51　『幕末外国関係文書』一八巻、四九号、一三〇頁。
＊52　同右、八三号、二五〇〜二五一頁。
＊53　同右、九五号、三四五〜三四六頁。
＊54　同右、八四号、二五三頁。上申書に海防掛と明記されているわけではないが、評議を行っているにもかかわらず海防掛目付方の上申書だけが見当たらないことから、大目付・目付の中に海防掛も含まれていると推定した。
＊55　『幕末外国関係文書』一六巻、一二三号、四〇二〜四〇三頁。
＊56　『幕末外国関係文書』一五巻、三一八号、八二五頁。
＊57　同右、三一七号、八二三頁。
＊58　井上前掲『開国と幕末変革』、二二二頁。
＊59　『幕末外国関係文書』一八巻、八四号、二五二〜二五三頁。
＊60　同右、八七号、二五七頁。

＊61　一例をあげれば、ハリスは演説の中で「是迄壱里たり共、干戈を以、合衆国の部ニ入候儀者決而無御座候」と述べ、アメリカは武力による領土併合を行ったことはないと主張した。これに海防掛勘定方は下札を付し、「戦争之上、メキシコ之地カリホルニーを取候儀も有之候間、是又偽と相聞申候」と述べている（同右、二六〇頁）。なお、アメリカ測量艦隊司令長官ジョン・ロジャーズが、この米墨戦争を事例に幕府に圧力をかけようとしたことは、第五章で見た通りである。

＊62　『ハリス日本滞在記』下巻、一一四頁。

＊63　『幕末外国関係文書』一八巻、一八七・一八八号、六〇六～六一一頁。

＊64　『水戸藩史料』上巻乾巻、八一七頁。

＊65　『幕末外国関係文書』一八巻、一八二号、五八五頁。

＊66　『幕末外国関係文書』一九巻、二三号、五二～五三頁。

＊67　三谷博「大名の対外意見」（前掲『明治維新とナショナリズム』）、一七六～一七七頁。

＊68　『幕末外国関係文書』一八巻、一一八号、三九三頁。

＊69　同右、一〇〇号、三五三頁。

＊70　『ハリス日本滞在記』下巻、一六八頁。

＊71　『幕末外国関係文書』一八巻、五四号、一六三頁。

＊72　『幕末外国関係文書』一九巻、三一八号、六三七頁。

＊73　三谷前掲「大名の対外意見」、一七五頁。二八通のうち、広島藩と弘前藩の二藩は幕府の意向に従うとのみ返答しており、三谷の分析では「その他」に分類されている。

＊74　高木不二『〈幕末維新の個性二〉横井小楠と松平春嶽』（吉川弘文館、二〇〇五年）、四九～五一頁。

＊75　『ハリス日本滞在記』下巻、一六八頁。

＊76　上京した老中間部詮勝から関白九条尚忠への諸書簡を参照（『幕末外国関係文書』二一巻、二八四～二八九号、六三一～六五一頁。引用は六三五頁）。

第九章

安政期における朝幕関係と海防掛

――大坂湾の防備からみる

はじめに

日米修好通商条約の締結に向けた交渉が行われ、その草案がある程度まとまった安政五年（一八五八）一月四日、アメリカ総領事タウンゼント・ハリスは、幕府側の全権である海防掛目付岩瀬忠震および下田奉行井上清直から、次のことを告げられた。[*1]

私（ハリス）は最後に、閣老会議の一員が京都の「精神的皇帝への特使」として赴いて、皇帝の認可を得ることができるまで、彼らが条約の調印を延期しようと欲していること。その認可があり次第、大名たちはその反対を撤回するに相違ないこと。彼らは条約の内容をそのままに受けいれ、ただ若干の些細な辞句の変更を申し出るだけで満足し、特使が都《ミアコ》から戻り次第、条約を実施するという彼らの約束を厳粛に誓うこと。それには約二ヶ月を要することを知った。

この非常に重大な会話がおわるや、私は彼らに、もしミカドが承諾を拒むなら、諸君はどうするつもりかと訊ねた。彼らは直ぐに、そして断乎たる態度で、幕府はミカドからの如何なる反対をも受けつけぬことに決定していると答えた。

岩瀬と井上がハリスに伝えたことは、老中堀田正睦と、後には岩瀬自身と海防掛勘定奉行川路聖謨の上京につながる。彼らは朝廷から勅許を獲得できるまで、条約の調印を約二か月間、待ってほしいと述べたのである。

ここで重要な点は、ハリスが「もしミカドが承諾を拒むなら、諸君はどうするつもりか」と尋ねたことに対し、岩瀬・井上が「幕府はミカドからの如何なる反対をも受けつけぬことに決定している」と返答した点である。実際のその後の経緯をたどるならば、安政五年三月二〇日、条約を調印した場合には「御国威」が立たないとして、三家以下の諸大名に意見を諮った上であらためて言上せよ、という事実上の勅許拒否の沙汰書が堀田に渡され[*2]、幕府はこの事態を打開できないままとなった。そのような状況下、ハリスのもとにイギリスとフランスが第二次アヘン戦争で清朝を屈服させたという情報が軍艦ミシシッピ号によって伝えられると、彼はこの情報を利用して幕府に早期の条約締結を強く求めた[*3]。幕府側はその圧力に抗することもできず、六月一九日、日米修好通商条約を「無勅許」で調印することとなる[*4]。

こうした結果から考えれば、先の岩瀬・井上の見通しは、「甘かった」と評価せざるを得ないであろう。彼らにとって、朝廷側が幕府の方針に異論を唱えることなど、想定されてはいなかったのである。

それでは、一体なぜ彼らは、朝廷側の回答の予想を「見誤る」ことになったのであろうか。この問題は、当該期における朝幕関係に起因していたと考えられる。本章では、安政期（一八五四〜五九）における幕臣たち、特に海防掛の対朝廷認識から、当時の朝幕関係の特質を検討し、条約勅許獲得の失敗にいたった背景を考察していきたい。

しかし、幕臣たちの対朝廷認識を探るためには、次のような困難が伴う。一八世紀以降、幕府は自ら朝廷から「大政」を委任されている、という「大政委任論」を用いることで、幕府の権威を高め、その為政の正統性を主張するようになっていた[*5]。この「大政委任論」がある程度浸透していた一九世紀中頃の時期において、幕臣たちが残した公的な史料の中で、朝廷や天皇に関して率直な意見が述べられることはほとんどない。それらの史料にあらわれるのは、あくまでも「尊王」を前提としたものであり、岩瀬や井上がハリスに語ったような朝廷認識が記録に残されることは少ないのである。ハリスの日記という海外史料だからこそ、彼らの露骨な朝廷観が記録されたともいえよう。

ただし、このような限界や困難はあるにせよ、方法を工夫すれば幕臣たちの朝廷認識を探ることも、まったく不可能というわけではない。彼らの朝廷認識を探る上で着目したいのが、当時の大坂湾の海防である。大坂湾防備は、かつて藤井甚太郎が「京都の警衛としての摂海の防禦。此が摂海防備源流の本流をなすものであります」と述べたように[*6]、京都、つまり朝廷の警衛と一体のものとして幕末当時から捉えられていた。したがって、大坂湾防備には、当時の幕府側の対朝廷認識が反映されていたと推定することができる。安政期の大坂湾防備の変遷と、それに関する幕府内の諸有司の評議内容を検討していけば、間接的ではあるにせよ、幕臣たちの対朝廷認識、および朝幕関係の特質を探ることができるのではなかろうか。

なお、大坂湾の海防に関しては、江戸湾の海防史に比べて研究が非常に少ない。しかし近年では、慶応元年（一八六五）頃に淀川河岸に築かれた楠葉台場に関する研究や[*7]、元治元年（一八六四）に築造された和田岬砲台をはじめとする兵庫の台場研究も進められ[*8]、大坂湾の海防に関して次々と新たな成果が発表されている[*9]。ただし、その多くは一八六〇年代以降の大坂湾防備を対象とするものであり、本章で検討する安政期については、未だ十分な検討がなされていないというのが現状であろう。

もちろん、安政期の大坂湾防備に関して、これまで研究が全くなかったというわけではない。ここで、本章に関わる先行研究をあげ、それらと本章との方法の違いを説明しておきたい。

安政期の大坂湾防備に関しては、原剛の先駆的研究がある[*10]。本章でも、海防の実態（防備を担った藩や砲台数など）については、原の研究を大いに参考にした。ただし大坂湾防備に見られる幕臣たちの対朝廷認識を問題とする本章においては、同湾の防備の実態よりも、その防備強化を進めていく上での、幕府内における評議の分析を重視したい。

また、京都警衛と大坂湾の海防の双方を、大名の防備配置という点から検討した針谷武志の研究も重要である。[*11] 針谷の議論は安政期から文久期まで見通したものであり、江戸湾との比較や、従来の幕藩体制下における軍役との比較も交えた議論には、傾聴すべき点が多い。本章では、針谷が明らかにした大名配置などに見られる大坂湾防備の特徴を参考にしつつ、そうした特徴が、どのような評議に基づいて形成されたのか、という点に留意したい。[*12]

1　プチャーチン来航以前の大坂湾防備

大坂湾の海防強化が緊急の政策課題となるのは、安政元年（一八五四）九月一八日、ロシア使節プチャーチンの乗るディアナ号が大坂湾に来航する、という事件が生じて以降のことである（この事件については後述）。ただし、それ以前にまったく大坂湾の海防が検討されなかったというわけではない。一八世紀末以降の対外的な危機意識の高揚の中、大坂湾もまた、全国的な海防政策の進行の中で、その防備強化が試みられるのである。

幕府による大坂湾の海防計画については、文化六年（一八〇九）にまでさかのぼることができる。安政元年一一月、代官川上金吾助・増田作右衛門は大坂城代土屋寅直に上申書を出し、文化・文政期頃からの大坂湾の防備についてまとめている。[*13] それによると、文化六年には尼崎藩・高槻藩・岸和田藩が異変時に摂津・和泉海岸に出兵する態勢になったという。これらの措置は、文化三年から同四年におけるロシア海軍士官フヴォストフによる蝦夷地襲撃や、文化五年に長崎で生じたフェートン号事件によって対外的な危機意識が強まったことによる措置の一環と考えられる。

文化七年には狭山藩も加わり、さらに文政八年（一八二五）から同九年にかけて、明石藩・姫路藩・麻田藩・伯太藩・三田藩も臨時出兵することになった。しかし、その後代官の転役などにより、上記諸藩の警衛地に関しては規定が不明瞭になったという。さらに、この態勢では「万々一戦争等之期ニ至」ったとしても「一ト手限之働」となっていえよう。

統一的な防備が不可能であると川上・増田は主張する。文化期以降の大坂湾の海防は、有名無実の状態に近かったと

この代官の上申は、大坂城代土屋の諮問に答えたものであるが、大坂町奉行も同じく大坂湾防備に関して諮問を受けていた。大坂町奉行石谷穆清・佐々木顕発は、安政元年二月付の上申書において、大坂湾の海防は明石藩などに臨時出兵を命じてはいるが、それは「畢竟御料所海岸而已之御固」であり、「当表一体之守衛」ではない、と現状の防備態勢を批判している。彼らは大坂が「専ラ金銀融通第一之場所」であると同時に、「皇都程近之儀、万一不都合之儀有之候而者、以之外恐入候」ということを理由に、早急に防備を整える必要を唱えた。[*14] 安政元年の時点で、大坂湾の防備が朝廷の警衛と一体のものとして捉えられていたことが確認できるであろう。

これらの上申書を得て、安政元年二月二六日、大坂城代土屋は、先の代官と大坂町奉行の上申書を添えて、江戸の老中に大坂湾の海防強化を求める願書を差し出した。土屋自身、大坂湾の海防強化の必要を強く意識しており、同湾が諸国廻船の輻輳する「海内無類之要津」であり、さらに「当地警衛之儀者、則京都表之御守護」であることを強調し、大坂湾の海防を早急に固めるべく、江戸の幕閣内で評議を行ってほしいと要求したのである。[*15]

以上のように、プチャーチン来航以前から、在坂の諸役は大坂湾の海防強化を強く求めていた。しかしながら、江戸の幕閣においては、彼らほど大坂湾に関して危機意識を抱いてはいなかった。

土屋の願書が江戸に届いたのは、三月二日のことである。[*16] しかし、幕府内ではじめて大坂湾の海防に関する諮問が行われたのは、七月五日であった。[*17] 直接の理由は不明であるが、四か月近くも城代の要求は据え置かれたこととなる。同年三月の日米和親条約の締結以降、江戸においては、老中首座阿部正弘を中心に幕政の改革に向けた諸政策が実施されようとしていた。[*18] そのような状況の中、現実的な危機にさらされたことのない大坂湾の海防強化は、江戸の幕閣にとって必ずしも喫緊の課題ではなかったのであろう。

このことは、七月五日以降の実際の評議内容にもあらわれている。評定所一座は、八月付の上申書において、大坂湾にそれ程厳重な防備は必要ないと主張した。[*19] 彼らは「諸家衰耗イタシ、殊ニ公辺ニヲイテモ御入用筋多端」の折柄、江戸湾のみならず大坂湾も「一時御取懸相成」っては「眼前国家之疲弊」を招来するだけだという。その上で、江戸と大坂の違いについて、「畢竟異船江戸近海へ渡来イタシ候旨趣者、御居城程近之処へ附込、彼方志願御許容之有無ニヨリテハ進退ヲ決候抔、虚喝イタシ候ニ都合宜敷故ニ付、大坂近海へ渡来イタシ候ハ、江戸近海ト者自ラ緩急之差別可有之」と述べている。江戸湾こそが海防上最重要であるという認識が、最も直接的に表現された意見であったといえよう。

もちろん江戸においても、大坂湾の海防強化を求める意見は存在していた。海防掛も含め、目付方は九月付（プチャーチン来航の一八日以前と思われる）の上申書の中で、「同所《（大坂）》御固ハ則京地之御警衛ニ罷成、殊ニ御城代、奉行■《役々》トモ被差置候儀ニ付、江戸近海同様之御取扱ヒ」が必要だと述べ、京都の警衛という観点から、大坂湾を江戸湾同等に固めるべきだと唱えた。[*20] 大坂在勤の幕臣だけではなく、江戸においても、京都＝朝廷の警衛として大坂湾防備の重要性を認識する者が存在していたのである。

しかし、その一方で「尤同所御備場之儀者御手始之事」であり、海防掛目付方たちも自身の防備案が「全ク地図又者伝聞仕候事共」を参考に作成された机上の案であることを率直に認め、大坂近海の見分を実施するよう求めている。大坂湾防備が重要だと意識しながらも、具体的な防備計画をたてられるほどには、大坂湾に関する情報と知識が江戸の幕閣に蓄積されてはいなかったのである。

結局、プチャーチン来航以前の大坂湾の海防に関しては、さしたる計画も立案されることはなかった。その背景として、ひとつには、大坂湾の海防も大事であるが、江戸湾の防備強化こそが最優先だという認識があった。また、防備案をたてようにも、同地に関する情報と知識が決定的に不足していたということもその一因としてあげられる。このような状況の中で、幕府はロシア艦ディアナ号の大坂湾来航という危機に直面するのである。

2 プチャーチンの来航と大坂・京都の防備

(1) プチャーチンの来航事件

安政元年（一八五四）九月一八日、大坂湾の天保山沖に、ロシア使節エフィーミー・V・プチャーチンの乗る軍艦ディアナ号が来航した。この事件を理解するためには、当時のロシアの対日政策と、ロシアを取り巻いていた国際情勢とを確認する必要がある。

一八世末から、ラクスマン、そしてレザノフと、二度にわたって対日使節を派遣したロシアであったが、毛皮交易の衰退とも相まって、ゴロヴニン事件の解決以後、日本との通商交渉は長らく中断することとなった。[*21]

しかし、一八五二年にアメリカ合衆国が対日使節を派遣する、という情報を得たことで、ロシアはアメリカに対抗するため、プチャーチンを使節に任命し、あらためて日本との通商開始の交渉を試みることに決定した。[*22] プチャーチンの乗るパルラーダ号をはじめ、四艘からなるロシア艦隊が長崎に入港したのは、ペリー艦隊から遅れること約一か月後の、嘉永六年（一八五三）七月一八日のことである。

一方、当時、ロシアを取り巻く国際情勢は厳しさを増していた。一八世紀以来、ロシアは黒海の制海権と地中海への進出をめざし、「南下政策」を構想していた。プチャーチンが長崎に来航した一八五三年に、ロシアはギリシア正教徒の保護を名目にバルカン半島に進出し、同年一〇月（以下、西暦）、オスマン帝国と開戦した。翌一八五四年三月には、ロシアの南下を警戒するイギリスとフランスがオスマン帝国側についてロシアに宣戦した。また、オーストリアとプロイセンがロシアにバルカン半島からの撤兵を要求したことで、ロシアは国際的に孤立することとなった。

このクリミア戦争は一八五六年三月に講和条約が締結されて終了し、戦争に敗北したことで、ロシアの南下政策は失敗に終わった。[*23]

クリミア戦争は、東アジア海域においても大きな影響をもたらした。[*24] プチャーチンは安政元年一月（以下、和暦表記に復す）、長崎での交渉に一旦の区切りをつけてマニラに向かった。マニラにて、ロシアとイギリス・フランスの間で軍事的緊張が高まっていることを把握したプチャーチンは、艦隊の一隻を上海に派遣して情報収集に努めるとともに、自身は難を避けるため、日本海を経て北方海域へと進んでいった。

インペラートル湾でパルラーダ号からディアナ号に移乗したプチャーチンは、イギリス・フランスの艦隊に拿捕されることを避けるためにも、早急に条約締結交渉を成功させ、一日でも早く帰国できることを求めた。そこで再び日本に向かい、まずは安政元年八月、箱館に入港した。この時、プチャーチンはある決意を固めたようである。インペラートル湾まで秘書としてプチャーチンに同行していた作家ゴンチャローフは、後に聞いたこととして、以下のように述べている。[*25]

提督は十一月（露暦）の末に突如として大胆な第一歩を踏み出す決意を固めた。日本の中心部へ直航してそのもっとも敏感な神経にふれようというのだ。つまり日本全国の主であり、天の御子であるミカドの住む京都《ミアコ》に近い大坂 Oosaki の町へ行くことにしたのである。（中略）日本人たちは、この閉ざされた聖域に、不意に異国人が現われたことに恐れおののき、早々にこちらの提案条件に応じるであろうと予測したのである。

天皇のいる京都に程近い大坂に投錨することで、日本との交渉を早くとりまとめる。これがプチャーチンの大坂湾来航の意図であった。

九月一八日、ディアナ号が大坂湾に来航する。この来航をうけて、天保山の周囲に九〇近くの藩が出兵し、防備が固められた。[*26] 同時に、大坂城代土屋寅直から京都所司代脇坂安宅にロシア船来航の急報がなされ、京都でも警戒態勢がとられた。

一方、大坂町奉行組与力よりロシア側に対して、大坂は交渉の地ではなく、速やかに退去するよう、交渉が続けられた。[*27]ロシア側も、十分な補給手段のない大坂湾に長く滞在することはできず、期待したように交渉が進まなかった。そのため、一〇月三日、ディアナ号はようやく大坂湾を出帆した。

以上がプチャーチンの大坂湾来航事件である。この事件に関し、摂津国豊島郡今在家村の庄屋が書き残した記録には、「市仲の昆《(ママ)》雑誠に周章、左迷て市仲の者共、生たる心知《(地カ)》なし」と記されている。[*28]大坂市中が、ディアナ号の来航によって大きな混乱に陥ったことが分かるであろう。

(2) 大坂湾および京都の防備強化

プチャーチンの大坂湾来航事件を契機として、大坂湾を含めた畿内近海の防備に関する江戸の幕閣の関心は、急激に高まることとなった。たとえば、八月の段階では、大坂には江戸ほどの防備は必要ないと唱えていた評定所一座が、プチャーチン来航をうけて同地の防備強化を主張するようになる。一〇月中に彼らは京都と大坂湾の防備に関する二通の上申書を出しているが、[*29]その双方において、京都と大坂は「唇歯之地勢」である、という表現を用い、京都と大坂の防備を一体のものとして捉え、両地を含みこんだかたちでの強固な警衛態勢を築くべきだと主張したのである。
ここで注目したいのが、大坂および京都の警衛強化に関して、幕府がまず朝廷にその実現を約束した、という点である。プチャーチン出帆から約一か月後の一一月九日、京都所司代は、老中からの「申越」として次の旨を武家伝奏に伝達した。[*30]
此度魯西亜船大坂へ渡来、弥以　宸襟不安可被　思召、関白殿初深く心配被在之候義と重々　御思惟被為　在、一刻も早く御警衛相整、　御安心被遊候様被成進度（中略）乍去畿内近海炮台御築立、大艦巨熕被備候義、急速難整候間、猶又掃部頭同様之もの今一家早速可被　仰付、京地御警衛之緊要、大坂表御備向、是又近々可被　仰出、先是等之趣無急度及御直話候様、年寄共より申越候事

これにより、幕府は近日中の京都・大坂湾警衛の強化を朝廷に公約したのである。朝廷警衛としての京都・大坂湾の防備強化が、幕府の緊急の課題となった。

ここで簡単に当時の京都警衛について確認しておきたい。京都の警衛については、まず朝廷の側から、その強化を求める動きが生じた。嘉永六年（一八五三）一一月に徳川家定への将軍宣下のため江戸に来た勅使たちは、同月二七日、老中阿部正弘たちと対談した際に、京都の警衛強化を要求したという。[*31]

この要求をうけて、老中は京都所司代脇坂安宅に京都警衛に関して諮問を行っている。この時の具体的な上申内容等は割愛するが、安政元年四月九日、幕府は彦根藩に江戸湾の警衛を免除する代わりに京都警衛に力を入れるように命じ、重ねて七月一五日には同藩に京都警衛に専念するよう指示している。[*32]具体的な海防強化が実施されないままプチャーチン来航を迎えた大坂湾に比べると、京都の警衛に関しては強化策が実施されていたといえるであろう。

しかし、同年九月二〇日、外国船の大坂湾来航の報に接した関白鷹司政通が水戸前藩主徳川斉昭に、先だって彦根藩に京都警衛を命じたとの通達もあったが、未だ陣屋地も決まっておらず、不安である、という内容の書簡を送っている。[*33]この書簡に示されているように、京都警衛の実態に関しては決して十分といえるようなものではなく、プチャーチン来航によって、朝廷側の不安は急激に高まることとなったのである。

朝廷側において対外的危機意識が高まる状況の中で、幕府は朝廷に京都および大坂湾の警衛強化を約束した。そしてその九日後の一一月一八日には、早速警衛強化が実施されている。京都については、彦根藩に加えて、小浜藩と郡山藩が交替で派兵することとなった。また、篠山藩・淀藩・高槻藩・膳所藩には、外国船来航時の京都七口の警衛が

命じられた。大坂湾についても、同日、紀伊藩・徳島藩・明石藩にそれぞれ砲台の築造が命じられ、海防強化が図られた。さらに、丹後国の宮津藩・田辺藩・峰山藩の三藩には、外国船が丹後海岸に来航した場合に「自然京都江も相響」くとして、相互援兵を命じ、同海岸の防備強化を図ったのである。[*34]

これらの情報は逐一朝廷に伝えられた。そして一一月七日には、武家伝奏より「京畿近海防禦」の強化について孝明天皇が「御感悦」し、「御安心」したとの旨が京都所司代に伝えられた。[*35] 一一月九日に「一刻も早く御警衛相整、御安心被遊候様被成進度」という幕府側の意思がまず伝えられ、実際にすぐに京都およびその近海（大坂湾を含む）の警衛が固められたという一連の経緯は、幕府による同地の警衛強化の目的を明瞭に示している。幕府にとって、畿内近海の警衛強化は、朝廷の、つまりは天皇の「御安心」を獲得することにその目的があったのである。

幕府が天皇の「御安心」の獲得を重視したのは、「誰が朝廷を守るのか」という問題と密接に関連していた。この点については、徳川斉昭が安政元年一〇月一六日に老中内藤信親に宛てた次の書簡が参考になる。[*36]

唯今の如く京都を御手薄に被差置候へば、万一事急なる時、俄に勅命にて大名へ守護被命候様成行候は差見候義、国主等京都を擁し、御家《（徳川家）》を向ふに致し候義、眼前之義、甚心配致候間、京地の義は只今の内厚く御手当被為在候義、御為の第一と存候

京都警衛が手薄のままでは、朝廷が自らの意思でその強化を図り、その機会を利用して大名（特に「国主」＝国持大名）が朝廷側につき、幕府の制御を超えて行動をするかもしれない。斉昭はこのことを強く警戒していた。

この警戒は、斉昭だけのものではなかった。当時の老中首座阿部正弘も、機会に乗じて京都警衛に国持大名が参入することを警戒していたのである。安政二年（一八五五）一月一五日付の福井藩主松平慶永への書簡の中で、阿部は「国持大名之内にも当地勤向ゟも京地御警衛相願候向抔」がいるとして、江戸への参勤を避けるために京都警衛を望む国持大名の存在を知らせている。その上で、幕府としては彼らに京都警衛を委ねるつもりはない、と明言した。[*37]

阿部が警戒していたのは、京都警衛を名目に、朝廷の権威を利用する大名が出現することである。この事態を防ぐためには、京都警衛の主導権は幕府にあるということを明確に朝廷、そして諸藩に示し、朝廷の幕府に対する支持・信頼を高い水準で確保・維持しなければならなかった。そのため、プチャーチン来航という現実的な危機の後、幕府は天皇の「御安心」獲得のため、すぐに畿内近海の警衛強化に乗り出したのである。

3　安政二年における大坂湾の海防計画

前節で検討したように、幕府の大坂・京都警衛は、プチャーチンの来航以後、急速に固められた。しかし大坂湾に関しては、京都警衛と密接のものと認識されており、また、実際に外国船が進入したという事実から、幕府はさらなる強化を目指していた。安政元年（一八五四）一一月一九日、海防掛勘定奉行石河政平・海防掛目付大久保忠寛・勘定吟味役立田正明に大坂近海の巡見が命じられたのである。[*38]

安政二年（一八五五）四月、石河・大久保・立田より巡見の復命書が差し出された。その中で彼らは、大坂湾は遠浅とはいっても、「異船ニモ大小有之、必定市中迄モ乗入申間敷ト者難申、大坂表之義者西国筋之御押、　皇都近之義御大切之場所」であるから、安治川・木津川の両川口の「肝要之場所」に台場を築造し、防備を固めるべきだと主張した。また、その両川口の台場の警衛は「十万石以上」の大名に委任し、近くに陣屋を建てて藩兵を常駐させるべきだと述べている。[*39]

この復命書に関して、幕府内で評議が行われることになるが、その中で注目すべきは、次の海防掛勘定方の意見である。[*40]

同所（大坂）ハ西国筋之御押、　京都近之御場所故、相当之御備被為在候様ト之儀者実ニ無余儀次第ニテ、御府内御守衛之為品川へ御台場数ヶ所御新造相成候折カラ、　京師御間近之場所へ更ニ右等之御沙汰無之候モ如何ニ付、　御備筋前後緩急之論ハ暫差置、何レニモ御備被為立候方、　京師御守衛之御趣意モ相立、　叡慮ヲモ可被為安儀ト奉存候

海防掛勘定方は、江戸湾において品川台場を築いている中、大坂湾に関しても同様の処置をとらないのは「如何」と述べる。同湾の海防強化が重要か否か、といった「御備筋前後緩急」の議論は差し置き、「叡慮」を安んずるために両川口に台場を築き、大坂湾の海防を強化するべきだと主張したのである。彼らの意見からは、大坂湾の海防が、軍事上の必要性よりも、天皇を安心させるという観点から評価されていたということが分かる。

評議の結果、安治川・木津川の両川口に台場を築造するという点では、幕府内でほぼ意見が一致した。石河らの復命通り、安治川口天保山・嶋屋新田および木津川口石波止場・南恩加島新田の計四か所に台場を築造するという方針で評議がまとまり、[*41] 安政二年八月二五日、勘定奉行川路聖謨に対して、大坂近海を見分し、大坂城代・大坂町奉行と相談して台場築造予定地について調査するよう指示が出されたのである。[*42] そして、大坂に赴いた川路より、同年一〇月と推定される時期に、砲台の築造を中心とした大坂湾の海防強化案が出されることとなる。[*43]

それ以前、川路は老中に差し出す予定の大坂湾の海防案を大坂町奉行佐々木顕発・久須美祐雋に示し、相談を行っている。[*44] 彼らに示したその案文の中で、川路は先述の海防掛勘定方（この中には川路自身も含まれている）の意見と同じように、大坂湾の海防強化の必要性を、海防上の観点よりも、朝廷との関係から唱えている。[*45]

両川口辺者海岸遠浅之上、市中迄ハ余程相隔、異国之軍艦難乗寄地勢ニ付、強而御掛念ニも及不申哉ニ候得共、大坂表之儀者西国筋之御押、京都間近之儀ニ而、追々被　仰出候趣も有之候間、当今臨時之上之御出方差湊候折柄、今度江戸表大地震（安政二年一〇月二日）等ニ而、猶又莫大之御入費多端ニ及候迚、御差延難相成候間、先両川口之方、台場書面之通ニも被　仰付可然哉

川路は、両川口近辺の海底の深浅についても詳細に報告しており、その測量結果に基づいて、外国船が大坂市中三〇町以内にまで近寄る懸念はない、と述べている。にもかかわらず、大坂は「西国筋之御押、京都間近」であり、財政難だからといって台場築造は延引できないというのである。

幕府内では、大坂近辺の防備をどの大名に委任させるか、という議論も行われていた。一一月頃に老中から大坂城代土屋寅直に示された防備案では、「大坂港海門」にあたる紀州加太および淡州由良・岩屋に台場を築造するよう、紀伊藩と徳島藩に命じ、また、播州明石についても台場を築くよう明石藩に命じる、とある。また、大坂表の警衛を津藩に、兵庫の警衛を広島藩・姫路藩に、そして堺表の警衛を郡山藩に委任するという。さらに、大坂・兵庫・堺にそれぞれ幕府の負担で台場を築造し、その完成後には、右の警衛の諸藩に台場と陣屋地をともに引き渡すという案であった。[*46]

以上のように、安政元年九月のプチャーチン来航以降、大坂近海見分に海防掛たちを派遣するなど、幕府内で大坂湾の海防強化に向けた動きが始まり、安政二年末には、川路が立案した両川口への台場築造に関する計画や、あるいは大坂近海への大名の配備計画など、かなり具体的な計画がたてられていた。そして、それは朝廷（天皇）の不安を和らげる、ということに主な目的があったのである。

ところが、原剛が指摘する通り、これらの計画はいずれも実施にはいたらなかった。[*47] 天皇を安心させるという目的で具体的な計画まで練られながら、それが実施されなかったのは、一体なぜなのであろうか。この理由について、原も特に言及していない。次節では、幕府が大坂湾防備の計画を実施しなかった理由を、当時の朝幕関係を軸に検討したい。

4　安政期の朝幕関係と大坂湾防備

安政二年（一八五五）一二月一九日、武家伝奏から京都所司代脇坂安宅に対して、関白鷹司政通の指示として、次のように京都警衛の軽減に関する相談が行われた[*48]。

夷船近海渡来ニ付京都御警衛御手厚被成進、御安心之御事ニ候、近来先穏ニモ候歟、近海へ渡来之聞モ無之候、右御警衛、遷幸モ被為済候事故、被止候様関東へ被仰進候ハヽ、如何可有之哉

「遷幸」というのは、安政元年（一八五四）四月に内裏が炎上し、幕府によりその再建が実施されていたのであるが、それが完成し、安政二年一一月に孝明天皇が仮皇居から新内裏に「遷幸」したことを指す[*49]。その遷幸が無事に終わり、「近来先穏」で、京都近海への外国船渡来の報も特にないので、京都の警衛を止めてはどうか、と朝廷側より相談してきたのである。

朝廷がこのような京都警衛の軽減を提案してきた背景として、家近良樹はこの時期の朝幕関係が良好だったということを指摘している[*50]。朝幕関係の良好化の要因としては、内裏修復ももちろんであるが、さらに、幕府が禁裏付都筑峰重を参内させ、それまでの外交の経緯について詳細に報告させたことも関係している。

都筑は禁裏付に就任する以前は下田奉行を勤めており、まさに幕府外交の最前線に立っていた人物である。安政二年九月一八日、所司代脇坂とともに参内した都筑は、前年以来の外交政策について関白たちに報告し、「時勢無御拠訳柄」を説明したという[*51]。これらの説明を関白から伝え聞いた孝明天皇は「殊之外　叡感被為　在、先以被遊　御安心候、不容易事情、斯迄ニ居合候段、千万御苦労之儀と被　思召候」と幕府の苦労を労った[*52]。こうした事情が相まって朝幕間の関係は良好となり、朝廷は幕府の財政難等に配慮して京都警衛の軽減を申し出たのである。

この提言をうけて、幕府内では早速評議が行われた。[*53] その評議に際して、たとえば海防掛目付方は、安政三年（一八五六）五月付の上申書案で次のように述べている。

魯西亜船大阪浦針路相弁へ候上者、此後何国船ニ不限、不時に乗込等可仕哉も難計、殊差向亜墨利加測量船之動静も不定候中に有之、彼是察慮仕候へ者、目下当分之無事を依頼いたし、京師御警備御差緩、全御安心之御見据ハいまたつき兼可申候間、先般被仰出候大阪表御目論見之炮台御普請敏速御成功相成、京地扞禦応援之御手筈聢と御《御定之》立定、実ニ御安心罷成候様之御運被為在、其上ニ而、伺之御固筋者御差緩被仰出候方、京師御擁護之思召幷諸家疲弊を被為厭候御趣意、関白殿被仰聞候御旨も相立可然と奉存候

海防掛目付方は、ロシア船が大坂湾に進入したという経験がある以上、いつ外国船が同湾に乗り入れるか予測がつかず、かつ、アメリカ測量艦隊が再来するという可能性（第五章）があるため、京都警衛を容易に緩めることはできない、と述べている。このように、幕府としては朝廷のように「近来先穏」とまではいうことのできない状況にあった。しかし、朝廷の意向を無視するわけにもいかないとして、海防掛目付方は、大坂表の防備計画の中で、まずは台場築造を早急に実現させ、その上で京都警衛を緩めれば朝廷の意向も立つであろう、と主張した。

こうした意見に対して、海防掛勘定方は次のように述べ、京都警衛の軽減化を主張している。

都筑駿河守、所司代江申上候趣ニ而者、　公武之間、実ニ御睦敷御時節ニ而（中略）定而　禁中ニおゐても　御安慮被遊候故、前文之御沙汰ニ相成候義ニも可有之、畢竟京師御固厳重被仰付候も、江戸御台場等も出来候ニ付、彼是御含有之候而之義ニも可有之哉候処、今般関白殿ゟ厚御沙汰も御座候上者、御固之向、疲弊を被為厭候方哉と奉存候間、其次第ニ寄候而者、御警衛之向々領分、京地程遠之場所ニも無之候間、非常之節者速に出張いたし候積、国元ニおいて手当仕置候ハ、、　御備向等復古相成候而も可然哉

彼らは禁裏付都筑峰重から京都所司代に出された上申書の内容を検討した上で、[*54]「公武之間、実ニ御睦敷御時節」

ゆえに、朝廷も「御安慮」し、大名の「疲弊」に配慮して京都警衛の軽減という提案をしてきたのであろう、というように朝廷側の意図を読み取っていた。そして、京都警衛を担当する彦根藩なども、藩領が京都から「程遠」いというわけでもなく、異変時の出兵を命じておけば、京都の警衛を元に戻してもいいであろう、と判断したのである。

以上のように、幕府内においては、対外的な危機はまだ続いており、大坂湾の防備を固めた上で京都警衛を緩めるべきだ、という意見も存在していた。しかし、実際に幕府の方針として採用されたのは、朝廷の「御安慮」を重視して京都警衛を緩めればいい、という海防掛勘定方の意見であった。安政三年五月二九日、京都所司代より、「御緩メ方之儀、従関東可被　仰出筋ニハ無之候得共、世上追々静謐ニも相成、　禁中ニ於ても　御安慮被為在、諸家疲弊を被為厭候付」ということを理由に、彦根藩、小浜藩、郡山藩のそれぞれの警衛人数を減らすことにする、と武家伝奏に伝えられた。[*55] 同年六月中には、京都警衛人数の削減が実施されている。[*56]

このように、安政二年末から安政三年前半にかけて、朝廷側からの提案にはじまって京都警衛が軽減されることとなった。実はこの状況こそが、幕府が大坂湾防備の強化計画を実施しなかったことと密接に関連している。

先に検討した通り、大坂湾の海防は、京都警衛につながるという観点から重視され、天皇を「御安心」させることが主目的に据えられていた。これは、逆にいえば天皇が「御安心」さえしていれば、大坂湾防備を強化する動機もなくなる、ということを意味する。つまり、幕府が前節であげた防備計画を実施しなかった最大の理由は、良好な朝幕関係によって天皇の「御安心」を得ることができた、と判断されたことにあったのである。

ただし、幕府は大坂湾の防備計画を全て放棄したわけではない。安治川・木津川の両川口台場に限れば、計画通り築造されることとなった。安政三年七月一八日、大坂城代土屋寅直に対し、両川口への西洋制台場の築造、および台場に配備する備船二〇艘の建造が達せられた。[*57] この件に関して、八月二日、江戸の老中たちは京都所司代脇坂に次のように伝えている。[*58]

異船度々渡来ニ付而者、其表御警衛向之儀、厳重被　仰出候処、追々世上穏ニも相成、　禁裏ニも御安慮被為在候由被　聞召、　上ニも御安心被遊候ニ付、先達而御警衛方御緩メ之儀被　仰出候事ニ者候得共、大坂表之儀者京都御程近と申、甚以御掛念之事ニ有之、且者海岸御警衛向厳重相立候者、則　禁裏御守衛筋之儀ニ付、震災其外当節莫大御用途差湊候折柄ニ者候得共、前条之趣被　仰出候事ニ候

京都については、天皇が「御安慮」しているため警衛を緩めたが、大坂については、京都にも近く、大坂湾海岸の警備が「禁裏御守衛筋」にあたるため、財政難の時期ではあっても、台場の築造を実施することにした、というのである。

この旨は所司代から武家伝奏に伝えられ[*59]、これを聞いた孝明天皇は「不大形御感悦被遊、御安心」したという[*60]。幕府は、京都警衛の軽減化を朝廷側から提言してきたという状況の中、その代わりに大坂湾の防備を強化する、という方針を打ち出すことで、天皇のさらなる「御安心」と、幕府への支持・信頼を獲得することに成功したといえる。

しかし、この両川口への台場築造も、結局この時期には実施されず、実際に築造されたのは、元治元年（一八六四）以降のことであった[*61]。安政四年（一八五七）四月二八日には、両川口のうち、高松藩に木津川口の警衛、松江藩に安治川口の警衛が命じられ、一応防備が固められることとなる[*62]。しかし、その後、同年一一月二九日には高松・松江両藩の警衛人数を引き上げさせ、異変時に限り出兵させてはどうか、ということが老中より大坂城代土屋に諮られ、あわせて台場築造の仕様の再調査が検討されるなど[*63]、両川口台場の築造は一向に進まなかった。結局、大坂湾の海防強化は、朝廷（天皇）の安心と、幕府に対する支持・信頼を得るということに最大の目的があり、したがってその支持・信頼を得ている以上、財政難という現実の中で敢えて実際に砲台を築造する、というまでには至らなかったのである。

以上、安政二年末に立案された大坂湾防備計画が実行されなかった理由について考察してきたが、それは朝幕関係

の良好化に由来していた。しかし、こうした朝幕間の関係は、長くは続かなかった。安政四年末以降、日米修好通商条約の勅許問題を契機として、朝幕関係は急速に悪化していくのである。そうした中で、畿内近海の防備もまた、再び政治的争点となってくる。

5　安政五年における畿内近海の海防強化

朝幕関係の変容は、安政四年（一八五七）八月二九日、ハリスの登城を許すという旨が京都所司代本多忠民（脇坂安宅は同年八月一一日、老中に就任）から朝廷に伝えられ、また、一一月一〇日、老中脇坂より、アメリカ総領事ハリスの登城（同年一〇月二一日）の次第が伝えられた頃から始まる。[*64] 一二月一三日にはアメリカとの交渉に関して、通商の許容と領事の滞在を認める方針であることが朝廷に伝えられ、[*65] 幕府は条約調印の勅許を求めていくことになる。

この頃から、朝廷内では条約締結に関して強い不安が生じ、同時に、京都警衛の強化を求める声が高まった。安政四年一一月九日には、内大臣三条実万が武家伝奏東坊城聡長に対し、今後の外交に関して、アメリカが「諸方ニテ開港致シ度トカ、就中浪華ナト可申望」かもしれない、とその不安を吐露している。[*66] また、一二月二三日には、武家伝奏から京都所司代の本多に「当時之　皇居、古代とも御相違、誠ニ御手薄之御事ニ候得者、甚御不安心ニ被　思召候」という天皇の「御不安心」が伝えられた。[*67]

この間の条約勅許獲得をめぐる朝廷・幕府間の折衝に関しては先行研究に委ねるが、[*68] 畿内近海警衛との関連でいえば、安政五年（一八五八）四月三日、勅許獲得のため上京していた老中堀田正睦に対し、次の沙汰書が下された。[*69]

蛮夷覬覦之時節ニ付、　神宮幷京師殊更ニ警衛之儀、就中武備相整候可然国持之大藩江早々被　仰付候様被遊度、於京師者先年来井伊掃部頭以下被　仰付候得共、猶又右警衛防禦之御備、如何様被　仰付候哉、平常御手薄之事故、御内評之儀、被　聞食度候事

そもそも、安政二年（一八五五）末に京都警衛の軽減を申し出たのは、朝廷の側であった。その提言に則して、幕府は京都に常駐する彦根藩兵などの数を減らす措置をとったのであるが、安政四年末から安政五年にかけて、今度は「平常御手薄」であるから京都の警衛を強化すべきだ、と朝廷側から働きかけてきたのである。

しかも、そこには「国持之大藩」に警衛を命じるべきだという、より具体的な要求が伴っていた。先述のように、幕府は京都警衛に国持大名が参入することを避けようとしていた。そのために幕府は京都警衛を自らの主導の下で行おうとしてきたのであるが、ここに至って、朝廷の幕府に対する不信感は、国持の大藩による京都警衛という要求となってあらわれたのである。

京都警衛の強化が求められるようになる中で、幕府は条約問題を円滑に解決するためにも、朝廷の要求を受け容れざるを得なかった。しかも、周知のように幕府は結局、勅許を得ないまま六月一九日にアメリカとの通商条約に調印をした。朝廷の対幕不信が急激に強まることは必至であり、それを少しでも和らげるためには、京都はもちろんのことながら、朝廷の要求に則して畿内近海の防備を固めなければならなかったのである。

安政五年六月二一日、江戸湾防備の大名の配置換えとともに、畿内近海の防備態勢も大きく変更されることとなった。[*70]まず、京都に関しては、従来大坂の両川口を警衛していた高松藩と松江藩が任じられ、また、合わせて桑名藩と津藩も京都警衛を命じられている。彦根藩については、これまで通り京都警衛に専念するよう指示が出され、小浜藩と郡山藩は、従来当番・非番を立てていたのを、「向後家来定詰」とするように命じられた。なお津藩には、伊勢神宮の近海の警衛強化も命じられている。[*71]大坂湾については、鳥取藩・岡山藩・土佐藩に警衛が命じられた。また、兵庫表の警衛については長州藩が担うこととなり、また、柳河藩には堺表警衛が命じられている。

如上の警衛強化により、朝廷の要求通り、津藩や長州藩などの国持の大藩が京都およびその近海の防備に加わることとなった。すでに江戸湾に関しては嘉永六年（一八五三）以降、国持の外様藩も防備に加わっていたのであるが、この点について針谷武志は「江戸の防禦は、もはや単に徳川将軍の居所の防禦ではなく、鎖国制度そのものの防禦であり、強力な国持外様大名も公儀の一連枝としてそれに参加させる意味があったのだろう」と指摘している。[*72] それでは、畿内近海の警衛に国持の外様大名まで参加することになった意義とは何であろうか。それは、江戸湾防備が「国家」全体の課題につながっていたように、朝廷の守衛もまた、幕府と藩を超えた、日本という「国家」全体の重大な課題となったことを意味している。

鎌田道隆は、プチャーチンの大坂湾来航以降、彦根藩兵の常駐などで京都警衛が強化される中、幕府公認の下で藩が率兵入京できるようになったことが、京都を政治的・軍事的都市として浮上させた、という重要な指摘をしている。[*73] 鎌田の指摘を応用すれば、安政五年六月以降、京都およびその近海の警衛に外様大名も含めて多くの藩が携わるようになったことで、「誰が朝廷を守るのか」という競争が本格化し、京都の「政治都市化」がますます進行したと考えられるであろう。安政五年六月は、通商条約調印により政治・外交史的に大きな転換を迎えた時期にあたるが、畿内近海の警衛に関しても、大きな転換点となった時期なのである。

小　結

行論を通じて、大坂湾の海防を中心に、それと京都警衛との関連に留意しながら検討を行ってきた。簡単にまとめると、プチャーチンの来航以降、幕府は畿内近海の警衛強化を図り、特に大坂湾の防備強化に力を入れようとしていた。幕府にとって大坂湾の海防強化の主目的は、軍事的なものというよりは、天皇を安心させるということにあり、プチャーチン来航という現実的な危機により朝廷側の不安が高まったことで、大坂湾の防備強化に乗り出したのであった。そして、安政二年（一八五五）末までには詳細な防備計画がつくられていた。

しかし、その計画は実施されなかった。当時、内裏の修復などにより、朝廷と幕府は良好な関係にあった。その中で、朝廷の幕府に対する信頼も高まり、また、対外的な危機意識も薄まったことから、朝廷は幕府に対して京都警衛の軽減を提言する。この天皇の「御安心」が、大坂湾の防備強化という幕府の動機を失わせたのである。

ところが、条約勅許の問題を契機として、朝幕関係は急速に冷え込むこととなり、再び畿内近海の警衛強化が朝廷より求められるようになった。幕府は、朝幕関係を立て直すためにも、朝廷の要求に沿いながら京都・大坂警衛の強化を実施したのである。

それではここで、最初に提起した問題に戻りたい。つまり、なぜ岩瀬忠震と井上清直は、ハリスに対して条約の勅許獲得に関する大きな自信を示したのであろうか。ここで重要な点は、彼らがハリスにこの旨を告げた時期である。岩瀬と井上がハリスに対して条約勅許のための調印猶予を願ったのは、安政五年（一八五八）一月四日のことであった。この時点では、まだ朝廷の幕府に対する不信感は、公式には表明されていなかった。このことはつまり、岩瀬および井上がハリスと交渉を行っていた時点においては、表面的には安政二年以降の良好な朝幕関係が継続していたということを意味している。

岩瀬と井上が念頭に置いていたのも、基本的にはこの良好な朝幕関係のイメージであろう。安政二年一二月、幕府の財政状況を考慮して朝廷側から京都警衛の軽減を提言してきたように、朝廷は幕府の事情、つまり通商条約締結に進まざるを得ないという事情を考慮し、幕府の方針に異論を唱えることはない。このような認識が、彼らの背景にあったと考えられる。もちろん、彼らは決して朝廷の権威を見下していたわけではない。朝廷が高い権威を有しているからこそ、勅許の獲得が、諸大名の不満を抑え込むために適した方法として想定され得たのである。

ところが岩瀬や井上をはじめ、幕府の有司層は朝廷が幕府の意向を超えてその政治的意思を表明する、という事態までは想定していなかった。幕府は天皇の「御安心」を獲得している、と彼らは信じていた。安政期を通ずる良好な朝幕関係が、結果的には、幕府内の有司層をして、条約勅許獲得への過信を生んだともいえるであろう。

条約勅許の獲得は失敗に終わった。上京していた老中堀田正睦は、その後も勅許獲得を目指そうとするが、事態は一向に進展しなかった。国内的には勅許が獲得できず、対外的には条約の調印ができないためにハリスから圧力を受ける、という閉塞的な状況の中で、安政五年四月には、彦根藩主井伊直弼が大老に就任する。この事態は、幕府の政治・外交を取り巻く状況を急激に変化させた。それは、海防掛が外交を担う時代の終焉にもつながることとなる。

註

＊1　坂田精一訳『ハリス日本滞在記』下巻（岩波書店、一九五四年）、一六八頁。

＊2　『〈大日本古文書〉幕末外国関係文書』一九巻（東京大学出版会、一九八五年）、三一八号、六三六～六三七頁。

＊3　『幕末外国関係文書』二〇巻、一七八号、四四六～四四七頁。『ハリス日本滞在記』下巻、二〇四～二〇五頁。

＊4　日米修好通商条約の調印過程について、幕府内部の動向を示す基本史料のひとつであった『公用方秘録』の諸本を比較した母利美和は、明治維新後に政府へ提出された「井伊家本」に明らかな改編が認められることを指摘した（母利美和「解題『公用方秘録』の成立と改編」、佐々木克編『〈彦根城博物館叢書七〉史料 公用方秘録』彦根城博物館、二〇〇七年）。同条約の調印過程自体も、今後再検討していく必要があるであろう。

＊5　「大政委任論」については、藤田覚「朝幕関係の転換」（『近世政治史と天皇』吉川弘文館、一九九九年）。

＊6　藤井甚太郎「摂海防備史」（日本歴史地理学会編『摂津郷土史論』歴史図書社、一九七二年）、三〇四頁。

＊7　馬部隆弘「京都守護職会津藩の京都防衛構想と楠葉台場」（『ヒストリア』二〇六号、二〇〇七年）、同「京都守護職会津藩の京都防衛構想とその実現過程」（『城館史料学』六号、二〇〇八年）、同「淀川警衛体制と京都守護職会津藩の関門構想」（『ヒストリア』二一七号、二〇〇九年）、財団法人枚方市文化財研究調査会・枚方市教育委員会編『楠葉台場跡』（枚方市、二〇一〇年）。

＊8　高久智広「文久―元治期における兵庫・西宮台場の築造」（『居留地の窓から』四号、二〇〇四年）、同「摂海御台場築立御用における大坂町奉行の位置」（『ヒストリア』二一七号、二〇〇九年）、神戸市教育委員会編『大阪湾防備と和田岬砲台』（神戸市兵庫区役所、二〇〇八年）、同編『品川御台場築造から和田岬砲台へ』（神戸市兵庫区役所、二〇一〇年）。

＊9　大阪歴史学会により、大坂湾の台場が網羅的に調査・検討されたことは、貴重な研究成果といえるであろう（大阪歴史学会企画委員「大坂湾の台場跡」、『ヒストリア』二一七号、二〇〇九年）。また、大坂湾防備と民衆の関係について論じた上田長生「幕末期の大阪湾警衛と村々」（『大塩研究』六八号、二〇一三年）も重要である。

＊10　原剛『幕末海防史の研究』（名著出版、一九八八年）。

＊11　針谷武志「安政―文久期の京都・大坂湾警衛問題について」（明治維新史学会編『明治維新と西洋国際社会』吉川弘文館、一九九九年）。

＊12　なお、近世を通じての畿内近国を中心とした幕府の軍事体制が、幕末という状況の中で、海防の問題を中心に大きく変容する、という重要な指摘が多くの先学によってなされている。たとえば、尼崎藩の分析を中心に大坂・京都の警衛体制の変容を考察した岩城卓二の研究があげられる（「幕末期における尼崎藩の軍事的役割」、『近世畿内・近国支配の構造』柏書房、二〇〇六年）。横田冬彦も、畿内近国における譜代大名の編成の問題を分析した上で、その編成が幕末の海防問題により変容する可能性を示唆している（「『非領国』における譜代大名」、『〈尼崎市立地域研究史料館〉地域史研究』二九巻二号、二〇〇〇年）。また、江戸の事例であるが、江戸の防衛に関する大名への諸役賦課の体制が、海防問題の発生を機に変容していく過程を明らかにした針谷武志の研究も、畿内近国の事例と比較する上で重要である（「軍都としての江戸とその終焉」、『関東近世史研究』四二号、一九九八年）。ただし、本章ではこれらの指摘を十分に議論に組み込むことができなかった。如上の指摘を継承した上での、幕末期畿内近国の海防論については今後の課題としたい。

＊13　『幕末外国関係文書』五巻、一九五号、三二八～三四三頁（引用は三四三頁）。

＊14　同右、一九四号、三二四～三二五頁。

＊15　同右、一九三号、三二〇～三二三頁。

＊16　同右、三二〇頁。

＊17　『京都大坂御警衛之儀』乾乙巻（宮内庁書陵部所蔵）。

＊18　『水戸藩史料』上編乾巻（吉川弘文館、一九一五年）、三九四～四〇一頁。

＊19　『京都大坂御警衛之儀』乾乙巻。
＊20　同右。
＊21　ロシアの対日政策の変遷については、真鍋重忠『日露関係史』（吉川弘文館、一九七八年）。
＊22　和田春樹『開国―日露国境交渉』（日本放送出版協会、一九九一年）、一三〜一五頁。
＊23　以上、クリミア戦争については、田中陽児・倉持俊一・和田春樹編『ロシア史』二巻（山川出版社、一九九四年）、一七七〜一八四頁。
＊24　以下、プチャーチンの動向については、和田前掲『開国―日露国境交渉』、一二五〜一三五頁。
＊25　高野明・島田陽訳『〈新異国叢書一一〉ゴンチャローフ日本渡航記』（雄松堂書店、一九六九年）、六一六頁。
＊26　以下、ディアナ号来航に対する対応については、『大阪府史』第七巻近世編Ⅲ（大阪府、一九八九年）、三四五〜三五五頁、および『新修大阪市史』四巻（大阪市、一九九〇年）、九〇三〜九一八頁。
＊27　ディアナ号来航時において大坂町奉行が果たした役割とその意義については、高久智広「ロシア船来航時における応接と大坂町奉行の役割」（品川区立品川歴史館編『江戸湾防備と品川御台場』岩田書院、二〇一四年）。
＊28　「天保山江異国船渡来事」（池田市教育委員会所蔵旧今在家村中田家文書）。
＊29　『幕末外国関係文書』八巻、五七・五九号、八八〜九一頁・九三〜九五頁。
＊30　同右、七七号、一五八〜一五九頁。
＊31　勅使と老中との対談の様子については、『孝明天皇紀』二巻（平安神宮、一九六七年）、一五七〜一五八頁。
＊32　以上、『大日本維新史料類纂之部　井伊家史料』三巻（東京大学史料編纂所、一九六三年）、一六一・一九三号、三三一〜三三二頁・三九〇〜三九一頁。
＊33　『水戸藩史料』上編乾巻、四九九〜五〇〇頁。
＊34　以上、『幕末外国関係文書』八巻、九六号、二一八〜二二三頁（引用は二二三頁）。
＊35　同右、一三八号、三〇四〜三〇五頁。
＊36　『水戸藩史料』上編乾巻、五〇四頁。
＊37　『昨夢紀事』一巻（日本史籍協会叢書、一九二〇年）、二六二〜二六三頁。なお、この点については、家近良樹『幕末の朝廷』（中公叢書、二〇〇七年）、一四九〜一五〇頁。

＊38　『幕末外国関係文書』八巻、九九号、二二七頁。なお、立田は海防掛であった可能性もあるが、史料からは確認できていない。
＊39　『新修大阪市史』史料編六巻（大阪市、二〇〇七年）、七一四〜七一五頁。
＊40　同右、七一九頁。
＊41　同右、七二五〜七二七頁。
＊42　同右、七二七頁。
＊43　同右、七四二〜七四四頁。
＊44　『幕末外国関係文書』一三巻、五五号、九五頁。
＊45　同右、九九〜一〇〇頁。
＊46　『新修大阪市史』史料編六巻、七三九〜七四一頁（引用は七三九頁）。
＊47　原前掲『幕末海防史の研究』、一七五頁。
＊48　『孝明天皇紀』二巻、五三一頁。
＊49　同右、四六二頁。
＊50　以下、家近前掲『幕末の朝廷』、一五三〜一五五頁。
＊51　『幕末外国関係文書』一三巻、六号、六頁。
＊52　同右、一〇号、一二頁。
＊53　以下、幕府内の評議については、「脇坂淡路守より京都警衛の儀伺いに付評議書案他」（山梨県立文学館所蔵乙骨耐軒文書、目録番号四五五）。なお、点線は見消を示す。
＊54　都筑の上申の内容については、所司代脇坂が一月二六日付の上申書の中で簡単にまとめている（脇坂の上申書も、同右史料に収められている）。
＊55　『幕末外国関係文書』一四巻、八二号、一五六〜一五七頁。
＊56　同右、一一八号、二一七〜二一八頁。
＊57　『新修大阪市史』史料編六巻、七四五〜七四六頁。
＊58　『幕末外国関係文書』一四巻、二〇七号、六三七頁。
＊59　同右、二三二号、七〇一〜七〇二頁。

＊60　同右、二三七号、七一九頁。
＊61　原前掲『幕末海防史の研究』、一七五頁。
＊62　『幕末外国関係文書』一五巻、三一二号・三一四号、八一六〜八一七頁。
＊63　『新修大阪市史』史料編六巻、七五四頁。
＊64　『孝明天皇紀』二巻、六七三・六八一頁。
＊65　『幕末外国関係文書』一八巻、一八二号、五八五頁。
＊66　『孝明天皇紀』二巻、六八四頁。
＊67　『幕末外国関係文書』一八巻、二〇五号、七一七頁。
＊68　近年の研究として、家近前掲『幕末の朝廷』。
＊69　『幕末外国関係文書』一九巻、三八三号、八〇三頁。
＊70　以下、『幕末外国関係文書』二〇巻、二〇七・二〇九号、五一七〜五二四頁（引用は五二三頁）。
＊71　伊勢神宮近海の海防については、すでに安政元年（一八五四）閏七月に朝廷から幕府にその強化が求められていた（『幕末外国関係文書』七巻、九〇号、二六六〜二六七頁）。しかし、幕府内においては伊勢に外国船が来航することはない、という意見もあり（『京都大坂御警衛之儀』乾乙巻）、安政二年に大坂近海を見分した海防掛勘定奉行石河政平らは、伊勢にも赴いているが、具体的な防備計画は特に立案されなかった（原前掲『幕末海防史の研究』、一六一頁）。
＊72　針谷前掲「安政─文久期の京都・大坂湾警衛問題について」、七五〜七六頁。
＊73　鎌田道隆「幕末京都の政治都市化」（『京都市歴史資料館紀要』一〇号、一九九二年）。

終章

幕末・維新史の中の開国期

1　将軍継嗣問題と海防掛

徳川幕府の外交を主題とする本書において、海防掛を「主人公」としながらも、彼らが密接に関与した将軍継嗣問題について、ここまでほとんど言及することができなかった。しかし、実はこの問題に関しても、本書で検討した海防掛の外交構想との関連で検討することが可能である。

将軍継嗣問題とは、端的にいえば、病弱で嗣子のいない一三代将軍徳川家定の後継者をめぐる政争である。一方は、水戸前藩主徳川斉昭の七男で、当時「英邁」と評されていた一橋慶喜を推す「一橋派」である。もう一方は、幼年ながら血脈としては一橋慶喜よりも将軍に近い（家定の従兄弟に相当する）、紀伊藩主徳川慶福を推す「南紀派」である。前者が「英邁」な将軍を擁立することで幕府の政治秩序の大幅な改革を求める動きであったのに対し、後者は従来の秩序を維持しようという動きであったといえる。この一橋派と南紀派が、陰に陽に抗争し、最終的には南紀派の領袖である井伊直弼が大老に就任したことで、徳川慶福の将軍継嗣が決定した。その後、巻き返しを図った一橋派に対し、井伊は弾圧を行うこととなる。こうした経緯をたどる将軍継嗣問題については、安政期に関する多くの政治史研究によって取り上げられてきた。*1

将軍継嗣問題の発端は、嘉永六年（一八五三）にまでさかのぼることができる。福井藩士中根雪江は、同年七月二二日、福井藩主松平慶永と薩摩藩主島津斉彬が江戸城内で将軍継嗣について相談を行ったと述べている[*2]。実際には島津斉彬はこの時在国中で江戸にはいなかったため、これは中根の記憶違いとも考えられるが[*3]、松平慶永が将軍継嗣を意識し始めていたことは確かなようで、八月一〇日の夜に老中阿部正弘の邸宅を訪れた慶永は、「御養君の御事を御申試ミ」したという。この時、阿部は「おのれもさこそ思ひよりて候へと、此は上なき重事候得は、軽々敷申出へき事に候はねは、おのれ心に秘め置て、好き折を見てものし侍るへけれは、努々人にな語らひ洩し給ひそ」と答え、決して口外しないよう慶永に念を押したという[*4]。

阿部はその後、将軍継嗣問題については慎重な姿勢を保ち続けた。そのためもあってか、安政三年（一八五六）頃まで、この問題に関する幕府内外の本格的な動向を確認することはできない。しかし、中根雪江によれば、対外問題に関する自身の建議書がなかなか採用されず、安政二年（一八五五）一〇月に老中首座となった堀田正睦に宛てた建議書に対しても返答がなかったことから、松平慶永は「上に屹然たる　主宰坐さすして、万機閣老の手より出るを以、上危踏ミ、下疑ふ有様なれハ、何事も指置て例の西城の件こそいよ〳〵肝要」であると考えるようになったという[*5]。その後、安政三年七月のアメリカ総領事タウンゼント・ハリスの来日を契機として、一橋慶喜の擁立に向けた彼らの本格的な行動が始まるのである。

この将軍継嗣問題に対し、当初、海防掛は直接関与していたわけではなかった。しかし、一橋派の有志大名たちは、当時幕閣内で大きな影響力を有していた海防掛を自派に引き入れるべく、盛んに説得を試みた。その動きは、特に安政四年（一八五七）末から翌年初頭にかけて顕著であり、安政五年一月一一日には松平慶永の説得により、海防掛大目付土岐頼旨が一橋派に加担することを約束した[*6]。また、同月一四日には、海防掛勘定奉行川路聖謨が、藩主慶永の命をうけていた福井藩士橋本左内の説得により「心の及ふ限りハ力を尽」すと述べ、一橋派に協力することとなった。[*7]

さらに、条約勅許獲得のために老中堀田とともに上京していた海防掛目付岩瀬忠震も、三月二四日、京都で橋本左内と対談し、「建儲根本を固め、諸家之陋習を破候外ニ不出候」として、江戸に戻った後に一橋擁立に向けて周旋を行うことを約した。[*8] 以上のように、安政五年三月頃までには、多くの海防掛が一橋派に加担しており、田安家家老水野忠徳（元海防掛勘定奉行）によれば、「御年長の御方」（一橋慶喜）を将軍継嗣とすべきだという意見を、「海防懸の面々、いつれも頻に閣老へ申立て」るようになっていったという。[*9]

海防掛の中で、一橋慶喜の擁立に特に積極的に関与していたのが、大目付土岐頼旨、目付鵜殿長鋭、そして同岩瀬忠震といった目付方の面々である。彼らが将軍継嗣問題に密接に関与し、血筋よりも英邁という評価を重視して一橋派に加担するようになった背景として、海防掛目付方の開国論が、将軍の「英断」を重視するものであったという点をおさえることが重要である。

将軍が「英断」を下すためには、そもそもそれを下すことのできる「英邁」な将軍でなければならない。しかし現実の一三代将軍家定は、病弱で、政治的能力が低い、と見なされていた。[*10] 朝廷からの勅許獲得もうまく進まない中で、将軍継嗣問題に関与した海防掛たちは、英邁な将軍による明確な主導のもと、外交の行き詰まりという事態を打開しようと考えたのであろう。たとえば岩瀬忠震は、橋本左内との対談の中で、「日本ハ最早淪没時到候哉、御所ハ固陋蒙昧、列侯ハ固執、将軍家者因循、強大之外寇ハ指迫り有之、実不可如何勢ニ候」と「大歎息」をしたという。[*11] 「因循」な「将軍家」の改革という一橋派の有志大名たちの志向と、「英断」を下すことのできる将軍を求める海防掛（目付方）の志向が合致したのである。

しかし、英邁な将軍像を求める海防掛目付方の志向は、突き詰めれば、現将軍の「否定」にもつながることとなる。そして、彼らのそうした言動が、幕閣内における海防掛への反発を強め、海防掛の解体につながるのである。

安政五年二月五日、中根雪江と対談した中で、鵜殿長鋭は老中松平忠固（忠優。安政四年九月に老中再任）が将軍継嗣の決定は「御英断次第」と述べたことについて、「たとひ　御英断にて被仰出事にもいたせ、天下の御為宜しからぬ御事にてあれハ、御英断も御仕直しにならてハ適ふましき事にて、何分至当の御人柄に御決定願はしき」と主張したという[*12]。将軍家定が「英断」を下して徳川慶福を次の将軍に据えたとしても、それは「天下の御為」にはならないゆえに、「御仕直し」が必要だというのである。

しかし、そもそも海防掛目付方が開国政策を決定するにあたって求めたことは、「衆議」にとらわれることのない強固な意志を伴った「英断」であったはずである。にもかかわらず、将軍の「英断」といえども「天下の御為」になるか否かでその有効性が左右されるという。「英邁な将軍」という理念を求めながらも、その理念に沿わない現実の将軍の「英断」は否定しなければならない、という矛盾に彼らは陥っていくこととなる。

このような現将軍の否定にもつながりかねない海防掛目付方たちの言動は、将軍家定自身はもちろんのこと、大老井伊直弼をはじめ、既存の秩序の枠組みの中で強い権限を有していた層から、大きな反発を受けることとなった。安政五年四月二三日に大老に就任した井伊は、早速一橋派として動く海防掛を排除しようと動き始めた。四月二七日、宇和島藩主伊達宗城と対談した井伊は、次のように海防掛を評している[*13]。

海防懸りの面々、当時の枢務要職なるに誇りて、おのかまゝなる事計を申て、人もなけなる有様こそ奇怪なれ、犯上不遜の罪遁るへき様なし、彼等か傲慢も押へすしては老中の見識も墜る業なれ、とり分け口強ハなる肥後抔ハ、条約日延の事ニ付ても様々不敬の申立もあれハ、取除けすしてハ適ふまし

井伊は、「枢務要職」であることから「おのかまゝなる事」ばかりを上申する「傲慢」な存在として海防掛を捉えていた。特に、岩瀬忠震（「肥後」）を「不敬」と評していることが確認できる。この井伊の海防掛評価に、その後彼らがたどる運命が示されている。

井伊の大老就任後、まず海防掛構成員の左遷が始まった[*14]。五月六日、海防掛大目付土岐頼旨が大番頭に転役となり、また同月二〇日には、海防掛目付鵜殿長鋭が駿府町奉行に任じられた。先記のようにこの二人は将軍継嗣問題に特に積極的に関与しており、かつ、将軍徳川家定の「廃立を謀るといへる誣説」を立てられていた[*15]。この「誣説」のため、真っ先に海防掛から外されたのであろう。また、同日には、同じく一橋派に協力していた海防掛勘定奉行川路聖謨が西丸留守居に転役となった。このような動向に対し、海防掛目付岩瀬忠震は危機感を覚え、五月二七日の橋本左内宛の書簡において、「差向き外夷之接待も無之、吾輩放逐之時愈来り申候」と述べている[*16]。井伊政権の下で、自身が「放逐」されることを予想していたのである。

また、井伊は海防掛から職務を奪うことで、海防掛という存在そのものの形骸化を図った。五月二二日、橋本左内と対談した岩瀬は、井伊の大老就任により「言路ハ熟く閉塞して誰あつて言を発する者なく、寂然たる事共にて、海防懸りも甚閑暇」と伝えている[*17]。「枢務要職」であった海防掛が、政策決定過程から排除され、「甚閑暇」な状態となっていたのである。

そして、安政五年六月一九日の日米修好通商条約締結を経て、七月八日、海防掛が廃止された[*18]。それと同時に、外国奉行が設置された。最初に外国奉行に任命されたのは、田安家家老水野忠徳、海防掛勘定奉行永井尚志、海防掛目付岩瀬忠震であり、また、箱館奉行堀利熙、下田奉行井上清直は外国奉行の兼務を命じられた[*19]。井上を除けば、全員海防掛の経験者である。

しかし井伊にとって、海防掛に「外国奉行申付」けたことは、彼自身が述べるように「一術」に過ぎなかった[*20]。岩瀬たちの外国奉行任命は、当時予想されていたアメリカ以外の欧米諸国との通商条約締結に関する交渉を、外交経験の豊富な彼らに当面の間一任しておくための措置だったのである。幕府は、オランダ（七月一〇日調印）、ロシア（七月一一日）、イギリス（七月一八日）、そしてフランス（九月三日）という順で、次々と通商条約を締結した。これらの一連の条約交渉が終了した後に、井伊はいよいよ岩瀬を「放逐」したのである。フランスとの間に条約が結ばれてから二日後の九月五日、岩瀬は作事奉行に転役となった。さらに、翌安政六年（一八五九）八月二七日には、差控えを命じられている。なお、同日に永井尚志も差控えとなった。

以上のように、井伊直弼の大老就任後、安政期の外交を推進していた海防掛の多くが幕政の最前線から退いていくこととなった。それは、支配向にも影響しており、安政五年一〇月一六日、乙骨彦四郎は海防掛徒目付を辞し、天守番となった。岩瀬たちの左遷により「孤立して援少なく」なったため、自ら「棄官」したのだという[*21]。

こうして、開国期において幕府外交を主導した海防掛は解体されることとなった。その解体を進めたのは井伊直弼であるが、その契機となったのは、海防掛たちによる将軍継嗣問題への関与であり、家定の「廃立を謀るといへる誣説」を立てられるほどに目立ったその言動にあったといえる。

しかし、海防掛解体の「責任」は井伊にあるのか、もしくは海防掛自身にあるのか、というような次元の問題をここで論じたいわけではない。将軍継嗣問題を考える上で最も重要な点は、その背景にあった、日本という「国家」の意志を策定するにあたっての、あるべき将軍像をめぐる問題である。実は将軍継嗣問題も、そして「英断」と「衆議」をめぐる海防掛内部の対立も、国家意志を確立するための、将軍のあり方をめぐる政治的対立という共通の観点から捉えることができるのである。

2　「英断」と「衆議」をめぐる政治的対立

開国期においては、対外的な危機意識の高まりにより、諸大名が「国家」としての日本の行く末を案じ、幕府にその陣頭指揮を期待するようになっていた。一方、幕府にとっても、「西洋の衝撃」に対応するためには、諸大名の協力が不可欠であった。鎖国維持のための全国的な海防強化は、財政的にも、また、沿岸を有する藩領の存在を考えても、幕府だけでは到底実現できない。幕府と藩が一体となった「挙国」的外交が必要であった。

しかし問題は、その「挙国一致」の状況をいかに実現するのか、という点である。そのために想定された最も大規模な方法が、全ての大名の意見を徴収するという方法であろう。現に老中阿部正弘は嘉永二年（一八四九）から嘉永六年にかけて、諮問範囲を拡大しながら対外問題に対処し、幕府外交に対する支持を高めようとした（第三章）。しかし、単に意見を大名に述べさせるだけでは、国家意志はまとまらない。それをまとめ、最終的な決断を下す存在が必要である。それは、徳川将軍を政治的頂点に据えた近世日本の秩序から考えれば、将軍以外に考えられない。将軍の「英断」こそが必要となるのである。

こうした「衆議」と「英断」については、実はペリー来航以前から外交に関わる重要問題として一部の幕臣たちによって論じられていた。その中でも、嘉永二年の浦賀奉行浅野長祚の意見書は、「衆議」と「英断」の関係性を考える上で最も参考となる。嘉永二年閏四月一九日の海防問題についての諮問に関し（第三章）、閏四月二六日付で上申書案を作成した浅野は、その中で欧米諸国との通商を唱えた。この事実から、ペリー来航以前の開国論として浅野の意見は従来注目されてきた[*22]。しかし本書では、その通商にかかわる議論よりも、浅野が提起した「衆議」と「英断」の関係についての議論を重視したい[*23]。

浅野はまず、「外夷御取あつかひの仕方」の方法には「打払」と「貿易御ゆるし」との二通りがある、と述べる。また、打払にせよ通商にせよ、ともに「利弊」があり、「はしめ定められ候時ニよく〳〵御永制を御定め、群議を尽くして後患なきやうニ」しなければならない、と主張する。

浅野個人としては「貿易御ゆるし」を是としているのであるが、浅野は「群議」を尽くした政策決定の方法として、次のように提起している。

此度ハ国持大名より初として、布衣以上の御役人江銘々存寄見込之義、聊無心残、忌諱を憚らす可申出旨被　仰渡候ハ、、存寄無之ものハ其段申上へく、存寄有之ものハ意見したゝめさし上候を、厚く御評議被遊御取極ニ相成候ハ、、譬意見申上候もの、自己の見込通りニ不相成候とも、内ニかくし蔭ニてさゝやき候て、背訕腹誹の輩は決て無之事と奉存候、意見御採用に相成候ものハ元より死力を出し候事ニて、人和一致の御処置不可過之事かと奉存候

つまり対外問題について、国持大名をはじめとする大名層と布衣以上の幕臣たちに意見を諮り、そこで出された意見書をもとに評議・決定すべきだというのである。そうすれば、意見が採用された者はもちろん、採用されなかった者にも不満がなくなり、「人和一致」が実現されるというのである。

浅野が「群議」を重視したのは、まさに「一体外国防禦の御手つかひは　日本一国ニかゝわり候事」であり、「国家の全力を以て御仕置被遊候事ゆへ」である。対外問題は「日本一国」にかかわる問題として、「国家の全力」を挙げて取り組むべきものであり、だからこそ「あまねく是否を御聞たゝし被遊、人心ニ遺憾なき様ニ」すべきだというのである。

しかし、「人和一致」を目指すために「群議」を重視したとはいえ、浅野は単に「群議」を尽くせばいいだけだと考えていたわけではない。浅野は「打払と貿易との衆議を御隠等捨被遊候て、宜方ニ御決定之義ハ、乍恐　上御一人の御英断ニ出候様ニ仕度事」と述べる。「国家」としての日本外交の方針を策定するためには、最終的に決断を下し、その責任を負う主体が必要となる。それは、「上御一人」、つまり将軍以外に存在しない。国家意志を形成するためには、「衆議」と、そして「英断」という二つの手続きを経る必要があると浅野は主張したのである。

しかし、この「衆議」と「英断」という問題が、幕閣中枢において本格的に議論されるのは、本書で示したように安政三年（一八五六）以降の海防掛目付方と勘定方の論争を待たなければならない。しかも、本来浅野が提起したの

は、「衆議」→「英断」、という一連のプロセスのはずであった。にもかかわらず、海防掛の目付方と勘定方は、「衆議」か、あるいは「英断」か、という二項対立のような図式で論争を繰り広げることとなる。

「衆議」と「英断」が、政策決定過程上の二つの要素としてではなく、相対立する要素として論争の的となった理由は、ペリー来航以降の政治・外交をめぐる状況に求められる。ペリー来航後の事態とは、日本という「国家」全体にかかわる問題について、たとえばペリーが来春の再来を約し、あるいはジョン・ロジャーズが五か月後の再度の来航を宣言したように、限られた時間の中で大きな決断を迫られるという事態を意味していた[*24]。このような事態においては、国家意志を定めるために「衆議」を尽くすことが重視されたとしても、そもそもどのようにしてそれを迅速にまとめることができるのか、という新たな問題が生じることとなる。だからこそ、あくまでも全領主階級の意見を集めた上で慎重に決定を下すことを重視する海防掛勘定方と、時間のかかる「衆議」よりも、将軍の「英断」による早急の問題解決を優先する目付方との対立が生まれたのである。

こうした海防掛勘定方と目付方との対立は、あるべき将軍像をめぐる対立でもあったといえるであろう。近世初期や、五代将軍徳川綱吉、そして八代将軍徳川吉宗という政治的主導力を発揮する将軍を経て、近世後期から幕末になるにつれて、将軍が政治の前面に立つことは基本的には見られなくなっていった。将軍の個人的な能力が特に問われることなく、将軍がたとえ「無能」であっても安定した政治運営が可能なほどに、官僚機構が整っていったのである。近世後期になるにつれ、将軍の「本職」は、種々の儀礼を通じて、その「威光」を視覚的に現出することに傾斜していった[*25]。

しかし、対外的な危機意識が強まる中で、自らの責任によって「英断」を下し、幕府の政治・外交の刷新を断行する将軍像が求められるようになった[*26]。それは、久住真也の的確な表現を用いれば、江戸城の中奥に隠れながら「威光」を現出する「権威の将軍」から、江戸城表向に罷り出て、自ら政治を主導する「国事の将軍」が期待されるようになったということでもある。[*27] 将軍継嗣問題で一橋派として行動した有志大名や、あるいはその運動に加担した海防掛たちが求めた将軍も、この「国事の将軍」を意味していた。

一方、海防掛勘定方が求めた「衆心一致」に基づく政策決定とは、従来の「権威の将軍」を極力維持するということでもある。将軍が政治の前面に出て「英断」を下すということは、逆にいえばその政策決定が「失敗」に終わった場合、将軍自身がその責任を問われるということであり、それは将軍権威の失墜をも意味している。諸大名たちは通商を求めてはいない、と判断する海防掛勘定方は（第八章）、開国という選択肢が大きな国内の不満を惹起すると予想していたことであろう。だからこそ、将軍は江戸城中奥に隠れた状態のままで、大名たちをも含めた「衆議」を経て形成された「衆心一致」という状態にこそ、開国の「責任」を負わしめようと考えたのである。

以上の点を踏まえ、海防掛が活躍した開国期の幕府外交の歴史的意義をより明瞭にするためにも、一八四〇年代から底流していた「衆議」と「英断」という問題を軸に、本書で明らかにした開国の〈経緯〉とその〈結果〉をまとめていきたい。

3　開国の〈経緯〉とその〈結果〉

一八四〇年代は、日本列島を取り巻く国際環境が大きく変動した時代である。かつ列島内部においては、対外的な危機意識の高まりとともに「国家」としての一体感が高揚する一方で、天保の改革の失敗により、幕府といえども藩の理解なしに恣意的な政策をなし得ないという「複合国家」としての原則が視覚的に示された時代でもあった。

このような中で、国家意志の確立をめぐっては、先述のように嘉永二年（一八四九）の段階で浅野長祚により、「衆議」を尽くした上での「英断」という政策決定の方法が提起されていた。「西洋の衝撃」が国家的な危機と認識されていたからこそ、全領主階級を巻き込んだ「衆議」と、それを束ねる将軍の「英断」が理念的には求められるようになったのである。

しかし、一八四〇年代における実際の幕府外交は、「衆議」や「英断」という国家意志の確立をめぐって展開したわけではない。現実には、天保一三年（一八四二）に発令した薪水給与令に則した穏健な対応を維持するのか、それとも打払令に復するのか、ということを主要な論点として、ペリー来航以前の外交は進められていた。穏健な対応による対外戦争の回避とそれにより何事もなく外国船を帰帆させることで鎖国を維持する、という方針を唱えていた海防掛と、強硬な策を支持する有志大名たちの存在を背景に、異国船打払令の復活によって外国船の接近阻止と国内の海防強化の促進を図ろうとする老中阿部正弘とが対立し、最終的には、前者の方針が幕府の外交原則として定着したのである（第二章）。

一方、徹底して穏健な対応を行うという方針が定められる中、強硬な方針を求めていた有志大名たちは穏健な対応方針に対して不満は示していたものの、そこまで強い反発を抱いていたわけではない。それは、嘉永二年の海防強化令に示されているように、全国的な海防強化が達成されれば幕府は打払を含めた強硬方針に切り換えるのであり、現今の穏健な対応は、海防未整備の時点で対外戦争が勃発することを回避するための暫定的な方針である、という前提が通用していたからである。実際、薩摩藩の島津斉彬は、徳川斉昭のような即時打払令復活の論には批判的で、「当時ニ合候必勝之御所置、全備迄者権之御所置有之、其うへ御成敗ニ相成候而者如何可有之哉」と述べ、海防が「全備」するまでの「権之御所置」を容認していた。[*28]

このように「権之御所置」という理論が国内に通用していたからこそ、「衆議」も「英断」も、前面で議論されることはなかったのである。「権道」、あるいは「臨機」の対応である限り、鎖国祖法の枠内にある従来の外交体系そのものが変容するわけではない。旧来の外交体系のまま「臨機」の対応をとるという幕府外交においては、全領主階級を巻き込んだ「衆議」にしても、「権威の将軍」から「国事の将軍」への転換を要する将軍の「英断」にしても、旧来の政治秩序を超えて日本という「国家」の意志を形成させる過程そのものが、必要とは見なされなかったのである。

嘉永六年（一八五三）のペリー来航という危機に対しても、幕府は「一時の権道」によってその危機を乗り越えることができた。「御国法改正之上者、亜墨利加者勿論、其余之国々へ日本船を以航海互市交易可致」として、欧米諸国との通商を唱えた浦賀奉行井戸弘道の意見（序章）が採用されなかったのも、対外戦争を当面回避するという点で「権道」の措置が有効に機能しており、そうである以上、幕府外交として敢えて鎖国祖法に反する通商を決定する必要性が、幕閣内でまだ十分な説得力を持ち得なかったからである。

しかし、海防が整っていない段階で、まさに日本の鎖国を崩すという明確な目的を有してあらわれた外国船に対し、「一時の権道」に即した対応では鎖国維持という課題を達成することなど不可能であった。また、ペリー来航後には、「一時之御権道とは乍申、有志之徒は甚以残念至極に存居候」として、「一時の権道」という措置に対して有志大名から鋭い批判が出されるようになっていた（第四章）。それでも、海防が整っていない以上、幕府は対外戦争の回避を優先的に考え、外交の選択肢としては、「御国法」の改正を伴わない「権道」の対応しか採用し得なかったのである。

ペリー艦隊の段階ではアメリカ側が通商を優先的な要求事項としていなかったこともあり、通商規定を伴わない日米和親条約によって、幕府は鎖国維持という体面を何とか保つことができた。海防が整っていないために、やむを得ず穏健な対応をとったが、「臥薪嘗胆」というスローガンのもと、将来的には厳格な鎖国体制を取り戻すという「名分」が、曲がりなりにもまだ成り立っていた。幕府外交は「和親」の条約によって、アメリカおよび他の欧米諸国に対応し、当面の危機を回避し得たのである。

しかし、安政二年（一八五五）三月のアメリカ北太平洋測量艦隊の来航事件は、「権道」として欧米諸国と「和親」

の関係を結ぶという幕府外交の継続が不可能であることを明確にし、その意味で、幕府外交にとって大きな転換点となった。

測量艦隊の要求とは、幕領・藩領の別なく、日本という「国家」を単位にその近海の測量を求めるものであった。しかし、幕府が諸藩の意向を無視して外国船の測量を許容することは、大名たちの領主権の侵害に相当する可能性があった。そのため幕臣たちは、諸大名の不満が高まり、内乱が勃発する危険性を強く危惧するようになった。しかし、測量艦隊司令長官ロジャーズの強硬な姿勢は、測量を拒否した場合の対外戦争をも想起させた。幕府外交は、測量を拒否すれば「外夷之戦争」を招き、逆に測量を許容すれば「国内之擾乱」につながりかねない、という深刻なジレンマに直面したのである。それは、通商を許容すれば「人心」の「解体」につながるということを危惧した井戸弘道が嘉永六年の段階で指摘したジレンマよりも、さらに深刻なものであったといえよう。

このジレンマにより、幕府外交の大きな課題として、「英断」と「衆議」という外交方針の決定をめぐる問題がはじめて前面に出ることとなった。大名の領有権の問題にもかかわるがゆえに、「権道」と称して測量を許容することはもはや不可能であった。対外戦争か、もしくは内乱か、という危機のもと、幕府は五か月という限られた時間の中で、大きな決断を下すことを迫られたのである。

その中で、海防掛勘定方は評定所一座とともに、「人心向背之様子得と御熟察被為在御取計之儀者御決断」すべきだと唱え、一方、海防掛を含む目付方は、「御見込之条々、具サニ御示しニ相成、銘々異存無之上ニて御措置」をとるという、幕府自らが方針を定めることを前提とした政策決定を主張した。さらに、測量艦隊をめぐる評議の中で、はじめて欧米諸国との通商を唱えた海防掛目付の一部は、「出格の英断を以て公然三港に交易を開」くという、「英断」による開国の決定を求めた（第五章）。ここに、幕府外交の最重要課題として、国家意志確立のための「衆議」と「英断」という問題が前面に出ることとなったのである。

しかし、安政二年に芽生えた「英断」と「衆議」をめぐる論争が、そのまま継続したわけではなかった。「英断」による開国を唱えた海防掛目付方であるが、彼らの開国論は、安政二年に一旦提唱されながら、その後しばらくの間見られなくなる（第六章）。それは、安政二年の幕閣改造が影響していた。同年八月中に、アメリカ官吏の駐在などに関して許容論を唱えていた松平忠優・松平乗全の二人の老中が罷免され、官吏駐在や測量を断固拒否するべきだと主張する徳川斉昭が幕政参与に就任するという一連の幕閣改造が実行された。こうした事態において開国論を唱え続けることは、海防掛目付方自身の身を危うくする危険性が想定されたのである。

しかしこの幕閣改造は、外交の行き詰まりをさらに助長する結果となった。強硬な方針を打ち出したとはいえ、海防が整っていない以上は測量拒否という方針を貫く手段がなく、結局は従来通り、「臨機の取計」に委ねた対応しか、藩に対して指示することができなかったのである。さらに、徳川斉昭の幕政参与就任は、阿部と溜詰大名たちとの関係を悪化させ、また、江戸湾防備を担っていた諸藩の不安の高まりにつながった。安政二年一〇月、阿部は突如として老中首座を堀田正睦に譲るが、これは、溜詰格の堀田を老中首座に据えることで溜詰大名たちの不満を抑えるとともに、外交に対する斉昭の影響を削ぎ落とすことに目的があった。それと同時に、阿部は鎖国祖法の改変を視野に入れるようになる（第七章）。

鎖国祖法を否定し、新たな外交方針を確立するという構想を実現する上で、その直接的な契機となったのが、オランダを通じてもたらされたイギリス香港総督バウリングの来航情報である。安政三年八月四日、はじめて通商の可能性に関する議論が幕府内で開始されるのであるが、その前提条件は安政二年を通じて形成されたといえよう。

安政三年後半以降、外交方針の刷新が模索され始める中で、安政二年の段階でその萌芽を見せていた「英断」と「衆議」をめぐる対立が、本格的に展開していくこととなる。「英断」による速やかな開国の決定を求める海防掛目付方と、あくまでも「衆心一致」を求める海防掛勘定方との間で、「開国の方法」をめぐる対立が生じたのである。

最終的には、海防掛目付方の開国論が採用されることとなる。限られた時間の中、大きな決断を下す上で、老中首座堀田正睦は安政四年一二月、まず諸大名に通商条約の締結の方針を示し、その上で意見があれば述べさせるという「方法」を選択したのである。

さらに開国に向けた最終段階において、幕府は孝明天皇からの勅許獲得、という方法をも採用した。その背景には、幕府の開国方針に対し、水戸藩や尾張藩などの家門大名が反対を唱えていたことが関係していた（第八章）。

しかし、幕府は天皇からの勅許拒否という意想外の事態に直面した。「開国への軟着陸」を目指し、おそらくは着陸寸前にまでたどり着いていた幕府外交に、勅許拒否という「突風」が襲いかかることとなった。幕府はその「突風」に十分対応することができず、無勅許調印による幕府批判の高まりと幕府権威の凋落という「最悪の事態」を招いたのである。こうして幕府の「開国への軟着陸」に向けた試みは、「墜落」に近い〈結果〉を見ることとなった。

この「墜落」の原因は、単に孝明天皇の「外国人嫌い」だけにあるわけではない。幕府が勅許の獲得を可能と判断した背景には、安政期当時の良好な朝幕関係が関係していた。安政元年（一八五四）九月のロシア軍艦ディアナ号の大坂湾来航以降、畿内近海の防備強化を朝廷に「公約」し、（外見上は）その実施を進めていた幕府は、朝廷側から京都警衛の軽減の提言が出るほどにその信頼を得ていた。この良好な朝幕関係が前提にあったからこそ、幕府は勅許の獲得を、将軍の「英断」を支え、予想される藩の不満を鎮静化することのできる「方法」と見なしたのであり、孝明天皇自らが幕府の方針に反するような意思を表明する可能性はそもそも想定され得なかったのである（第九章）。

以上の開国の〈経緯〉を見るならば、開国期とは、「英断」か「衆議」かという、徳川将軍と幕藩関係をめぐる近世政治秩序の根本的転換を伴ったかたちで国家意志の確立を目指す、その模索の時代であったと評価することができる。この模索は、最終的には開国という統一的な国家意志の確立に向かっていくこととなる。

ところが、従来の良好な朝幕関係を背景に幕臣たちの頭の中で予測不可能となっていた勅許拒否という事態が、その「軟着陸」失敗の直接的な引き金となった。安政五年三月二〇日に事実上勅許を拒否するものとして出された沙汰書は、「猶三家以下諸大名江も被下　台命、再応衆議之上、可有言上被　仰出候事」という、まさに大名の「衆心一致」を求めるものであった。[*29] これは、朝廷側が「衆議」を前提としない将軍の「英断」を否定したものと捉えることもできる。この点を考えるならば、もし幕府が通商条約調印という政策決定を行う以前に、海防掛勘定方の主張通り「衆心一致」という状況を形成していたとすれば、勅許拒否という、幕府にとっての最悪の事態は避けられたのかもしれない。もちろん、これは「もしも」の話に過ぎないが、従来のように海防掛勘定方の外交論を軽視していては、開国期の幕府外交の特質そのものを見誤ることになる。

開国期における国家意志の確立をめぐる問題は、「英断」の重点化という方向で進みながらも、その方向性は朝廷による「衆心一致」の要求によって否定されることとなった。その「英断」を強く求めていたのが、海防掛目付方である。そのため、彼らの開国論ばかりに注目してきた従来の「予定調和」的な開国史の叙述においては、その開国論が否定されたという事実そのものが、以後の幕末政治・外交史との断絶性を際立たせてきた。しかし、海防掛目付方が唱えた開国論だけではなく、海防掛勘定方が主張していた「衆心一致」による漸進的な開国論にも着目し、その両者の対立を構造的に捉えるならば、実はその論争が、それ以後の幕末・維新史においても、いかに国家意志を確立させるのか、という問題として引き続き、つまり連続性を以て繰り広げられていくことがわかる。

その論争とは、幕府側の視点に立っていえば、失われた朝廷の信頼を取り戻し、あくまでも徳川将軍の「英断」に重点を置いた上で国家意志の確立を目指すのか、それとも、将軍と大名との絶対的な上下関係を変容させ、全領主階級を巻き込んだ「衆議」を迅速に取りまとめることのできる政治態勢を新たに築き、その「衆議」の上に国家意志を確立させるのか、という論争になろう。また、大名の側にとってみれば、国家意志の確立の過程において、自身がどのような権限でどこまでその決定に関与できるのか、という駆け引きでもある。統一的な国家意志の確立という大きな課題を背負いながら、明治維新に向けて日本列島内部でさまざまな政治的展開が繰り広げられることとなる。

もちろん、安政五年に天皇の「叡慮」が表舞台に登場したことによって、同じ国家意志の確立といっても、それ以前と以後とに大きな段階の差が生じたことは確かである。さらに幕府権威が失墜し、従来の政治秩序が変容する中で、下級武士層にまで政治参加の枠が広げられるなど、さまざまな主体が国家意志確立という論争に参入していくこととなる。しかし、このような段階の相違が存在するにせよ、国家意志の確立をめぐる諸対立の連鎖を基本軸として、幕末・維新史を一貫した観点から描くことは十分に可能であろう。[*30]

開国期における海防掛の対立とは、まさにこのような明治維新までを貫く一連の対立の、初発の事例であったと位置づけることができる。鎖国から開国へ、という転換に対する統一的な国家意志を確立させるためには一体どのような方法をとればいいのか。海防掛の内部で、論争が繰り広げられることとなる。

しかし結果的には、開国を拒否する「叡慮」の前面化により、開国という国家意志は確立されなかった。海防掛が解体された後とは、誰がどのように「叡慮」に見合った国家意志を形成するのか、ということが課題となる。しかし、「叡慮」と、欧米列強を中心とする近代国際秩序の諸要求が相対立する分、国家意志の確立はより大きな困難を伴うこととなる。そして、もはや徳川将軍を戴いたかたちでは国家意志を形成することはできないと判断され、幕府の存在が否定されていく過程で、近世日本の政治秩序とは明確に姿の異なる、天皇という存在を頂点に据えた新たな政治秩序が築かれていく。これこそが、明治維新の〈経緯〉の基本軸となるであろう。

註

＊1　井伊直弼の動向に着目した吉田常吉『井伊直弼』（吉川弘文館、一九六三年）、同『安政の大獄』（吉川弘文館、一九九一年）や、

一橋派の動きに着目した山口宗之『橋本左内』（吉川弘文館、一九六二年）、同『〈改訂増補〉幕末政治思想史研究』（ぺりかん社、一九八二年）、守屋嘉美「将軍継嗣問題の一視点」（『東北学院大学論集　歴史と文化』四〇号、二〇〇六年）を参照。
＊2　『昨夢紀事』一巻（日本史籍協会叢書、一九二〇年）、六四頁。
＊3　芳即正『島津斉彬』（吉川弘文館、一九九三年）、一八八頁。
＊4　『昨夢紀事』一巻（日本史籍協会叢書、一九二〇年）、八二～八三頁。
＊5　同右、三九一頁。
＊6　『昨夢紀事』二巻、三四四～三四五頁。
＊7　同右、三六二～三六三頁。
＊8　『橋本景岳全集』上巻（畝傍書房、一九四三年）、四二七号、八三五頁。
＊9　『昨夢紀事』三巻、七一頁。
＊10　実際に家定が政治的能力に乏しい人間であったのか、という点は別問題であり、彼の政治能力は決して劣っていたわけではないという証言もある（旧事諮問会編『旧事諮問録』下巻、岩波書店、一九八六年、三三三頁）。
＊11　『橋本景岳全集』上巻、四二七号、八三五頁。
＊12　『昨夢紀事』二巻、四一二頁。
＊13　『昨夢紀事』三巻、三九三～三九四頁。
＊14　以下、特にことわりがない限り、海防掛たちの後任職等については、『〈大日本近世史料〉柳営補任』一～六巻（東京大学出版会、一九六三～六九年）による。
＊15　『昨夢紀事』三巻、三七七頁。
＊16　『橋本景岳全集』下巻、四五九号、八八〇頁。なお、同史料の日付は「念七」と記されているだけであるが、同書の編者は四月の書簡と推定している。しかし、六月四日に江戸から長崎に向けて出発する予定のオランダ領事について「来る四日に発足」と述べていることから、四月ではなく五月の書簡と推定した。
＊17　『昨夢紀事』四巻、七九頁。
＊18　『〈大日本古文書〉幕末外国関係文書』二〇巻（東京大学出版会、一九八五年）、三〇五号、七〇九頁。
＊19　同右、三〇六号、七一〇～七一一頁。

＊20　佐々木克編『〈彦根城博物館叢書七〉史料公用方秘録』（彦根城博物館、二〇〇七年）、四三頁。
＊21　「耐軒碑銘」（永井菊枝『小伝乙骨家の歴史』、フィリア、二〇〇六年、八五頁）。
＊22　藤田覚「嘉永二年の開国論」（『幕藩制国家の政治史的研究』校倉書房、一九八七年）。
＊23　『海防策再稿』（国立国会図書館古典籍資料室所蔵）。なお、同史料には二通の浅野の上申書案が記されており、本書で紹介する閏四月二六日付の上申書案については、藤田覚により全文翻刻がなされている（藤田前掲「嘉永二年の開国論」、三七七〜三八四頁）。
＊24　こうした政策決定までの時間の限定が、それまでの幕府の政治原理とは全く異なるものであったことを鋭く指摘した研究として、奈良勝司「幕末政治と〈決断〉の制度化」（『ヒストリア』二二三号、二〇一〇年）。
＊25　江戸城における儀礼と将軍の関係については、深井雅海『図解江戸城を読む』（原書房、一九九七年）。また、幕末・維新期における政治と儀礼の関係については、ジョン・ブリーン『儀礼と権力 天皇の明治維新』（平凡社、二〇一一年）を参照。
＊26　濱野靖一郎によれば、近世日本において、このような「英断」を下すことのできる君主像を体系的に論じた思想家が頼山陽であったという（『頼山陽の思想』東京大学出版会、二〇一四年）。濱野は、将軍継嗣問題に一橋派として携わった福井藩士橋本左内が頼山陽の思想に影響されていたことを明らかにしている（同書、三一六〜三二三頁）。一橋派に加わった海防掛たちの思想形成についても、今後の重要な検討課題であろう。
＊27　久住真也『幕末の将軍』（講談社、二〇〇九年）。
＊28　弘化四年九月九日、徳川斉昭宛、島津斉彬書簡（島津斉彬文書刊行会編『島津斉彬文書』上巻、吉川弘文館、一九五九年、八九頁）。
＊29　『幕末外国関係文書』一九巻、三一八号、六三七頁。
＊30　幕末における国家意志の形成に関する問題については、奈良前掲「幕末政治と〈決断〉の制度化」のほかに、先駆的な研究として原口清「近代天皇制成立の政治的背景」（原口清著作集編纂委員会編『〈原口清著作集Ⅰ〉幕末中央政局の動向』岩田書院、二〇〇七年〈初出一九八七年〉）、および三谷博「『公議』制度化の試み」（『明治維新とナショナリズム』山川出版社、一九九七年〈初出一九九二年〉）。

参考文献

【単著・編著】

青山忠正『明治維新と国家形成』（吉川弘文館、二〇〇〇年）
安達裕之『異様の船――洋式船導入と鎖国体制』（平凡社、一九九五年）
荒野泰典『近世日本と東アジア』（東京大学出版会、一九八八年）
家近良樹『幕末の朝廷――若き孝明帝と鷹司関白』（中央公論新社、二〇〇七年）
石井　孝『日本開国史』（吉川弘文館、一九七二年）
――『幕末悲運の人びと』（有隣堂、一九七九年）
井上　勲『王政復古』（中央公論社、一九九一年）
井上勝生『〈日本の歴史一八〉開国と幕末変革』（講談社、二〇〇二年）
――『〈シリーズ日本近現代史一〉幕末・維新』（岩波書店、二〇〇六年）
井上勝生編『〈幕末維新論集二〉開国』（吉川弘文館、二〇〇一年）
井上光貞ほか編『〈日本歴史大系一一〉幕藩体制の展開と動揺［下］』（山川出版社、一九九六年）
井野邊茂雄『幕末史の研究』（雄山閣出版、一九二七年）
――『〈新訂〉維新前史の研究』（中文館書店、一九四二年）
岩城卓二『近世畿内・近国支配の構造』（柏書房、二〇〇六年）
岩下哲典『〈改訂増補〉幕末日本の情報活動――「開国」の情報史』（雄山閣、二〇〇八年）
岩下哲典・真栄平房昭編『近世日本の海外情報』（岩田書院、一九九七年）
岩田みゆき『幕末の情報と社会変革』（吉川弘文館、二〇〇一年）
上田市立博物館編『松平忠固・赤松小三郎――上田にみる近代の夜明け』（上田市立博物館、一九九四年）
梅澤秀夫『早すぎた幕府御儒者の外交論　古賀精里・侗庵』（出門堂、二〇〇八年）
大阪府史編集専門委員会編『大阪府史』第七巻近世編Ⅲ（大阪府、一九八九年）

荻生茂博『近代・アジア・陽明学』（ぺりかん社、二〇〇八年）
落合延孝『幕末民衆の情報世界――風説留が語るもの』（有志舎、二〇〇六年）
笠谷和比古『近世武家社会の政治構造』（吉川弘文館、一九九三年）
加藤祐三『黒船前後の世界』（岩波書店、一九八五年）
――『黒船異変』（岩波書店、一九八八）
――『幕末外交と開国』（筑摩書房、二〇〇四年）
上白石実『幕末の海防戦略――異国船を隔離せよ』（吉川弘文館、二〇一一年）
――『幕末期対外関係の研究』（吉川弘文館、二〇一一年）
神谷大介『幕末期軍事技術の基盤形成――砲術・海軍・地域』（岩田書院、二〇一三年）
川島　真『中国近代外交の形成』（名古屋大学出版会、二〇〇四年）
韓国教員大学歴史教育科〈吉田光男訳〉『韓国歴史地図』（平凡社、二〇〇六年）
芳　即正『島津斉彬』（吉川弘文館、一九九三年）
久住真也『長州戦争と徳川将軍――幕末期畿内の政治空間』（岩田書院、二〇〇五年）
――『幕末の将軍』（講談社、二〇〇九年）
小池喜明『武士と開国』（ぺりかん社、二〇〇八年）
神戸市教育委員会編『大阪湾防備と和田岬砲台』（神戸市兵庫区役所、二〇〇八年）
――『品川御台場築造から和田岬砲台へ』（神戸市兵庫区役所、二〇一〇年）
小西四郎『〈日本の歴史一九〉開国と攘夷』（中央公論社、一九六六年〈中公文庫版、一九七四年〉）
財団法人枚方市文化財研究調査会・枚方市教育委員会編『楠葉台場跡』（枚方市、二〇一〇年）
坂口筑母『乙骨耐軒――幕末の官学派詩人小伝』（明石書房、一九八一年）
坂田精一『ハリス』（吉川弘文館、一九六一年）
佐々木克編『〈彦根城博物館叢書一〉幕末維新の彦根藩』（彦根市教育委員会、二〇〇一年）
佐藤昌介『洋学史研究序説――洋学と封建権力』（岩波書店、一九六四年）
――『洋学史の研究』（中央公論社、一九七八年）

品川区立品川歴史館編『江戸湾防備と品川御台場』（岩田書院、二〇一四年）
佐藤誠三郎『〈新版〉「死の跳躍」を越えて』（千倉書房、二〇〇九年）
ジョン・ブリーン『儀礼と権力――天皇の明治維新』（平凡社、二〇一一年）
新修大阪市史編纂委員会編『新修大阪市史』四巻（大阪市、一九九〇年）
須田　努『「悪党」の一九世紀』（青木書店、二〇〇二年）
高木不二『〈幕末維新の個性二〉横井小楠と松平春嶽』（吉川弘文館、二〇〇五年）
田中陽児・倉持俊一・和田春樹編『ロシア史』二巻（山川出版社、一九九四年）
田保橋潔『〈増訂〉近代日本外国関係史』（刀江書院、一九四三年〈復刊、原書房、一九七六年〉）
千葉県内務部『堀田正睦』（昭文堂、一九二二年）
趙景達・須田努編『比較史的にみた近世日本』（東京堂出版、二〇一一年）
陳　舜臣『実録アヘン戦争』（中央公論社、一九七一年）
寺島荘二『江戸時代御目付の生活』（雄山閣出版、一九六五年）
土居良三『幕末五人の外国奉行――開国を実現させた武士』（中央公論社、一九九七年）
――『評伝堀田正睦』国書刊行会、二〇〇三年）
遠山茂樹『〈遠山茂樹著作集第二巻〉維新変革の諸相』（岩波書店、一九九二年）
土佐清水市史編纂委員会編『土佐清水市史』上巻（土佐清水市、一九八〇年）
永井菊枝『小伝　乙骨家の歴史――江戸から明治へ』（フィリア、二〇〇六年）
長尾正憲『福沢屋諭吉の研究』（思文閣出版、一九八八年）
奈良勝司『明治維新と世界認識体系――幕末の徳川政権　信義と征夷のあいだ』（有志舎、二〇一〇年）
西澤美穂子『和親条約と日蘭関係』（吉川弘文館、二〇一三年）
函館市史編さん室編『函館市史』通説編第二巻（函館市、一九九〇年）
濱野靖一郎『頼山陽の思想――日本における政治学の誕生』（東京大学出版会、二〇一四年）
原　剛『幕末海防史の研究――全国的にみた日本の海防態勢』（名著出版、一九八八年）
原口清著作集編纂委員会編『〈原口清著作集Ⅰ〉幕末中央政局の動向』（岩田書院、二〇〇七年）

春名　徹『にっぽん音吉漂流記』（晶文社、一九七九年）
平川　新『〈日本の歴史一二〉開国への道』小学館、二〇〇八年）
深井雅海『図解江戸城を読む――大奥 中奥 表向』（原書房、一九九七年）
福岡万里子『プロイセン東アジア遠征と幕末外交』（東京大学出版会、二〇一三年）
藤田　覚『幕藩制国家の政治史的研究――天保期の秩序・軍事・外交』（校倉書房、一九八七年）
――――『天保の改革』（吉川弘文館、一九八九年）
――――『幕末の天皇』（講談社、一九九四年）
――――『近世政治史と天皇』（吉川弘文館、一九九九年）
――――『近世の三大改革』（山川出版社、二〇〇二年）
――――『近世後期政治史と対外関係』（東京大学出版会、二〇〇五年）
藤田雄二『アジアにおける文明の対抗――攘夷論と守旧論に関する日本、朝鮮、中国の比較研究』（御茶の水書房、二〇〇一年）
麓　慎一『開国と条約締結』（吉川弘文館、二〇一四年）
星山京子『徳川後期の攘夷思想と「西洋」』（風間書房、二〇〇三年）
本庄栄治郎『〈本庄栄治郎著作集第九冊〉幕末維新の諸研究』（清文堂、一九七三年）
前田　勉『近世日本の儒学と兵学』（ぺりかん社、一九九六年）
マーク・ラビナ〈浜野潔訳〉『「名君」の蹉跌――藩政改革の政治経済学』（NTT出版、二〇〇四年）
眞壁　仁『徳川後期の学問と政治――昌平坂学問所儒者と幕末外交変容』（名古屋大学出版会、二〇〇七年）
松岡英夫『岩瀬忠震――日本を開国させた外交家』（中央公論社、一九八一年）
松方冬子『オランダ風説書と近世日本』（東京大学出版会、二〇〇七年）
真鍋重忠『日露関係史　一六九七―一八七五』（吉川弘文館、一九七八年）
三谷　博『明治維新とナショナリズム――幕末の外交と政治変動』（山川出版社、一九九七年）
――――『ペリー来航』（吉川弘文館、二〇〇三年）
――――『〈改訂版〉明治維新を考える』（岩波書店、二〇一二年）
三谷博編『東アジアの公論形成』（東京大学出版会、二〇〇四年）

三谷博・並木頼寿・月脚達彦編『大人のための近現代史』一九世紀編（東京大学出版会、二〇〇九年）
宮地正人『幕末維新期の文化と情報』（名著刊行会、一九九四年）
――――『幕末維新期の社会的政治史研究』（岩波書店、一九九九年）
――――『通史の方法』（名著刊行会、二〇一〇年）
――――『幕末維新変革史』上・下巻（岩波書店、二〇一二年）
明治維新史学会編『〈講座明治維新第一巻〉世界史のなかの明治維新』（有志舎、二〇一〇年）
――――『〈講座明治維新二巻〉幕末政治と社会変動』（有志舎、二〇一一年）
母利美和『〈幕末維新の個性六〉井伊直弼』（吉川弘文館、二〇〇六年）
森田勝昭『鯨と捕鯨の文化史』（名古屋大学出版会、二〇〇四年）
山岸義夫『アメリカ膨張主義の展開』（勁草書房、一九九五年）
山口宗之『橋本左内』（吉川弘文館、一九六二年）
――――『〈改訂増補〉幕末政治思想史研究』（ぺりかん社、一九八二年）
――――『ペリー来航前後――幕末開国史』（ぺりかん社、一九八八年）
山本英貴『江戸幕府大目付の研究』（吉川弘文館、二〇一一年）
横井勝彦『アジアの海の大英帝国――一九世紀海洋支配の構図』（講談社、二〇〇四年）
横山伊徳『〈日本近世の歴史五〉開国前夜の世界』（吉川弘文館、二〇一三年）
吉田常吉『井伊直弼』（吉川弘文館、一九六三年）
――――『安政の大獄』（吉川弘文館、一九九一年）
吉田昌彦『幕末における「王」と「覇者」』（ぺりかん社、一九九七年）
吉村雅美『近世日本の対外関係と地域意識』（清文堂、二〇一二年）
和田春樹『開国――日露国境交渉』（日本放送出版協会、一九九一年）
和田春樹ほか編『〈岩波講座東アジア近現代通史一〉東アジア世界の近代』（岩波書店、二〇一〇年）
渡邊修二郎『阿部正弘事蹟』一・二巻（続日本史籍協会叢書、一九七八年）
渡辺　浩『東アジアの王権と思想』（東京大学出版会、一九九七年）

Allan B. Cole, *Yankee Surveyors in the Shogun's Seas: records of the United States Surveying Expedition to the North Pacific Ocean, 1853-1856* (Princeton: Princeton University Press, 1947)
Robert Johnson, *Rear Admiral John Rodgers, 1812-1882* (Annapolis: Naval Institute Press, 1967)
――――*Far China Station* (Annapolis: Naval Institute Press, 1979)
Walter S. Tower, *A History of the American Whale Fishery* (Philadelphia: John C. Winston, 1907)
William McOmie, *The Opening of Japan, 1853-1855: A Comparative Study of the American, British, Dutch and Russian Naval Expedition to Compel the Tokugawa Shogunate to Conclude Treaties and Open Ports to Their Ships* (Folkestone: Global Oriental, 2006)

【論文】

荒木裕行「江戸幕府目付の職掌について」(藤田覚編『近世法の再検討　歴史学と法史学の対話』山川出版社、二〇〇五年)
井上勝生「『万国公法』と幕末の国際関係」(田中彰編『〈日本の近世一八〉近代国家への志向』中央公論社、一九九四年)
――――「日本開国と『北方水域』」(地方史研究協議会編『北方史の新視座』雄山閣、一九九四年)
――――「幕末・維新変革とアジア」(趙景達・須田努編『比較史的にみた近世日本』東京堂出版、二〇一一年)
岩﨑奈緒子「松平定信と『鎖国』」(『史林』九五巻三号、二〇一二年)
上田長生「幕末期の大阪湾警衛と村々」(『大塩研究』六八号、二〇一三年)
梅澤秀夫「近世後期の朱子学と海防論――古賀精里・侗庵の場合」(『年報近代日本研究3　幕末・維新の日本』山川出版社、一九八一年)
――――「昌平坂学問所朱子学と洋学」(『思想』七六六号、一九八八年)
大口勇次郎「天保期の性格」(『岩波講座日本歴史』一二巻近世四、岩波書店、一九七六年)
大阪歴史学会企画委員「大坂湾の台場跡」(『ヒストリア』二一七号、二〇〇九年)
鎌田道隆「幕末京都の政治都市化」(『京都市歴史資料館紀要』一〇号、一九九二年)
上白石実「弘化・嘉永年間の対外問題と阿部正弘政権」(『地方史研究』二三一号、一九九一年)
川村博忠「幕府命令で作成された嘉永年間の沿岸浅深絵図」(『地図』三七巻二号、一九九九年)
菊地　久「維新の変革と幕臣の系譜」(一)～(七)(『北大法学論集』二九巻三・四合併号～三三巻五号、一九七九年～一九八三年)

木村直樹「露米会社とイギリス東インド会社」（荒野泰典・石井正敏・村井章介編『〈日本の対外関係六〉近世的世界の成熟』吉川弘文館、二〇一〇年）
木村直也「総論Ⅱ　近世中・後期の国家と対外関係」（曽根勇二・木村直也編『〈新しい近世史二〉国家と対外関係』新人物往来社、一九九六年）
後藤敦史「一八～一九世紀の北太平洋と日本の開国」（秋田茂・桃木至朗編『グローバルヒストリーと帝国』大阪大学出版会、二〇一三年）
――「アメリカ北太平洋測量艦隊（一八五三―一八五六）の海図とその目録」（『外邦図研究ニューズレター』一〇号、二〇一三年）
斎藤　純「『泰平の』狂歌の信憑性をめぐって」（荒野泰典・石井正敏・村井章介編『〈日本の対外関係七〉近代化する日本』吉川弘文館、二〇一二年）
佐藤昌介「弘化嘉永年間における幕府の対外政策の基調について――水野忠邦の再入閣・再辞職をめぐる一考察」（石井孝編『幕末維新期の研究』吉川弘文館、一九七八年）
笹原一晃「江戸湾防備政策の展開と海防掛――弘化・嘉永期幕府政局の一考察」（『日本大学史学会研究彙報』九号、一九六六年）
佐野真由子「幕臣筒井政憲における徳川の外交――米国総領事出府問題への対応を中心に」（『日本研究』三九号、二〇〇九年）
嶋村元宏「下田におけるハリスの政策」（横浜開港資料館・横浜近世史研究会編『一九世紀の世界と横浜』山川出版社、一九九三年）
――「幕末通商外交政策の転換」（『神奈川県立博物館研究報告　人文科学』二〇号、一九九四年）
――「横浜居留地成立の前提――日米和親条約を始点として」（横浜開港資料館・横浜居留地研究会編『横浜居留地と異文化交流――一九世紀後半の国際都市を読む』山川出版社、一九九六年）
――「日本の開国と香港総督」（明治維新史学会編『明治維新とアジア』吉川弘文館、二〇〇一年）
清水教好「対外危機と幕末儒学」（衣笠安喜編『近世思想史研究の現在』思文閣出版、一九九五年）
高久智広「文久―元治期における兵庫・西宮台場の築造――「御台場築立御用掛体制」と「地域社会」に関する若干の考察」（『居留地の窓から』四号、二〇〇四年）
――「摂海御台場築立御用における大坂町奉行の位置」（『ヒストリア』二一七号、二〇〇九年）
田代和生「徳川時代の貿易」（速水融・宮本又郎『〈日本経済史一〉経済社会の成立』岩波書店、一九八八年）
田中弘之「鎖国体制下の開国志向」（『海事史研究』五八号、二〇〇一年）
――「阿部正弘の海防政策と国防」（『日本歴史』六八五号、二〇〇五年）

丹治健蔵「嘉永期における江戸湾防備問題と異国船対策――浦賀奉行持場を中心として」（『海事史研究』二〇号、一九七三年）
――「弘化期における江戸湾防備問題と異国船取扱令――浦賀奉行持場を中心として」（森克己博士古稀記念会編『〈史学論集〉対外関係と政治文化』第三、吉川弘文館、一九七四年）
近松鴻二「目付の基礎的考察」（児玉幸多先生古稀記念会編『幕府制度史の研究』吉川弘文館、一九八三年）
塚本　学「幕末異国人情報と伊勢神宮」（佐々木克編『明治維新期の政治文化』思文閣出版、二〇〇五年）
長尾正憲「『乙骨耐軒文書』の海防掛目付関係文書について」（一）（二）（『封建社会研究』一号・二号、一九七九年・八〇年）
――「安政期海防掛の制度史的考察――『乙骨耐軒文書』との関連として」（『法政史学』三三号、一九八一年）
永積洋子「通商の国から通信の国へ」（『日本歴史』四五八号、一九八六年）
奈良勝司「幕末政治と〈決断〉の制度化――江戸幕閣の動向からみる」（『ヒストリア』二二三号、二〇一〇年）
羽賀祥二「和親条約期の幕府外交について」（『歴史学研究』四八二号、一九八〇年）
馬場憲一「勘定奉行・勘定吟味役の昇進過程に関する一考察」（『法政史学』二七号、一九七五年）
馬部隆弘「京都守護職会津藩の京都防衛構想と楠葉台場」（『ヒストリア』二〇六号、二〇〇七年）
――「京都守護職会津藩の京都防衛構想とその実現過程――河内国交野郡楠葉村における台場修築の事例から」（『城館史料学』六号、二〇〇八年）
――「淀川警衛体制と京都守護職会津藩の関門構想」（『ヒストリア』二一七号、二〇〇九年）
針谷武志「近世後期の諸藩海防報告書と海防掛老中」（『学習院史学』二八号、一九九〇年）
――「鷹見泉石と海防問題――天保期を中心に」（『泉石』一号、一九九〇年）
――「江戸府内海防についての基礎的考察――ペリー来航以前を中心に」（『江東区文化財研究紀要』二号、一九九一年）
――「軍都としての江戸とその終焉――参勤交代制と江戸勤番」（『関東近世史研究』四二号、一九九八年）
――「安政―文久期の京都・大坂湾警衛問題について」（明治維新史学会編『明治維新と西洋国際社会』吉川弘文館、一九九九年）
廣瀬靖子「アメリカ議会と日本開国」（上）（中）（下）（結）（『いわき明星大学人文学研究紀要』七、八、開学一〇周年記念号、一三号、一九九四〜二〇〇〇年）
麓　慎一「日米和親条約締結後の幕府外交――『下田三箇条』を中心に」（『歴史学研究』七四九号、二〇〇一年）
――「日米和親条約期における幕府の対外方針について」（『歴史学研究』八一八号、二〇〇六年）

本間修平「江戸幕府目付に関する一考察――誓詞制度・柳之間寄合制度」（『法学新報』九一巻八・九・一〇号、一九八五年）
正戸千博「幕末外交における諸問題と海防掛」（『駒沢史学』三五号、一九八六年）
松田隆行「弘化・嘉永期における異国船取扱方と打払令復活問題」（明治維新史学会編『明治維新と西洋国際社会』吉川弘文館、一九九九年）
南　和男「江戸幕府御徒組について」（『日本歴史』二一四号、一九六六年）
村上直・馬場憲一「江戸幕府勘定奉行と勘定所――付『会計便覧』」（同編『江戸幕府勘定所史料――会計便覧――』吉川弘文館、一九八六年）
守屋嘉美「安政期の素描」（未完）（完）（『東北学院大学論集　歴史学・地理学』六号・七号、一九七六年）
――「阿部政権論」（青木美智男・河内八郎編『〈講座日本近世史七〉開国』有斐閣、一九八五年）
――「安政二年の米国測量願について」（『東北学院大学論集　歴史・地理学』二六号、一九九四年）
――「将軍継嗣問題の一視点――一橋派を中心にした動向」（『東北学院大学論集　歴史と文化』四〇号、二〇〇六年）
山本英貴「一九世紀初頭の幕藩関係――留守居一件を素材として」（『史学雑誌』一二一巻九号、二〇一二年）
横田冬彦「『非領国』における譜代大名」（『〈尼崎市立地域研究史料館〉地域史研究』二九巻二号、二〇〇〇年）
横山伊徳「一九世紀日本近海測量について」（黒田日出男他編『地図と絵図の政治文化史』東京大学出版会、二〇〇一年）

あとがき

本書は、二〇一一年に大阪大学へ提出した博士論文『開国期における徳川幕府の外交と海防掛』をもとに、その後の研究成果などを反映させながら加筆・修正したものである。本書の刊行は、日本学術振興会平成二六年度科学研究費補助金（研究成果公開促進費。課題番号：二六五〇八三）による。また、本書の一部は、大阪大学大学院文学研究科「多言語多文化研究に向けた複合型派遣プログラム〔OVCプログラム〕」（日本学術振興会「組織的な若手研究者等海外派遣プログラム」）、および日本学術振興会平成二四年度科学研究費補助金（特別研究員奨励費。課題番号：一二J〇八一二三）による研究成果に基づいている。

各章の初出は、次の通りである。なお、加筆・修正に際し、用語や表現に変更を加えているが、論旨そのものは発表時と基本的に変わらない。

序　章―新稿
第一章―「海防掛の制度に関する基礎的考察――『乙骨耐軒文書』の紹介を兼ねて――」（『日本歴史』七三二号、二〇〇九年五月）
第二章―「弘化・嘉永期における海防掛の対外政策構想――異国船取扱方を中心に――」（『ヒストリア』二一六号、二〇〇九年八月）
第三章―「嘉永期における風説禁止令と阿部正弘政権」（『日本歴史』七六四号、二〇一二年一月）
第四章―新稿
第五章―「幕末期通商政策への転換とその前提――アメリカ北太平洋測量艦隊の来航と徳川幕府――」（『歴史学

研究』八九四号、二〇一二年七月）
第六章――「海防掛目付方の開国論の形成過程――『乙骨耐軒文書』を用いて――」（『日本史研究』五七六号、二〇一〇年八月）
第七章――新稿
第八章――「開国期の幕府外交と海防掛」（『ヒストリア』二二三号、二〇一〇年一二月）
第九章――「楠葉台場以前の大坂湾防備――安政期を中心に――」（『ヒストリア』二一七号、二〇〇九年一〇月）
終　章――新稿

二〇〇四年度に学部四年生となった私は、海防掛と幕末外交をテーマに卒業論文に取り組んだ。二〇〇五年一月に卒論を提出し、本書の刊行にいたるまで、まる一〇年。ここまで研究を続けることができたのは、多くの方々の支えがあったからにほかならない。

猪飼隆明先生との出会いがなければ、おそらく研究者を志すことはなかった。学部二年生から大阪大学の日本史研究室に所属することになった私は、明治維新の歴史を、広い世界史的視野と、緻密な実証の双方を巧みに組み合わせて論じる先生の講義に衝撃をうけた。自分もこのような研究者になりたい、と考えたところから、私の人生は大きく変わったと思う。研究の楽しさとともに、厳しさ、そして研究者としての責任など、非常に多くのことを先生は教えてくださった。

大学院の博士後期課程に進学して以後は、飯塚一幸先生にご指導いただいた。修士論文を書き終え、いよいよ論文を学会誌に発表するぞ、と意気込む私に対し、先生は丁寧に、かつ厳しく論文作成の指導をしてくださった。なかなか論文の掲載が決まらず、焦るばかりの時期もあったが、いつも温かい言葉をかけてくださった先生のおかげで、諦めることなく前に進めてきたように思う。飯塚ゼミは、私にとってとても心の和む「ホーム」のようなものであり、史料調査を目的とした合宿など、このゼミを通じて得た貴重な体験は何ものにもかえがたい。

所属としては「日本近代史」のゼミ生であったが、幕末史を研究する上では、近世史も近代史も、両方を学ぶ必要がある。その点、村田路人先生から日本近世史についてご指導いただけたことは、私にとって大きな幸運であった。歴史研究の基礎中の基礎ともいうべき史料の取り扱い方や読解の方法については、先生から学んだところが非常に大きい。

阪大日本史研究室では、梅村喬先生、平雅行先生、市大樹先生、北泊謙太郎先生からも多くのことをご教示いただいた。特に、博士論文の副査を引き受けてくださった平先生は、日本中世史の立場から、私の研究に対していつも鋭く、示唆に富むご指摘を投げかけてくださった。それは、研究を進める上で貴重な手がかりとなってきた。

二〇〇七年度から参加し始めた大阪大学歴史教育研究会での活動は、日本史という枠にとらわれることなく、西洋史や東洋史をはじめとして、歴史学全体の成果を広く学ばなければならないことを実感させてくれた。研究会を主催する桃木至朗先生、秋田茂先生、堤一昭先生のご指導により、研究の視野を広めることができた。

また、人文地理学研究室の小林茂先生からは、広く海外の研究動向や史料にも目を配るという研究姿勢の必要性をご教示いただいた。小林先生のアメリカでの史料調査に同行させていただいたことで、私はアメリカ北太平洋測量艦隊という、幕末外交史を再検討する上で重要な研究対象に出会うことができた。

長らく大阪大学で過ごした私は、二〇一二年度には、日本学術振興会特別研究員として三谷博先生のもとで研究を行うことができた。そもそも卒論で幕末外交史をテーマに選んだのも、三谷先生の『明治維新とナショナリズム』に大きな感銘をうけたからであった。その後、研究を進めれば進めるほど、先生の「壁の高さ」に驚愕するようになった私は、それならいっそ直接教えを請おうと、先生に研究員としての受入をお願いした。突然のお願いであったにもかかわらず、先生はご快諾くださり、私は無事、上京することができた。私の研究の問題点や、今後進むべき方向性など、先生から直接ご指導を賜ることができた一年間は、研究人生の中で最も贅沢な一年であった。

東京での一年間の研究生活を経て、二〇一三年四月、私は大阪観光大学国際交流学部に赴任した。新たに設置された学部で、教職員全員が一丸となって、新しい大学教育の構築を目指している。学生たちも、それぞれに夢を持ち、その実現に向かって真剣に学修に取り組んでいる。「新米教員」としては、学生に「教える」ことよりも、学生から「教わる」ことの方がはるかに多い。研究歴も教育歴もまだまだ浅い私を温かくご指導くださっている赤木攻先生をはじめ、大阪観光大学の教職員の皆様と、私の拙い講義をいつも笑顔で聞いてくれる学生たちに、厚く御礼申し上げる。

時間は前後するが、日本学術振興会特別研究員に採用されるまでの二年間、池田市教育委員会の市史編纂室でお世話になった。地域の歴史研究の成果を広く市民の方々に還元し、そして地域に伝わる史料を後世にまで伝えていくことの大切さ、難しさなど多くのことを学ぶことができた。田中万里子氏、細谷勘介氏、河合重次郎氏、関根則子氏をはじめ、池田市教育委員会の皆様に深く感謝申し上げたい。

また、私が研究を続けることができたのは、多くの貴重な史料を利用することができたからであり、国立公文書館や東京大学史料編纂所をはじめとする史料所蔵機関のご支援があったからである。その中でも、山梨県立文学館所蔵「乙骨耐軒文書」との出会いは、ここに特記したい。保坂雅子氏をはじめ、同文学館の皆様にはたいへんお世話になった。そして、同文書の原蔵者で、耐軒の残した史料を研究に用いることをご快諾くださり、かつ温かくご声援くださった永井菊枝氏（故人）に、心から感謝を申し上げる。

そのほかにも、一人ひとりのお名前をあげることができずたいへん心苦しいが、大阪歴史学会近世史部会・近代史部会、日本史研究会近世史部会・近現代史部会、明治維新史学会、歴史学研究会近世史部会など、さまざまな学会・研究会で、多くの方々からご指導を賜った。特に、幕末・維新史の「プロフェッショナル」が全国から集う明治維新史学会で学んだことは非常に大きい。

そして、明治維新史を含め、歴史学の最新の成果を次々と世に出している有志舎から本書を刊行できたことは、私にとって大きな喜びである。刊行を引き受けてくださった永滝稔氏に、深く感謝申し上げたい。永滝氏の温かくも厳しいご指摘・ご助言がなければ、本書を上梓することはできなかった。

最後に私事にわたり恐縮だが、将来どうなるのかも分からないような研究者の道を気ままに突き進むことを許し、かつ支えてくれた父國男・母裕子、そして妻千秋に本書を捧げたい。

二〇一四年一二月

後藤敦史

索　引

〈事　項〉

ア　行

カ　行

サ　行

タ 行

ナ 行

ハ 行

マ 行

ヤ　行

ラ　行

〈人　名〉

ア　行

カ　行

ヤ　行

ラ　行

ワ　行

後藤　敦史（ごとう　あつし）
1982年生まれ。大阪大学大学院文学研究科博士後期課程単位修得退学、博士（文学）。
現在、大阪観光大学国際交流学部専任講師
主要論文：「18～19世紀の北太平洋と日本の開国」（秋田茂・桃木至朗編『グローバルヒストリーと帝国』大阪大学出版会、2013年）
「アメリカ北太平洋測量艦隊（1853―1856）の海図とその目録」（『外邦図研究ニューズレター』10号、2013年）
「一外国人が見た開国日本――アレクサンダー・ハーバーシャムの航海記より――」（『大阪観光大学紀要』14巻、2014年）

開国期徳川幕府の政治と外交

2015年1月10日　第1刷発行

著　者　後藤敦史
発行者　永滝　稔
発行所　有限会社　有　志　舎
〒101-0051　東京都千代田区神田神保町3丁目10番、宝栄ビル403
電話　03（3511）6085　　FAX　03（3511）8484
http://www18.ocn.ne.jp/~yushisha
振替口座　00110-2-666491
DTP　言海書房
装　幀　折原カズヒロ
印　刷　株式会社三秀舎
製　本　株式会社三秀舎

ISBN978-4-903426-91-4